中国社会科学院
经济研究所
INSTITUTE OF ECONOMICS

经济所人文库

冒天启集

中国社会科学院经济研究所学术委员会 组编

中国社会科学出版社

图书在版编目（CIP）数据

冒天启集/中国社会科学院经济研究所学术委员会组编 .
—北京：中国社会科学出版社，2019.1
（经济所人文库）
ISBN 978 - 7 - 5203 - 3561 - 4

Ⅰ.①冒…　Ⅱ.①中…　Ⅲ.①经济学—文集
Ⅳ.①F0 - 53

中国版本图书馆 CIP 数据核字（2018）第 254332 号

出 版 人	赵剑英
责任编辑	刘晓红
责任校对	赵雪姣
责任印制	戴　宽

出　　　版	中国社会科学出版社
社　　　址	北京鼓楼西大街甲 158 号
邮　　　编	100720
网　　　址	http：//www.csspw.cn
发 行 部	010 - 84083685
门 市 部	010 - 84029450
经　　　销	新华书店及其他书店

印刷装订	北京君升印刷有限公司
版　　　次	2019 年 1 月第 1 版
印　　　次	2019 年 1 月第 1 次印刷

开　　　本	710×1000　1/16
印　　　张	19.75
字　　　数	266 千字
定　　　价	99.00 元

凡购买中国社会科学出版社图书，如有质量问题请与本社营销中心联系调换
电话：010 - 84083683

总　序

作为中国近代以来最早成立的国家级经济研究机构，中国社会科学院经济研究所的历史，至少可上溯至 1929 年于北平组建的社会调查所。1934 年，社会调查所与中央研究院社会科学研究所合并，称社会科学研究所，所址分居南京、北平两地。1937 年，随着抗战全面爆发，社会科学研究所辗转于广西桂林、四川李庄等地，抗战胜利后返回南京。1950 年，社会科学研究所由中国科学院接收，更名为中国科学院社会研究所。1952 年，所址迁往北京。1953 年，更名为中国科学院经济研究所，简称"经济所"。1977 年，作为中国社会科学院成立之初的 14 家研究单位之一，更名为中国社会科学院经济研究所，仍沿用"经济所"简称。

从 1929 年算起，迄今经济所已经走过了 90 年的风雨历程，先后跨越了中央研究院、中国科学院、中国社会科学院三个发展时期。经过 90 年的探索和实践，今天的经济所，已经发展成为以重大经济理论和现实问题为主攻方向、以"两学—两史"（理论经济学、应用经济学和经济史、经济思想史）为主要研究领域的综合性经济学研究机构。

90 年来，我们一直最为看重并引为自豪的一点是，几代经济所人孜孜以求、薪火相传，在为国家经济建设和经济理论发展作出了杰出贡献的同时，也涌现出一大批富有重要影响力的著名学者。他们始终坚持为人民做学问的坚定立场，始终坚持求真务实、脚踏实地的优良学风，始终坚持慎独自励、言必有据的学术品格。他们是经济所人的突出代表，他们的学术成就和治学经验是经济所最宝贵的财富。

抚今怀昔，述往思来，在经济所迎来建所 90 周年之际，我们编选出版《经济所人文库》（以下简称《文库》），既是对历代经济所人的纪念和致敬，也是对当代经济所人的鞭策和勉励。

《文库》的编选，由中国社会科学院经济研究所学术委员会负总责，在多方征求意见、反复讨论的基础上，最终确定入选作者和编选方案。

《文库》第一辑凡 40 种，所选作者包括历史上的中央研究院院士，中华人民共和国成立后的中国科学院学部委员、中国社会科学院学部委员、中国社会科学院荣誉学部委员、历任经济所所长以及其他学界公认的学术泰斗和资深学者。在坚持学术标准的前提下，同时考虑他们与经济所的关联。入选作者中的绝大部分，都在经济所度过了其学术生涯最重要的阶段。

《文库》所选文章，皆为入选作者最具代表性的论著。选文以论文为主，适当兼顾个人专著中的重要篇章。选文尽量侧重作者在经济所工作期间发表的学术成果，对于少数在中华人民共和国成立之前已成名的学者，以及调离经济所后又有大量论著发表的学者，选择范围适度放宽。为好中选优，每部文集控制在 30 万字以内。此外，考虑到编选体例的统一和阅读的便利，所选文章皆为中文著述，未收入以外文发表的作品。

《文库》每部文集的编选者，大部分为经济所各学科领域的中青年学者，其中很多都是作者的学生或再传弟子，也有部分系作者本人。这样的安排，有助于确保所选文章更准确地体现作者的理论贡献和学术观点。对编选者而言，这既是一次重温经济所所史、领略前辈学人风范的宝贵机会，也是激励自己踵武先贤、在学术研究道路上砥砺前行的强大动力。

《文库》选文涉及多个历史时期，时间跨度较大，因而立意、观点、视野等难免具有时代烙印和历史局限性。以现在的眼光来看，某些文章的理论观点或许已经过时，研究范式和研究方法或许已经陈旧，但为尊重作者、尊重历史起见，选入《文库》时仍保持原貌而未加改动。

《文库》的编选工作还将继续。随着时间的推移，我们还会将更多经济所人的优秀成果呈现给读者。

尽管我们为《文库》的编选付出了巨大努力，但由于时间紧迫，工作量浩繁，加之编选者个人的学术旨趣、偏好各不相同，《文库》在选文取舍上难免存在不妥之处，敬祈读者见谅。

入选《文库》的作者，有不少都曾出版过个人文集、选集甚至全集，这为我们此次编选提供了重要的选文来源和参考资料。《文库》能够顺利出版，离不开中国社会科学出版社领导和编辑人员的鼎力襄助。在此一并致谢！

一部经济所史，就是一部经济所人以自己的研究成果报效祖国和人民的历史，也是一部中国经济学人和中国经济学成长与发展历史的缩影。《文库》标示着经济所90年来曾经达到的学术高度。站在巨人的肩膀上，才能看得更远，走得更稳。借此机会，希望每一位经济所人在感受经济所90年荣光的同时，将《文库》作为继续前行的新起点和铺路石，为新时代的中国经济建设和中国经济学发展作出新的更大的贡献！

是为序。

于2019年元月

编者说明

《经济所人文库》所选文章时间跨度较大，其间，由于我国的语言文字发展变化较大，致使不同历史时期作者发表的文章，在语言文字规范方面存在较大差异。为了尽可能地保持作者个人的语言习惯、尊重历史，因此有必要声明以下几点编辑原则：

一、除对明显的错别字加以改正外，异形字、通假字等尽量保持原貌。

二、引文与原文不完全相符者，保持作者引文原貌。

三、原文引用的参考文献版本、年份等不详者，除能够明确考证的版本、年份予以补全外，其他文献保持原貌。

四、对外文译名与今译名不同者，保持原文用法。

五、对原文中数据可能有误的，除明显的错误且能够考证或重新计算者予以改正外，一律保持原貌。

六、对个别文字因原书刊印刷原因，无法辨认者，以方围号□表示。

作者小传

冒天启，男，1942 年 7 月生于甘肃清水，原籍江苏如皋，1978 年进入经济所工作。

冒天启 1966 年 7 月毕业于兰州大学经济系。"文化大革命"时期，他先后种地、做工近 10 年，但其间没有间断过读书、写作。1975 年年底在于光远的关注下，参与由邓小平指示筹办的《思想战线》杂志经济学编辑工作。1976 年 10 月粉碎"四人帮"后即调入《红旗》杂志社在经济组任编辑。

中国社会科学院组建成立后，冒天启于 1977 年 8 月调回院部，在院写作组参与有关重要文章的写作。1978 年 7 月进入中国社会科学院经济研究所工作，从事经济学基础理论的研究；同年底，随孙冶方撰写《社会主义经济论》，并兼读他的在职博士研究生。孙冶方病逝后，按照他的遗嘱参与整理了大量遗稿。1984 年年初，调入国务院经济发展研究中心，从事宏观经济政策的研究和咨询工作。在追随孙冶方以及在宏观经济部门对宏观经济运行的实践认知过程中，逐步摆脱了经济学研究的僵化与教条模式，理解了敬畏客观经济规律的精髓。

1985 年 9 月—1987 年 9 月通过了教委出国俄语考试，并经苏联专家语言强化后，去塔什干大学、莫斯科大学、列宁格勒大学、新西伯利亚大学经济系访问研究。1995 年 9 月—1996 年 4 月，重返莫斯科大学，从事中国和俄罗斯转型经济的比较研究。在国际经济社会转型比较研究中，坚持综合新制度经济学体制变迁理论、发展经济学理论、比较经济学理论、演化经济学理论以及马克思生产

关系变革理论中的最新研究成果，对中国、（苏联）俄罗斯的过渡
或转型的实践进程进行了系统的动态追踪研究，主要集中在三个最
基本的问题上：一是国有产权重新配置和企业制度建设的比较研
究；二是政府职能转变和宏观调控机制改革的比较研究；三是社会
保障体系完善和社会安全网建设比较研究。在对俄罗斯高校有关经
济学教学考察中，对两国的经济学教科书作了比较，对长期流行并
影响束缚过渡或转型进程的传统经济学理论观点进行了系统的澄
清。在国际比较中推进我国由计划经济向市场经济体制的积极转变
和稳定发展。

1988 年 9 月—1994 年 4 月，冒天启任中国社会科学院经济研
究所副所长、《经济研究》常务副主编，同时兼任《经济学动态》
主编、中国社会科学院研究生院经济系主任等职，又兼任中国经济
学奖专家委员会委员、孙冶方经济科学基金会副秘书长、孙冶方经
济科学奖评奖委员会委员兼秘书长、中国宏观经济研究会副秘书
长、中国工业合作经济学会副会长以及清华大学人文社会科学院经
济研究所等高校兼职教授。

享受国务院特殊津贴。曾获孙冶方经济科学第一、第二届著
作、论文（合）奖。撰写有孙冶方经济学思想和经济体制改革理
论的研究著作和文章多部（篇），如《价值规律内因论与商品生产
外因论》（《经济研究》2017 年第 9 期）；《坚持邓小平市场经济理
论，构建中国经济学新体系》（《山东社会科学》2005 年第 1 期）；
《对恩格斯晚年社会发展思想的再思考》（《社会科学报》2007 年 4
月 19 日）；《转型国家不同制度安排和价值取向——中俄转型理论
和实践的比较》（《经济研究》2007 年第 11 期）等。

主笔或参与撰写的著作有多部，如《转型期中国经济关系研
究》（湖北人民出版社 1998 年版，日本东京大学、台湾大学用作
经济学教材）；《经济转型和社会发展》（湖北人民出版社 1999 年
版）；《五十年巨变：从集权计划经济到现代市场经济》（江苏人民
出版社 1999 年版）等。

　　另撰有多篇外文论文，如《Экономическая трансформация в Китае и России》（《论中国和俄罗斯的经济转型》），《Санкт - Петербурского университета》（《彼得格勒大学学报》）2003 年第 4 期；《Экономическая трансформация в Китае и России методы и основные вопросы сровнительного исследования》（《论中国与俄罗斯经济转型比较研究的方法与问题》），издательство Российская академия наука 2003（俄罗斯科学院 2003 年编）；《Китай и Россия：развитии экономических реформ》（《中国与俄罗斯：经济发展与改革》），издательство Российская академия наука 2003（俄罗斯科学院 2003 年编）等。

　　2006 年退休后，继续读书思考、笔耕不辍，并积极参与社会公益工作，撰写大量的读书笔记，如《费用与效用的关系、所有与占有的区别——对〈资本论〉学习再学习的体会》（《山东社会科学》2017 年第 10 期）；《不读导言，莫谈宣言——对马克思、恩格斯"三言"的读书笔记》等。并为《孙冶方文集》十卷本（知识产权出版社 2018 年版）撰写序言《孙冶方：以自己的生命敲击改革开放大门的先驱》。

目　　录

关于价值概念的几个问题

——与卫兴华、吴树青同志商榷

《经济科学》1981 年第 1 期刊登卫兴华、吴树青同志《关于价值和价值规律的一些问题》一文，我认为这篇文章对马克思、恩格斯有关价值论述的解释，很不能令人信服。因此，我想就卫、吴同志对孙冶方同志价值观的商榷提出商榷。

在什么意义上价值可以与社会必要劳动画等号？

不能否认，马克思、恩格斯对价值概念的许多论述确实都是同商品经济相联系的。但是，从论述的方法论来看，价值绝不仅仅是商品经济所特有的范畴。

先从恩格斯给威纳尔·桑巴特的一封信谈起。1895 年 2 月 14 日，德国一位叫威纳尔·桑巴特的教授，给恩格斯寄去了一篇介绍马克思经济体系的文章，其中谈到了价值概念。他认为马克思所讲的价值概念，不过是劳动社会生产力作为经济存在的基础这一事实的经济表现；而商品的价值就是在结局上支配一切经济过程的劳动生产力，它在特殊的历史的形态上当作决定的要素发生作用。桑巴特是在物质决定性的意义上来解释马克思的价值概念的。恩格斯于同年 3 月 11 日给桑巴特回了一封信，说：我不能完全同意您对马克思观点的叙述，尤其是……关于价值概念的叙述。在我看来，这种叙述未免太空泛了。如果是我，我首先从历史上给予限定，强调它只适用于能够谈得上价值的那个社会经济发展阶段，即存在有商品交换，相应地也存在有商品生产的那些社会形态。恩格斯接下去还有一段很重要的思想，卫、吴的文章没有引全。这就是：原始共产主义不知道什么价值。其次，我认为还可以有一个概念更狭窄的说法。可是这样会使我们扯得太远。您所谈的基本上还是正确的。19 世纪末，无产阶级和资产阶级的矛盾日益尖锐，价值作为对特定历史条件下生产关系的反映，它所蕴含着的阶级对立也日益明朗化，桑巴特仅仅从物质决定性的意义去空泛地谈论价值概念，理所当然地受到恩格斯的批评。但是，我们从这个批评中可以看到，恩格斯也赞同对价值概念作狭义和广义的区分，而在当时历史条件下，首先应该强调狭义价值即商品价值所反映的社会经济发展阶段。除了批评外，恩格斯还对桑巴特有过赞扬的话，他说，桑巴特对于马克思主义体系的轮廓，作了大体上成功的描述。一个德国教授能够在马克思的著作中大体上看出马克思真正说的是什么，……这还是第一次。因此，我认为，在存在商品交换和商品生产的地方所存在的价值，仅仅是在狭窄意义上的商品价值；而在不存在商品交换和商品生产的社会化大生产条件下，广泛意义上的价值概念还是可以讲的。

再从马克思、恩格斯论述价值的方法论来看，为数众多的文章包括卫、吴文章在内，都认为，马克思、恩格斯研究价值是从研究商品交换做起的。我认为，如此来理解马克思、恩格斯研究价值的起点，是不准确的。准确而严密的说法应该是：他们研究价值是从研究与社会分工相伴而产生的交换做起的。商品交换与社会分工相伴而产生的产品交换，这是两码事，前者是后者在特定经济条件即私有制条件下的表现形式，因而它们是个性与共性、特殊性与普遍性的关系。当商品交换消亡后，与社会分工相联系着的产品交换依然会在更加广阔的范围内存在和发展，其间，广泛意义上的价值也依然会起调节的作用。马克思下述一段论述最能说明问题。他说，在资本主义生产方式废止以后，但社会的生产仍旧维持下去的情况下，价值决定仍然会在这个意义上有支配作用：劳动时间的调节和社会劳动在不同各类生产之间的分配，最后，与此有关的簿记，会比以前任何时候都变得重要。这是理解价值范畴很重要的一段论述，卫、吴的文章却没有涉及。这里所说的"价值决定"，不是指价值规律，而是指社会必要劳动。只要存在着社会化大生产，价值决定即社会必要劳动就对社会劳动的计算和分配发挥调节作用。马克思明确说过，理解价值决定并不需要去把它和特定历史条件结合起来，而只是社会一般劳动时间，只是社会一般可以支配的劳动量，并且不同种产品各自在这个劳动量中吸收的相对量，在一定程度内，也决定着它们的社会重要性。列宁正是在这个意义上强调了纯粹共产主义社会中价值决定调节着两大部类之间的交换。因此，从马克思论述价值的方法论上看，价值概念也有广义和狭义之分。广义价值即社会必要劳动，应存在于社会化大生产中；狭义价值即交换价值，只是存在于特定经济条件下。

最后，从马克思对价值形态的分析来看，他是在两个意义上来对待价值概念的。一是从质的方面，他探查同一的人类劳动为什么要表现为价值？又如何表现为价值？为什么由劳动时间测量的劳动量要表现为劳动生产物的价值量？显然这是指被物所掩盖着的人与人之间的生产关系。二是从量的方面，他探查社会必要劳动怎样决定着生产物的价值量？马克思在《资本论》中对价值概念的使用，不少情况就是在社会必要劳动意义上讲的，对此，他曾明确说过，价值一词在这里是用来指一定量的价值量，前面有的地方已经这样用过。有些同志不注意马克思的这个说明，以为在社会必要劳动意义上理解价值这个概念，就不能深刻认识价值的社会本质，我认为这是片面的。

综上所述，我以为不能笼统地认为价值仅仅是商品经济所特有的范畴。在量的意义上来把握价值概念，可以把它与社会必要劳动画等号。古典经济学李嘉图混淆价值和交换价值，只重价值量的分析，是为了把资本主义生产方式永恒化，我想，我们总不该又只重价值质的规定性分析，以至在揭示价值所反映的特定社会关系的同时，不去理会价值决定即量的方面的分析，正是这一点，它在任何社会化大生产中都是十分重要的。我们应该严格区分价值和交换价值，从"狭窄"意义上把握价值概念，看到它对特定历史条件的适用性，同时，又从广泛意义上把握价值概念，看到社会必要劳动运动的规律，按"价值决定"来组织好社会主义经济建设，用最小的费用去取得最大的经济效果。如果按照卫、吴的文章，把价值仅仅和商品经济连在一起，何以解释"价值决定"对未来共产主义社会的调节作用呢？须知，那时已经不存在商品经济了。

为什么必须把价值和交换价值严格加以区分？

卫、吴的文章，以及许多与孙冶方同志商榷的文章，几乎无一不援引恩格斯在《反杜林论》中的一段话，"经济学所知道的唯一价值就是商品价值"。这到底是什么含义呢？我们都知道，杜林曾荒谬地认为资本主义生产方式不错，只是分配方式不好，因而臆造了一个"经济公社"及其分配模式，想让社员们都有"平等的消费权利"，然而却永远要保留货币。恩格斯揭露了这个模式的虚伪性，表述出如下思想：在社会占有生产资料并以直接社会化的形式从事生产的社会里，不会有货币。因为那样的社会里已经没有了商品生产和商品交换。而要保留货币，社会就不会占有生产资料，也不会以直接社会化的形式来从事生产。基于这样的思想，恩格斯在批判杜林错误的价值论时才说，在社会一旦占有生产资料并以直接社会化的形式从事生产时，不需要著名的"价值"插手其间，社会也无须给产品规定价值，排除产品向商品的转化和随之而来的产品向价值的转化，经济学所知道的唯一价值就是商品的价值。这里讲的"价值"到底是指什么？通观全文，领会恩格斯对杜林"经济公社"的批判，我毫不含糊地认为，那是指货币！指交换价值！价值和交换价值在马克思的著作中是有严格区别的，绝不像某些同志所说的那样，价值和交换价值是同义语，马克思说：依照普通的说法，说商品是使用价值和交换价值。严格地说，这种说法是错误的。商品是使用价值（或使用对象）和"价值"。一个商品，只要它的价值采取一个特别的与其自然形态相异的现象形态，交换价值的形态，它就表现为这样的二重物了。在孤立地考察下，它是没有这个形态的。要有这种形态，它就须和第二种不同的商品发生价值关系或交换关系。这就是说，孤立考察商品时，商品由使用价值和价值两个因素构成。价值，一方面蕴含着向交换价值跳跃的必然性，这是在特定历史条件下的特殊性即个性，另一方面又受到社会必要劳动的支配，这是社会化大生产中的普遍性即共性。虽然共性寓于个性之中，但二者总有严格的区别。马克思的这个思想十分清楚地表现在他对价值形态的分析之中。卫、吴文章没有把价值和交换价值加以严格的区分，因而也就没有分清马克思、恩格斯在讲到价值时，在什么情况下指价值本身，在什么情况下指交换价值。这一点，我非常赞同孙冶方同志对马克思、恩格斯有关价值论述的理解，他说，他们凡是讲到"表现为"或"不表现为"价值的时候，"价值"二字应当作"交换价值"理解。分清"价值"和"交换价值"这两个不同的概念是一件非常重要的事情。①

　　有林同志在价值范畴上的观点虽然与卫、吴文章的观点相近似，是他非常正确地指出："交换价值属于现象，把它和价值区别开来，在政治经济学上，是一大突破。它的意义在于，不这样就不能揭示商品经济的本质。"② 这里，马克思下面的论述最能说明区分价值和交换价值两个不同概念的重要意义，他认为古典政治经济学的根本缺点之一，就是它始终不能从商品的分析而特别是商品价值的分析中，发现那种正是使价值成为交换价值的价值形式。恰恰是古典政治经济学的最优秀的代表人物，像亚当·斯密和李嘉图，把价值形式看成一种完全无关紧要的东西或在商品本性之外存在的东西。他们之所以如此，是因为，劳动产品的价值形式是资产阶级

---

　　① 孙冶方：《社会主义经济的若干理论问题》，人民出版社 1979 年版，第 109—110 页。

　　② 有林：《价值范畴的若干问题》，《经济研究》1980 年第 8 期。

生产方式最抽象的但也是最一般的形式，这就使资产阶级生产方式成为一种特殊的社会生产类型，因而同时具有历史的特征。因此，如果把资产阶级生产方式误认为是社会生产的永恒的自然形式，那就必然会忽视价值形式的特殊性，从而忽略商品形式及其进一步发展——货币形式、资本形式等的特殊性。这就是说，不把价值和交换价值区分开，不仅不能揭示商品经济的一般本质，同时也不能揭示资本主义生产方式的本质。因此，我认为，只有区分开价值和交换价值，才能弄清楚马、恩批评在价值概念上的非历史观点是指什么。

"价值是生产费用对效用的关系"的说法错了吗？

"价值是生产费用对效用的关系"，这是恩格斯 1844 年年初在《政治经济学批判大纲》（以下简称《大纲》）一书中对价值概念的最早论述，但也是简练地概括和包含了从那以后的 50 多年间马克思、恩格斯对价值概念的基本看法，卫、吴文章对恩格斯的这个表述断然加以否定，我认为是不对的！当然应该指出，否定"价值是生产费用对效用的关系"的观点，最早并不是卫、吴的文章，也不是中国哪位经济学家，而是从国外输入的看法。① 从卫、吴文章所列举的几条理由来看，关键问题是如何准确地理解马克思的劳动价值理论。不错，如同卫、吴文章所指出的那样，马克思在《资本论》第一卷中曾不止一次地指出，价值只是无差别的人类劳动的凝结。但是，我们对价值概念的认识无论如何也不能停留在这里而不继续前进，如果是这样，那不过是把价值仅仅看作"逻辑术语"罢了。在商品经济条件下，价值、交换价值，供求关系，都是紧密联系着的，正是在这个意义上，马克思在《资本论》第三卷中说：价值不是由某个生产者个人生产一定量商品或某个商品

---

① 详见卢森贝《十九世纪四十年代马克思恩格斯经济学说发展概论》。

所必要的劳动时间决定，而是由社会必要劳动时间，由当时的社会平均生产条件下生产市场上这种商品的社会必需总量所必要的劳动时间决定。这个论述中所谓"不是……""而是……"的说法，并不表明马克思否认了他本人在《资本论》第一卷中对价值概念的有关论述，而是表明马克思对价值概念已由抽象的分析上升到了具体的实现。价值由包含在商品中的劳动量确定，这是以供求平衡为前提的，然而在商品经济特别是在资本主义商品经济条件下，供求始终是不平衡的，供求竞争也影响着价值的最终实现，马克思认为，尽管每一物品或每一定量某种商品都包含生产它所必需的社会劳动，并且从这方面来看，所有这种商品的市场价值也只代表必要劳动，但是，如果某种商品的产量超过当时社会需要，社会劳动时间的一部分就浪费掉了，这时，这个商品在市场上代表的社会劳动量就比它实际包含的社会劳动量小得多。价值由劳动决定，这是基础，但它的实现，又不能离开供求竞争。是否适应"社会需要"，也影响着价值决定。"价值是生产费用对效用的关系"这一说法，正包含了马克思从《资本论》第一卷到第三卷有关价值概念的基本内容，怎么能说这个提法是错误的呢？

其次，恩格斯在 1894 年讲过"价值是生产费用对效用的关系"后，直到他逝世的前一年，仍然在坚持这一看法不变。这就是 1894 年对《反杜林论》第三次修改出版时所保留的脚注。他说：在决定生产问题时，上述的对效用和劳动花费的衡量，正是政治经济学的价值概念在共产主义社会中所能余留的全部东西，这一点我在 1844 年已经说过了。但是，可以看到，这一见解的科学论证，只是由于马克思的《资本论》才成为可能。卫、吴文章对恩格斯这段话的解释是值得商榷的。卫、吴文章说：《资本论》所详细论证的，恰恰是劳动是价值的唯一源泉，效用不是决定价值的因素。我认为不对，《资本论》所详细论证的是劳动是形成价值的基础、内容、实体，而社会需要、供求关系也影响着价值决定。把《资本论》第一卷和第三卷有关价值论述联系起来读，价值确确实实就是生产费用对效用的关系。某种产品虽然是按社会平均的甚至先进的条件生产的,但不符合社会需要,它仍然没有价值。当前,我们许多文章所倡导的"以需定产",正是由此提出的。难怪恩格斯在临逝世的前一年还要把1844年说过的话,与《资本论》联系起来提醒我们这些后来者。卫、吴文章还说:余留的全部东西是指"对社会劳动的计算和分配",不是指价值,但卫、吴文章没有注意马克思正是在这个意义上讲到了共产主义社会的"价值决定"问题。

为了否定恩格斯关于"价值是生产费用对效用的关系"的表述,卫、吴对马克思1868年1月8日给恩格斯的一封信也做了令人费解的解释。马克思说:"直接的"价值规定在资产阶级社会中的作用是多么小。实际上,没有一种社会形态能够阻止社会所支配的劳动时间以这种或那种方式调整生产。但是,只要这种调整不是通过社会对自己的劳动时间所进行的直接的自觉的控制——这只有在公有制之下才有可能——来实现,而是通过商品价格的变动来实现,那么事情就始终像你在《德法年鉴》中已经十分正确地说过的那样。十分清楚,这段话是就价值问题所发的一番议论,卫、吴文章掐掉了前半截,却偏偏说那不是指价值。其次,卫、吴文章也不否认,马克思这里所肯定,只是《大纲》对竞争规律的分析,须知,恩格斯讲"价值是生产费用对效用的关系"正是从市场竞争这个前提出发的,他批评李嘉图,也批评萨伊,他们都把竞争搁在了一边。既然马克思肯定了《大纲》对竞争的分析,不也正是肯定了恩格斯在对竞争分析中所确立的价值概念吗!

孙冶方同志非常推崇恩格斯关于"价值是生产费用对效用的关系"的表述,但在理解上有简单化的倾向,因为他和卫、吴文章一样,从另一个极端忽视了商品经济中令人眼花缭乱的市场竞争问题。他跳过了某些中间环节,仅仅从广泛意义上肯定了这个表述,而没有看到,在商品经济条件下,生产费用和效用的关系是指商品价值即交换价值,而当商品经济消亡后,生产费用和效用的关系是指社会必要劳动即广义价值。这是孙冶方同志论述中的不足之处。

　　是否存在两种价值规律呢？这一点我是赞同卫、吴文章中的基本观点的。马克思、恩格斯所讲的价值规律，是专指商品经济的，从而，它就是指交换价值规律。通过价格的涨落和自由竞争，引起劳动（包括物化劳动和活劳动）从一些部门向另一些部门的转移，在大量互相依赖而又互相对立的商品经济单位中，确立生产和需要的比例。当商品经济消亡后，交换价值规律也就退出了历史舞台。而与广义价值相联系的规律，按马克思的说法，应该算作是社会必要劳动规律。马克思说，要想得到和各种不同的需要量相适应的产品量，就要付出各种不同的和一定数量的社会总劳动量。这种按一定比例分配社会劳动的必要性，绝不可能被社会生产的一定形式所取消，而可能改变的只是它的表现形式，这是不言而喻的。自然规律是根本不能取消的。在不同的历史条件下能够发生变化的，只是这些规律借以实现的形式。而社会劳动的联系体现为个人劳动产品的私人交换社会制度下，这种劳动按比例分配所借以实现的形式，正是这些产品的交换价值。科学的任务正是在于阐明价值规律是如何实现的。这段论述十分清楚地阐明了价值规律和社会必要劳动规律的关系，它们是形式和内容、个性和共性、特殊性与普遍性的关系。在研究方法上用个性、特殊性去否定共性、普遍性，是不对的；而用共性、普遍性去代替个性、特殊性，同样也是不对的。这是属于另一题目的文章，不再赘述。

　　总之，我认为卫、吴文章对价值概念的理解，对恩格斯关于"价值是生产费用对效用的关系"的看法，由此而对马克思、恩格斯有关价值论述的解释是不能令人信服的。我提出以上意见，乞请卫兴华、吴树青同志批评指正。

　　　　　　　　　　　　　　　（原载《经济科学》1981 年第 10 期）

试论孙冶方的社会主义流通理论

孙冶方同志是我国一位卓越的马克思主义经济学家，他留给我们的有关社会主义流通的论著虽然不很完整，但这些论著在他整个新颖而又言之成理的社会主义经济理论体系中却占有十分重要的地位。这里，我拟就孙冶方同志社会主义流通理论的形成和发展、主要内容以及现实意义写点自己的领会，以对我崇敬的导师表达深切的怀念。

一

20 世纪 50 年代末，冶方同志主持讨论《社会主义经济论》初稿的写作时曾提出：《社会主义经济论》要按生产过程、流通过程、社会总生产过程三部分来写。他在说到流通篇的写作内容时指出：我所讲的流通，不是人们通常所理解的商品买卖交换，而是社会再生产过程中企业与企业之间的关系。流通篇应该研究生产资料和消费资料的流通和储备问题。在社会主义条件下，生产资料流通是一件完全崭新而又非常复杂的问题。因为如何把千千万万个企业的供产销计划化，前人没有给我们留下任何现成的答案，资本主义社会也没有给我们留下任何可借鉴的经验。因此，流通篇要研究合理组织企业供产销问题，要研究企业垫支资金的有用效果问题，要研究对流通过程实行计划管理的各种具体形式问题。对冶方同志的这些看法，个别同志提出了不同意见，他认为：社会主义社会尤其是在未来的共产主义社会，集体所有制都变成了全民所有制，全民所有制的企业之间没有流通关系，而只有物资分配、调拨。还认为，社会主义没有流通，《社会主义经济论》按生产过程、流通过程和社会总生产过程的程序来写，那是生搬硬套。当时，冶方同志虽然已经把批判"自然经济论"作为他研究社会主义政治经济学的纲领性观点提了出来，但"自然经济论"在流通领域的表现是什么？他还没有想得很成熟。那位同志以理论的语言，简洁地概括了对社会主义流通的流行观点：社会主义没有流通。这使冶方同志明确地意识到要建立社会主义流通理论，必须深入批判"无流通论"。

20世纪60年代初，苏联列宁格勒恩格斯苏维埃商业学院一位不知名的经济学家阿·克留切夫写了一篇《论作为经济过程的交换的内容》的文章，这对冶方同志社会主义流通的形成很有影响。它的主要论点是：

（一）提出要以社会分工为出发点，考察作为经济过程的交换即流通

分工有两种，一种是发生在个别经济单位内部的技术分工，另一种是发生在不同经济单位之间的社会分工。这两种分工虽然彼此紧密联系并构成一个统一体，但它们在本质上是不同的。技术分工是指生产过程被分为各个不同的但彼此有联系的劳动工序和工种，它直接作为各种不同生产活动而相互发生联系，在这基础上形成的交换，只是构成生产的要素，而还不是与生产有区别的经济过程。正如马克思所说：每个工厂内都有系统的分工，但是这种分工不是通过工人交换他们个人的产品来实现的。社会分工是把社会总劳动分成为满足不同社会需要的各种不同的有用劳动，它使生产实现了专业化，这之间的交换不像个别经济单位内部的技术分工那样可以直接进行，而是一种社会劳动只有作为过去的物化劳动才能与另一种社会劳动相交换，而过去的劳动则就是指产品，产品交换是使各个不同经济单位在社会分工基础上发生联系的唯一可能手段。因此，这种交换是与生产在本质上不同而又互相制约的客观经济过程。每一个经济单位只有向社会提供自己生产的产品并从社会换取它所需要但自己又不能生产的产品（包括消费资料和生产资料），它们之间才能发生联系。政治经济学要研究的交换，就是指在社会分工基础上形成的产品交换，而不是在技术分工基础上形成的生产活动交换。社会主义全民所有制内部并不是一个大工厂，用技术分工代替社会分工，忽视两种分工的差别，势必造成对交换在社会主义经济中的作用估计不足。在共产主义社会，社会分工得到了进一步发展，尽管那时以商品形式出现的交换已经消失，但产品交换还是存在着的。

（二）提出要区分交换和分配这两种不同的社会职能

交换是独立于生产过程之外的一个客观经济过程，但分配却不是这样。因为产品的生产同时就是产品的分配，人们参与生产的方式同时就是他们参与生产成果的分配方式，正如马克思所说：分配关系，是同生产过程的历史规定的特殊社会形式，以及人们在他们生活的再生产过程中互相所处的关系相适应的，并且是由这些形式和关系产生的。因此，分配直接是生产过程的社会要素。如果认为分配可以在生产过程之外进行，那么，生产过程就会失去社会内容。分配与已达到的社会生产力水平和现存生产方式相适应，决定着产品以何种方式、按什么比例分成必要产品和剩余产品，从而对生产和消费起着媒介作用。对作为经济过程的交换来说，它是以由生产和分配决定着的各种个别需要为出发点，把各种不同的社会劳动以产品交换为手段，根据生产者的生产需要和个人需要进行互换。这就是说，交换是给分配作媒介，使得处于不同社会分工下的生产者以产品交换形式来取得社会分给自己的消费品。如果颠倒了交换和分配的社会职能，把分配看作独立于生产过程之外的经济过程，这就会把交换归入分配，从而在事实上取消交换。

上述两个观点被冶方同志批判地接受并做了很好地发挥。但同时，冶方同志对阿·克留切夫文章的缺点也做了严肃批评。阿·克留切夫说：在未来共产主义社会将没有必要在交换过程中利用社会劳动消耗来比较各个产品。与此同时，价值及其形式将失去自己的意义。有计划地组织生产和交换的唯一基础是社会需要及其相互满足。这是一种很糊涂的观点，阿·克留切夫一面以社会主义实行产品交换的必要性批评了"无流通论"，但另一方面又以实物观点去预见未来共产主义社会。这种自相矛盾的理论并蓄在一篇文章中，原因何在？冶方同志批评说：阿·克留切夫没有弄懂马克思的劳动价值理论，没有树立产品二重性、劳动二重性的观点。因此，冶方同志提出，要透彻地了解社会主义全民所有制内部的流通过程，必须具有产品二重性和劳动二重性的思想。冶方同志正是以产品二重性、劳动二重性的思想为基础，在对"无流通论"的批判中奠定了自己的社会主义流通理论。

20世纪70年代末，冶方同志联系社会主义经济建设的教训，对"无流通论"进一步展开了尖锐地批评，这主要是围绕着对斯大林的生产关系定义进行的。1978年四五月间，冶方同志先后在西北、西南以及北京等地区多次作学术报告，批评斯大林在《苏联社会主义经济问题》中提出的生产关系"定义"。1979年9月，他又以此为主要内容，作为《社会主义经济论》导言中的一部分即《论作为政治经济学对象的生产关系》在《经济研究》杂志发表。这在经济学界引起了强烈反响。尽管不少同志对冶方同志批评斯大林把所有制形式独立出来进行研究的观点还存在着疑义，但大多数同志都非常赞成冶方同志对斯大林生产关系"定义"中的"无流通论"的批评。冶方同志批评说：斯大林在生产关系的"定义"中，把生产和流通混为一谈，没有把交换关系单独列出来，而只是作为"互相交换其活动"提了出来，这实际上是用基于技术分工即直接生产过程中的交换代替了基于社会分工即独立于直接生产过程之外的产品交换。然而这个观点，杜林早在一百多年前提出时就受到了恩格斯的严厉批评。杜林认为，交换或流通只是生产的一个项目。恩格斯说，生产和交换是两种不同的职能。杜林之所以把流通和生产混为一谈，只不过证明，他不知道或不懂得正是流通在最近 50 年来所经历的巨大发展。我们都知道，恩格斯对杜林的批评写在 19 世纪 70 年代，往前推 50 年即 19 世纪 20 年代，这正是资本主义大发展的时期，而这主要反映在流通领域，如资本主义已经打破了国界，扩大了流通范围，形成了世界市场；帝国主义国家开设了交易所，出现了证券投机等。冶方同志联系实际进一步批评说，社会主义革命取得胜利后，流通过程的变化要比恩格斯所处的那个时代大得多，不同所有制之间的交换关系不仅具有不同性质，而且解决的方法也大不相同；国营企业之间的供销关系更为复杂，但在斯大林"无流通论"的影响下，我们却把它简单化了。斯大林在领导苏联社会主义建设的 30 年间，不准生产资料产品进入流通，实行自上而下的实物配给、调拨，正是以他在生产关系"定义"中"无流通论"为基础的。20 世纪 50 年代，我国照搬了苏联"无流通论"的经济管理模式，把千千万万个不同品种和规格的生产资料产品统统集权划归物资局，用行政的办法搞"实物配给"，这常常造成了供产销脱节的状况。

冶方同志在 20 世纪五六十年代和七八十年代这两个时期，对社会主义流通的理论是一贯到底的。五六十年代奠定了从产品二重性和劳动二重性考察流通的理论基础；七八十年代从理论和实际的结合上透彻地批判了"无流通论"，尖锐而深刻地触及了我国流通体制的改革，特别是他在物资流通体制改革上的灼见，基本上已被经济学界和实际部门所接受，按商业原则组织生产资料产品的流通。

二

冶方同志关于社会主义流通理论的观点，概括来说有五条。

（一）要从产品二重性、劳动二重性的观点出发来研究流通

冶方同志认为，社会分工使生产实现了专业化，把社会总劳动分成为满足不同社会需要的各种有用劳动，但是这些有用劳动的再生产过程要能正常进行下去，它们又都必须以产品交换为媒介发生经济联系。从总体上看的产品交换即流通不仅是价值补偿，而且是物质替换，因而既要受社会产品的价值组成部分相互之间的比例的制约，又要受它们的使用价值、它们的物质形式的制约。就价值组成部分来说，生产者要通过流通过程在产品交换中收回产品的C＋V部分，补偿物化劳动和活劳动的消耗即不亏本；同时要实现m部分，以扩大生产规模，增加个人和社会集体消费即要盈利。就物质使用价值形式来说，生产者要通过流通过程来替换生产中已经消耗的各种物资。如果按"无流通论"的观点来看，生产者之间就只存在着实物的配给、调拨，而无须还原为社会平均的必要劳动进行比较。这就从根本上否认了经济核算。

　　冶方同志很赞成阿·克留切夫以社会分工为出发点来研究流通的方法论。他认为，有社会分工，就会有交换；有社会化大生产，就会有流通。在社会主义条件下，具有不同社会分工的不同所有制企业之间的流通关系，表现为商品货币关系，但在全民所有制内部（包括未来共产主义社会），虽然已经没有了商品货币关系，但由于还存在着不同的社会分工，因此还会有流通关系，而这则表现为产品流通，它们都要把个别劳动还原为社会平均的必要劳动加以比较，由此调节客观存在着的社会劳动和个别劳动的差别。冶方同志的这个观点与他在价值理论上的看法是一脉相承的，他在价值理论中认为，价值并不仅仅是商品经济的范畴，商品货币关系消亡以后，价值和价值规律依然还会发生作用，通过对社会平均必要劳动的计算，自觉地安排好各个经济单位的供销关系。

　　冶方同志很赞成阿·克留切夫区分交换和分配的观点，他特别从价值构成上指出，分配是指社会总产品中净产值（V＋m）的分配，而交换则是在已经分配定的价值量范围以内，把产品转交给消费者。这就是说，只有经过流通，分配才能最终完成，而取消流通，这就如同恩格斯批评杜林的"暴力论"那样，"是用城防司令手中的宝剑来代替了经济交换"。

　　冶方同志从产品二重性、劳动二重性出发来考察流通，这是他的价值理论合乎逻辑的必然结论，也是他研究社会主义流通一条极为重要的方法论。

（二）要用资金占用效果大小的观点来研究流通

　　冶方同志认为，研究流通的主要目的是要以最少的垫支资金取得最大的有用效果。社会财富是在生产过程中创造的，一般来说，流通过程只增加产品（商品）的价值而不创造新的使用价值，但它作为社会再生产不可缺少的一个阶段，却必须经常地占用一部分资金，这样就产生了生产时间和流通时间、垫支资金和有用效果之间的矛盾。流通篇要研究如何缩短流通时间，以相应地增加生产时间特别是其中的劳动时间的比重，加速资金周转，研究如何减少流通领域中的占用资金，相应地增加生产领域中占用资金的比重等。通过对这些问题的研究，使流通领域能用最少的垫支资金取得最大的有用效果。这一点，与在生产领域中最少的劳动耗费取得最大的经济效果，是同等意义的问题。等量资金的周转速度不同，获得的有用效果也是不等的。

　　冶方同志认为，社会主义企业的"资金"，是社会主义社会的劳动积累，它只有在运动中才能体现出国家、集体、个人在根本利益一致基础上的新型经济关系。如果企业"资金"只是在人民币形态上压在"钱柜"里，不能转化为生产要素；如果企业"资金"只是在制品或半成品的形态上放在车间里，不能成为合格的产品；如果企业"资金"只是在成品的形态上藏在"仓库"里，不能实现对社会的使用价值，那么它就失去了劳动积累的意义。

　　冶方同志认为，要研究企业"资金"的运动，加速企业"资金"周转，必须从理论上弄清固定"资金"和流动"资金"周转的特点。固定"资金"周转的特点是实物形态上固定不动，而价值形态，却比例于固定资产的磨损（包括有形磨损、无形磨损）程度不断转移到新产品中去。因此，企业应该通过产品销售，把垫支在固定资产上的资金价值量按期收回，并使其在实物形态上按期得到补偿。流动"资金"周转的特点是实物形态上一次耗尽，价值也一次转移到新产品中。因此，企业要通过产品销售，把垫支在流动"资金"上的价值量一次收回来，并一次在实物形态上予以更新。只有我们掌握了这些特点，就能以相应的经济对策，使"资金"在尽快的运动中带来最大的有用效果。因此，冶方同志一再坚持要按资金利润率来考核企业"资金"的占用效果，通常所采用的平均成本利润率，实际上只考核了企业"资金"中极小的一部分，即流动"资金"加上固定资产折旧部分，但由于我们的折旧率压得很低，一般都在 25 年左右，所以，企业占用固定"资金"的只有 1/25 才能得到补偿，而其余部分却都是无偿占用。

冶方同志是我国最早提倡结合社会主义建设实践研究马克思《资本论》第二卷的经济学家。固定资本和流动资本周转的不同特点、加速周转的途径等问题，马克思都有过十分详尽的论述，只要把资本主义生产关系加给它们的外衣脱去，作为一种社会化生产的客观规定性，它对社会主义经济还是适用的。

（三）流通是建立社会主义计划管理体制的基础

有一种相当流行的观点认为，实行社会主义计划管理是直接生产过程中的问题。冶方同志认为，这种观点是不对的！因为就直接生产过程本身来说，资本主义企业内部的技术分工原本就是建立在有意识的有计划管理基础上的，我们说以社会主义的计划管理体制代替资本主义盲目自发的无政府状态，并不是指企业内部的直接生产过程，而是指全社会，指马克思所说的千千万万企业相互间的物质代谢过程即流通过程。随着生产资料社会主义改造的逐步胜利，直接生产过程中的问题已经基本上得到了解决，而所要进一步解决的只是完善社会主义的企业管理制度、采用科学的管理方法等。但是，要对企业与企业之间的供产销实行社会主义的计划管理，却完全是一个新问题。实践证明，国民经济中存在的一切问题，都会灵敏地、及时地反映到流通过程中来，流通过程是整个国民经济发展状况的一面镜子，整个国民经济的生产和需要的平衡，是通过流通中的供求表现的。因此，流通是建立社会主义计划管理体制的基础。

冶方同志独创地提出以合同为基础，来划分国家和企业的计划管理权限。他认为，合理组织企业物资共销的关键是强调合同制，凡是改变原来的、传统的合同关系，改变企业生产方向，以及组织新办企业的供销协作关系，都属于国家"大权"范围内的事情。但是在原来的协作、供销关系范围以内，在原来的生产方向，企业间相互签订的供货、销售合同，包括供销数量、品种、规格，都是企业"小权"范围以内的事情。合同一经签订，双方必须严格遵守，违约者要负经济的、法律的责任。他在 20 世纪 50 年代中期提出的把计划和统计放在价值规律的基础上，其中有一条具体办法就是指以合同为基础来制订国家经济计划和企业生产计划。首先，应该充分保证企业在原有协作关系范围以内的权、责，搞好企业一级的供销平衡，严格合同制，然后在这个基础上汇总，逐级平衡，制订出全国的简单再生产计划；其次，国家按照"量力而行"的原则，对新投资的计划根据财政预算由中央或省市自上而下地拉线做媒，签订原料供货、产品销售等合同，制订出全国的扩大再生产计划。二者相加，即构成全国中、长期经济计划。

冶方同志认为，社会主义必须坚持计划经济，但这并不意味着对那些过时的甚至是错误的计划方法就不加以改革。他批评说：过去在订国家计划时，先由国家计委定一个大盘子，然后按中央各部、各省、市、自治区逐级下达指标摊派，这很难保证计划的综合平衡。特别是国家计划部门只注重实物量指标，如产品、产量，以不变价格计算的总产值，而价值指标却由财贸部门来管理，这两套各自独立，分口管理，使得经常出现价值补偿和实物替换难以平衡的问题，"有钱买不到想要的物资，物资找不到销路"，主要就是由此而产生的。

冶方同志也指出，我国社会主义现阶段，由于还存在着全民所有制、集体所有制、个体经济等多种经济成分；由于我们计划的深度和广度还不够，计划方法也不尽完善；由于我们的商品储备也不够充足，这就使得我们还不能对全部流通过程都实行计划化，还需要通过市场的自发调节来补足计划调节的不足。

（四）等价交换是流通领域中的基本规律

流通是实现价值补偿和实物替换的经济过程。冶方同志认为，不仅在不同所有制之间的商品交换要讲等价原则，就是在全民所有制企业之间、重工业和轻工业之间以各个地区之间的交换，都必须遵循等价原则，否则，就是无偿剥夺，它不仅破坏了企业再生产的正常进行，使价值补偿和物质替换无法满足，同时也影响了国民经济各部门按比例发展。

冶方同志非常反对价格和价值背离的价格政策。他认为，企业追逐"流通利润"是由不同地区、不同行业、不同产品之间的不合理"差价"造成的，价格畸高畸低，高价利大，低价利少甚至无利，而利大的并不是由于创造价值高，而是由不等价交换，把别的产品的一部分价值转移到这个产品上去了。这是造成自发势力对计划经济冲击的一个重要原因。从资金耗费占用对提高经济效果的作用出发，冶方同志主张，要按资金利润率来定价，办法是：某一行业中某种产品的总成本，加上生产这些产品所占用的资金总额而应该承担的按资金利润率计算的利润总额，再以总产品的数量来除，即形成了单个产品的价格。这样，从一个企业看，产品价值构成中的 m 部分，与产品价格构成中的利润部分，在量上不一致，但从全社会看，m 的总和与利润的总额又是相等的。

冶方同志一再批评了斯大林用工农产品的"剪刀差"，向农民索要"超额贡税"的办法，主张逐步缩小"剪刀差"并最后取消它，把工农业的经济联系建立在等价原则上。

（五）流通要研究各种具体的组织形式

冶方同志认为，马克思在《资本论》中没有对流通的各种具体形式加以研究，这是因为资本主义流通是自发地进行的。但是社会主义流通却是自觉的有计划的经济过程。因此，社会主义政治经济学要对各种流通的具体形式加以研究，如流通渠道、购销形式以及网点设置等，以便从中掌握对流通实行计划管理的有效途径。

三

冶方同志是我国创建社会主义流通理论的先驱。目前，国内虽然已经出版了一些比较好的商业经济学、物资经济学以及财政、银行等方面的著作，但是，还没有一本从社会主义产品（商品）二重性出发来论证社会主义流通的理论著作。冶方同志在这方面给我们留下了十分宝贵的思想财富。然而最具有现实意义的是，冶方同志对社会主义流通的论著，为我们正在进行的流通体制的改革提供了许多可资借鉴的理论和建议，主要有：

（一）把基于技术分工的计划管理体制转移到以社会分工的基础上来，或者说，新的计划体制应该以流通为基础

前面说过，技术分工也需要交换，但这只是直接生产过程中人们劳动活动的交换，如不同工种、工序之间的关系，它不形成经济过程。而只有基于社会分工的交换，才形成与生产过程在本质上不同而又互相制约的经济过程。冶方同志强调，社会主义计划管理是指后者，而不是指前者。在流行的社会主义经济理论中，把社会主义社会当作一个大工厂来看待的观点十分普遍。冶方同志回忆说：我年轻的时候在苏联读书，教员讲了很多，他们说，社会主义劳动是有计划的，生产关系也是一目了然的，资本主义社会的生产关系是通过物来表现的。我们的社会分工，实际上等于资本主义社会的技术分工，生产什么，生产多少，你供应我什么，我供应你什么，都是统一规定的。经济学界的这些思想虽然苏联在实行新经济政策时受到了列宁的批评，但它总是顽强地表现着自己，并对国家经济政策发生影响，特别是20世纪30年代后，经济工作中的唯意志论有了新的发展；他们把无产阶级专政看作苏维埃经济运动的规律，当时很有影响的经济学家斯特鲁米林在1937年出版的《苏联计划

工作问题》一书中说："计划经济按其思想来说，除了技术经济定额、物理化学定律以及诸如此类的决定因素外，是不知道还有任何客观的即不以社会的意志为转移的社会规律的"①。苏联模式的计划管理体制，实际上就是在"无流通论"和唯意志论基础上逐步强化起来的。冶方同志批评说，这与原始社会中一切生产活动都归公社首脑指挥没有什么差别。中华人民共和国成立以后，我们照搬照抄了苏联的模式。很长时期以来，我们没有从理论上弄清计划管理体制建立的立足点，细细想起来，我们搞的计划，确实是对技术分工的计划，生产、供应，不分巨细统统由国家计划集中管理，但是却不管社会需要，令人头痛的"产销脱节"，或者说"工业报喜、商业报忧、仓库积压、财政虚收"等问题，实际上是由于计划管理脱离了基于社会分工的流通过程而产生的。国家计划部门对生产企业自上而下的摊派产量、产值等一类指标，但却不管生产出来的产品能否卖得了。企业按敲下来指标完成了任务，就可以向上报喜，但产品不合社会需要而进库积压，却是计划之外的事情。

　　冶方同志晚年在病床上，曾针对那些过时的自上而下敲指标的计划方法鲜明地提出要推倒重来，彻底改革，把基于直接生产过程的计划管理体制转移到以流通为主的基础上来。首先，生产单位要有商业观点，他在 1982 年 5 月对中国商业经济学会成立大会的贺信中说："生产的服务对象是消费者，不是仓库，而商业是广大消费者的代表，过去只强调商业要有生产观点，不强调生产要有商业观点（即能够卖出去），那是有片面性的。"他认为，商业是流通的代理人，它代表消费者的利益，要实现产品的使用价值，它应当为消费者服务，而不能为仓库服务，因此，要维护商业企业代表消费者、社会需要向生产单位自由选购商品的权利。生产单位应该以原材料供货合同和产品销售合同为依据安排生产计划。要坚决改变

---

① 转引自苏联列宁格勒大学社会科学教师进修学院政治经济学教研组编《社会主义政治经济学史纲》，生活·读书·新知三联书店 1979 年版，第 56 页。

过去那种自上而下压指标的计划方法。其次，企业之间的经济联系要建立在等价原则的基础上，不同所有制之间的等价交换，维护着各自的所有权利益；全民所有制企业之间的等价交换，保证着各自对劳动耗费的准确核算。目前，我们的价格政策排斥了等价原则，使价格成了价值的"哈哈镜"，这给生产、投资都带来了很多盲目性，也给企业造成了苦乐不均。因此，实行等价交换，是对社会分工即流通过程实行计划管理的先决条件。最后，企业要建立严格的统计、会计制度。以对社会分工为基础的计划管理，首先是对价值量指标的管理，只有严格的统计、会计制度，才能搞好对劳动耗费的计算，以便事前自觉地按社会平均的必要劳动，安排科学的经济计划。

有一点应该指出，价值是通过人们科学的计算来琢磨，还是通过市场调节来掌握，在这个问题上，由于各自对价值范畴的理解不一致，因此，冶方同志与多数同志似乎还存在着分歧，但有一条基本事实双方都承认：无论是哪一种所有制所生产的产品，在现阶段都要进入流通，通过商品货币关系来实现它的价值和使用价值，企业的生产成果要表现为货币收入，劳动耗费要表现为货币支出，企业为社会提供的剩余产品也要表现为以收抵支后的盈利，即使那些调拨的产品也要按商品货币来计价、算账等，正如马克思所说，在流通领域，作为它们来源的生产过程的性质如何是没有关系的。因此，冶方同志对大力发展商品生产和商品交换的一切实践，比如，允许多种经济成分并存、开放多种经营形式、疏通流通渠道、改统购包销为议购议销、开放集市贸易等，都由衷地高兴。

（二）资金占用效果的大小是衡量流通体制改革是否有成效的重要标志

前面说过，提高流通领域中资金占用效果与减少生产过程中劳动耗费，这是同等意义的问题。资金缺乏和资金占用效果差，这是当前经济建设中十分紧迫的一个大问题，而造成这个问题的许多原因皆与流通有关。就流动资金来说，全国国营企业流动资金总额已达 3200 亿元，但周转速度极为缓慢，1965 年为 74.8 天，1982 年却为 111.9 天，据统计资料分析，资金周转缓慢一天，就意味着浪费 1.1 亿元。而周转缓慢的主要原因之一是产销不对路，物资库存占用了大量资金。1982 年全国库存钢材 1800 多万吨，机电产品 580 亿元。货不对路、供货渠道不畅、销售方式不合理等，严重影响着资金周转速度。就固定资金来说，全国国营企业固定资金总额已达 5300 多亿元，但其中一个很大问题是折旧年限过长，这使得一大批老企业不能把垫支在固定资产上的资金尽快收回来用于挖、改、革，迫使企业搞"古董复制"，冻结技术进步。当前，影响工商关系的一个重大的问题是利润分配，据天津财委 1979 年年底的典型调查，在 352 种代表商品中，有 337 种商品的利润分配是工大于商，其中 308 种商品虽然双方都收利，但工业占 82%，商业只有 12%。冶方同志强调实行资金利润率，这对全社会各行业都是适用的，即都按占用资金上缴利润，这一点马克思也说过：商人资本会按照它在总资本上所占的比例，参加决定一般利润率。所以，按资金利润率来解决工商利润分配是一个亟待解决的新问题。

另外，冶方同志还提出了一些对实际工作有意义的建议：

比如，他从资金占用效果提出要研究整个社会的流通规模（包括交通、通信设备、仓储设施、营业网点和设备、组织流通的人员等，即社会用于流通过程的人力和物力的总和）如何同进入流通过程的产品总量的增长相适应，这对流通领域的自身发展是十分重要的。在"无流通论"的影响下，再加上中国土产的"轻商"思想，造成目前流通远远不能适应生产发展、消费需要的落后状况，如：经营、购销形式单调、营业网点减少、布局不合理、流通所占用的社会劳动力比重下降、商业设备落后、仓储、冷库不足、基建和购销结构比例失调、商业人员的科技文化水平低等。这些问题不从保证社会再生产的正常进行来尽快解决，流通领域也难以搞活。

再比如，他从分清分配和交换的不同社会职能的意义上指出，无论是生产资料的调拨和配给，或者消费资料的统购包销、凭票供应等，这都是属于分配范围以内的事，是在生产萎缩条件下"交换"的不正常形态。这就澄清了人们对社会主义优越性认识上的糊涂观念。因为长期以来，人们都习惯把上述交换的不正常形态当作社会主义的优越性加以颂扬。

还有，冶方同志再三宣传的让生产资料产品进入流通，物资局要按商业原则组织生产资料流通的观点，也极有现实意义。

冶方同志20世纪60年代在中国人民大学讲授《社会主义经济论》时，曾否认社会主义流通中有形态变化问题。他说，在资本主义条件下，G—w之后是生产，生产之后又是w—G，因此，有实现问题。在社会主义条件下，不存在G—w和w—G即买得了和卖不了的问题，即实现问题。80年代，他联系实践中提出的问题，强调生产要有商业观点即能够卖出去，这是一个重大的理论转变，但是由于他重病在身上，不能对"卖出去"的内在经济含义进行全面论述，这就给我们后来者遗留下了值得进一步研究的问题，比如，供求问题。流通中的供求实际上是生产和消费的反映，产品"卖出去"还是"卖不出去"，直接影响着供求的变动，同时也影响着价格的变动。按照冶方同志的观点，价格要以价值（生产价格）为基础，通过对社会平均的必要劳动的科学计算而有计划地制订，但是价格和价值适当的背离是否也应该呢？对此，冶方同志还没有来得及充分展开加以说明。还有，他提出按合同关系划分国家和企业的权限，改变原有的传统的合同关系要报上级计划部门，这是否划得过死，也就是说，企业在供销上的权限是否划得过小。因为各生产单位劳动生产率提高的幅度由于种种原因是不会一样的，超产的实物部分总要寻找新的合同关系，上级部门如何管得了这么多的差额平衡。

孙冶方同志为坚持宣传自己长期从事经济学研究形成的社会主义经济理论，拼搏奋争了20多年，在我国社会主义政治经济学思想发展史上写下了重要的篇章。孙冶方同志对马克思主义基本理论

"学而不套"，不唯上、不唯书，一切从实际出发，提出了一整套言之成理的社会主义经济理论，流通理论在其中占有十分重要的地位。我们应该采取实事求是的态度，对他的经济学观点深入研究、积极宣传，将正确的观点运用到社会主义现代化建设中去，这是对这位卓越的马克思主义经济学家的最好纪念。

（原载《中国社会科学》1983 年第 3 期）

中、苏、南国有制改革理论之比较

改革生产资料的国家所有制，是社会主义经济体制改革的一个重要方面。中国、苏联、南斯拉夫在这个问题上，都有自己独特的理论观点。这里，我拟在比较说明中，对国有制改革的基本理论谈谈自己的看法。

一

研究南斯拉夫国有制改革理论，铁托的一些看法，不能不引起我们的注意。铁托认为，如果把国家所有制维持得比必要的时间长久，那它会日益阻碍发展并堵住社会走向直接生产者的自由联合的前景。南斯拉夫的一些经济学家把铁托的这一思想做了发挥，提出由社会所有制代替国家所有制的理论。经济学家米拉丁·科拉奇在他所著的《政治经济学》一书提出：生产资料属国家所有，这就意味着由国家来决定生产的规模和结构，决定积累和个人消费量。在这种条件下，企业不是作为独立的经济主体存在，而生产者也脱离了对生产资料的直接管理。这种在国有制基础上产生的经营制度，与私有制基础上产生的经营制度相比较，在产生者和生产资料的结合上，却仍然存在着一个中介因素，所不同的仅仅是由代表人民的国家取代了资本家阶级，这实际上仍蕴含着产生官僚主义者的物质基础。为了实现马克思关于对未来社会主义的设想，即"有一个自由人联合体，他们用公共的生产资料进行劳动，并且自觉地把他们许多个人劳动力当作一个社会劳动力来使用"，应当用社会所有制来取代国有制，以便建立在生产资料同直接生产者结合的自然方式基础上的新型生产关系体系。他特别指出，"社会所有制的经济含义在于，首先，只有使用生产资料的劳动才创造管理这些生产资料的权利；其次，只有劳动才是占有社会产品的基础"。从米拉丁·科拉奇对社会所有制所进行的经济分析中，我理解南斯拉夫的社会所有制包含下述几个特定思想：

第一，生产资料已不是获取价值收入和参加收入分配的不变资本，它仅仅是劳动过程的物质前提。因而，社会所有制下的生产资料，属于全社会所有的人共有。无论作为个人，还是作为集体，都不构成对生产资料所有权垄断的主体。或者说，它排除了任何对生产资料所有权的垄断。

第二，社会主义企业中没有了用来购买劳动力的可变资本，直接生产者的劳动力不再是商品。生产者使自己的劳动与生产资料结合，其动机是为了满足自己生存的愿望，投入的劳动是参与分配创造出来的产品的基础。

第三，米拉丁·科拉奇对社会所有制进行经济分析时，提出了一个非常重要的范畴：社会主义企业劳动集体的收入。他认为，在社会所有制下，由于生产关系性质的变化，作为劳动产品新创造的价值直接成为劳动集体的收入，"在这种条件下，生产和支配收入体现为直接生产者的生存条件，从而也是组织生产和经营的推动动机"。因此，企业追求收入最大化，自主决定积累和消费的分配，这就排除了任何以各种借口出现的对企业收入分配的干预。

南斯拉夫理论家爱德华·卡德尔曾明确说过，社会所有制"是对任何所有权的否定"。因此，南斯拉夫经济学家也把社会所有制称作"非所有制"。从 20 世纪 50 年代以来，尽管在学术界对这种非所有制理论还存在着相反的看法，但由于它被写进了南共联盟的文件，因此，南斯拉夫对国有制的改革，基本上是按非所有制理论的设计来进行的，逐步取消了工人与生产资料及其物质生产条件之间的中介因素，由直接生产者直接管理生产资料并支配劳动成果。自治组织归还了所用的社会资金后，全部收入归生产者共享，并努力把最多的份额转化为个人收入。1964 年后，南斯拉夫还取消了国家投资基金，改由银行发放投资贷款，扩大了直接生产者支配扩大再生产基金的权限，逐步淡化以至取消了国家的经济管理职能，国家作为生产者和生产资料结合上的中介因素，在社会所有制下最终消失了。

在 20 世纪六七十年代，南斯拉夫的经济取得了大幅度的增长，按人口平均的国民生产总值增长率每年平均为 4.3%，除了保加利亚和罗马尼亚外，比任何东欧国家都高。但是，南斯拉夫的经济增长，一直伴随着大的波动，而这个波动，比东欧其他国家大得多。根据"经济合作与发展组织"所提供的调查材料，六七十年代，南斯拉夫社会总产值的年增长率在最高 13.7% 和最低 2.5% 之间波动，工业生产的增长率在最高 16.2% 和最低 −0.2% 之间波动，而工人的收入由于受到通货膨胀的影响，也表现出极大的波动。进入 80 年代后，南斯拉夫的通货膨胀引起瞩目，直接危及人民生活和社会安定。根据统计资料计算，南斯拉夫 1981 年至 1986 年间，物价年平均增长率为 47.3%，而 1981 年已突破二位数高达 120%—130%。在经济剧烈波动的新情况下，南斯拉夫经济学界对非所有制理论展开了新的可以说是反思性的讨论。一些经济学家公开批评官方的非所有制理论，他们认为，把社会所有制作为非所有制来理解，没有给劳动自治组织提供正确的指导原则，它脱离了南斯拉夫还是一个不发达国家的实际情况，教条主义地理解了马克思关于劳动者直接和生产资料结合的观点。在生产力不发达的情况下，生产资料短缺，它必然仍具有社会资本的职能，社会必须评价劳动者对生产资料的使用效果。他们把严重的通货膨胀归罪于劳动自治组织谋求收入最大化的理论，因为收入最大化理论排斥任何来自自治组织外部对自治组织自身收入分配的干预，这就造成了自治组织投资不量力而行，靠贷款、借外债；消费不量入为出，多出少留，谋求短期利益。根据统计资料，1985 年，南斯拉夫的国民收入为 66535

亿第纳尔，按当年汇率计算，约合 200 多亿美元，而他们公布的外债也是 200 多亿美元，因此，南斯拉夫的经济学家坦率地承认目前南斯拉夫社会所有制的价值实体已基本消失了。

为了纠正社会所有制理论给经济发展带来的危害，目前正在进行着一场新的辩论。有的经济学家主张实行自治所有制，他们认为，在生产力还不发达的条件下，人们对生产资料还不能自由支配并使所有的人对它处于同等地位，只有自治所有制才是公有制的历史形式。也有的经济学家主张实行股份所有制，他们认为，股份所有制是社会主义公有制的一种好形式，工人作为股东通过股息参加收入分配，可以促使工人从经济利益上关心投资方向、资金增值并共担风险。① 南斯拉夫《今日》周刊在 1987 年 12 月 8 日发表署名文章认为，南斯拉夫过去对社会主义过渡阶段设想过于乐观了，在当今的大辩论中不能回避市场经济和商品货币关系，工人阶级必须以自治的方式组织起来。文章还指出，必须把社会主义看成是一个混合社会，在这种社会里，公有制部门占主导地位，但也应该在很长的时间和广阔范围内促进私人劳动的发展。文章也不否认，国有制还将经历一个漫长的历史时期。

南斯拉夫是第一个对国有制进行根本改革的社会主义国家。社会所有制是他们整个改革的理论基础。这个理论的提出旨在实现自治，克服异化，保证劳动者与生产资料的直接结合。但是，这个理论的核心，是没有所有者的所有制即非所有制，它在生产还不十分发达的条件下，引导劳动者和劳动自治组织去追求收入最大化，放弃对生产资料的社会评价，从而加剧了商品经济所固有的某种自发性。从最近几年南斯拉夫经济学界对社会所有制的反思性大辩论来看，他们似乎正在探索一种能够体现所有权形式的公有制形式，自治所有制、股份所有制，乃至私人劳动的发展，都是南斯拉夫正在

---

① 参见朱行巧《南斯拉夫对社会所有制的争论和反思》，详见 1987 年南京举办的"东欧国家政治和经济体制改革讨论会"论文。

探索和寻求的公有制的新形式。

二

在对国有制改革的问题上，苏联走着一条与南斯拉夫截然相反的路子。苏联一向认为，社会主义公有制有两种形式即全民（国家）所有制和集体所有制，全民（国家）所有制是公有制的高级形式，而集体所有制是公有制的低级形式，后者必须向前者过渡。公有化的程度是以国家占有生产资料的多少来衡量的。当然，这种观点的首创者是斯大林，而苏联经济学界对此又作了极端的发挥，比如，查果洛夫就曾经极力主张取消集体所有制。理论上公开否认集体所有制，必然加剧了实际工作中使集体农庄制度国有化的进程。在20世纪六七十年代，相当数量的集体农庄被国营农场所吞并，战后9.5万个集体农庄只剩下2万个左右；而那些宅旁园地经济也被当作"私人经营者"取缔了。50年代中期赫鲁晓夫曾倡导过经济体制改革，但实际上他们搞的"地方扩权"，只是强化了地方政府的权力，滋长了地方（民族）主义并给整个经济带来了混乱；而他们尔后所搞的"企业扩权"，是在有限的框框内给企业一点自主性，目的还是强化国有制。改良过的国有制管理方法，仍然没有给劳动者、企业以任何主动性和积极性，以致在80年代初，经济上出现了严重的停滞，各项经济指标的完成情况降到了历史的最低点，并积累了不少尖锐的社会问题。

戈尔巴乔夫上台后，自上而下地倡导了对国有制理论的新思维。他指出：社会主义所有制有着丰富的内容，其中包括人与人之间、集体之间、部门之间、国内各地区之间在利用生产资料和生产成果方面的多边关系以及一系列经济利益，这些复杂的经济关系在运动中按一定方式结合并不断调整。但是，现存的国有制却脱离了其真正的所有者——劳动人民。它常常受到本位主义和地方主义的宰割，变成无主的、无偿的和失去真正主义的东西。他还批评理论界：社会科学处在僵化状态，社会主义政治经济学还停留在习惯的概念上，他们把经济机制的任何改变，当作是放弃社会主义原则。在戈尔巴乔夫新思维的倡导下，一些经济学家对国家依据权力对其他所有制兼并的问题提出了反思性的批评。比如一位学者指出，这种使其他所有制形式向国有制接近和融合的过程，实际上是破坏社会主义社会的经济制度和管理的民主形式，使经济单位丧失独立性，"向无限制的预算拨款过渡"，加强了官僚主义的领导方法。①从1985年开始，戈尔巴乔夫在伏尔加汽车联合公司和苏麦机器制造生产联合公司进行了试点，以图通过"完全的经济核算制"对国有制加以改革。

经济核算制按照戈尔巴乔夫的解释，就是要求"企业和联合公司承担自己工作无亏损的全部责任，国家不对它们的义务担责任"。实施的具体办法有两条：一是"以收抵支"。它以结算利润为基础，按企业销售收入的盈利扣除生产基金付费、银行贷款利息的余额，来确定企业的留利水平和国家预算上缴定额，一年一定。类似于我国前段企业改革试点中的税后利润分成制。二是"财务自理"。它以账面利润为基础，采取累进增长定额的办法，来确立国家预算上缴定额和企业的留利水平，五年一定。类似于我国的税后利润分成制。这里，关键性措施是国家预算上缴定额，按照固定的上缴额从企业利润或收入中扣除，这样，谁在生产中获得的利润多，谁的留利水平就高。当然，二者相比较，"财务自理"更有利于划清国家和企业之间的经济界限。苏联的《经济管理根本改革的基本原则》中还提出，在"财务自理"中也将采取两种办法，一是定额利润分配制；二是定额收入分配制。其大体做法是卡死两头：一头是企业从产品销售中扣除物质耗费后保证国家固定的上缴预算定额；另一头是保证按定额扣除生产、社会发展基金，然后才形成分配的工资基金。显然，这样更能使劳动者的收入报酬最终取

① 参见［苏］《哲学问题》1987年第2期。

决于企业的经营效果。

实行新的利润分配办法后，企业的经济实力有所增强，他们可以独立自主地对企业进行技术改造或扩建，特别是由于工资基金取决于企业经济核算收入，这就充分发挥了经济刺激的作用，促进企业从经济成果上关心企业的发展。但是，应该指出，当前苏联实行"以收抵支、财务自理"的企业，都是经营条件好而有盈利的企业，而在相当多数的企业中，由于亏损还不能实行利润分配的新办法，不得不继续实行统筹资金、国家拨款的老办法。这种新旧两种办法并行的局面，必然影响新办法的进一步发展。特别是他们的价格仍集中由国家制定，物资统一调拨，在这种陈旧的企业外部环境下，国家与企业之间，无论是一年一定，还是五年一定，"讨价还价"问题都很尖锐，很难说就已经实行了用经济方法来管理企业。

从 1988 年 1 月开始，苏联已开始实施新的《企业法》，它与我国新颁发的《全民所有制工业企业法（草案）》相比较，明显地反映了对国有制进行改革的不同指导思想。首先，苏联《企业法》明确了企业以"以收抵支、财务自理"为标志的各项经营权，其中包括物资技术供应方面的批发贸易、产品销售方面的三种价格形式（国家统一价格、合同价格和自订价格）等。但是《企业法》也明确规定了企业经营权不能损害新的计划体制，即国家对企业经济活动加以引导的四大"杠杠"：一是参数控制，包含在经济合同中的产值、施工、劳务的价值指标，利润和外汇收入，仍然是评价企业经济活动的主要指标；二是长期稳定的经济定额，包括工资基金形成定额、经济刺激基金形成定额、国家预算缴款定额等；三是国家订货，对国家集中的基本建设、重要产品、国防和科技进步项目，企业必须完成；四是限额。这四大"杠杠"，大大不同于过去的指令性计划体制，但也不是建立在市场基础上的指导性计划体制。在我国《企业法》中，企业自主经营权力的市场色彩要比苏联浓得多，虽然仍写有指令性计划的条文，但已不是挂在企业头上的"紧箍咒"了。其次，苏联《企业法》明确规定了企业经营决策权属于企业劳动集体代表大会和劳动集体委员会，而不是厂长（经理）一个人。而我国《企业法》却明确地赋予了厂长在企业经济管理中至高无上的决策权。最后，苏联《企业法》除规定了企业在物质生产方面的任务外，还有社会发展方面的义务，比如兴建住宅、托儿所、医疗机构等。而我国《企业法》则明确了企业就是物质生产单位。《企业法》方面的差别，反映了中苏两国在对国有制改革问题上的不同指导思想：我国通过对国有制的改革，促使经济商品化，发展社会主义有计划商品经济；苏联则是调整国家、地方的企业的关系，在计划管理中充分利用商品货币关系，完善社会主义国有制。但是，我们也怀着浓厚的兴趣，注视着苏联在国有制改革中所做的各种积极探索。

三

　　近十年来，我国对国有制的改革，在困难重重中渐渐推进。

　　从理论上看，对国有制改革的理论观点曾经是十分对立的。在经济学界，一种看法认为，社会主义国家所有制只是社会主义全民所有制的一种形式，它排斥商品生产的发展，排斥价值规律的调节作用，因此，经济体制改革的出发点就是要有步骤地把国家所有制改变为全民自主的所有制形式，使全体劳动者共同所有的生产资料能够按照全体劳动者的共同利益来运用。[①] 另一种看法认为，社会主义国家所有制是社会主义全民所有制唯一可能的表现形式，生产资料由代表全体人民利益的国家占有，可以直接调节企业的生产、流通、分配。经济体制改革只需要把多头领导改为一个头领导。[②] 介乎于这两种针锋相对的观点之间，还有一些不同的看法，比如有

---

　　① 参见董辅礽《关于我国社会主义所有制实现形式问题》，《经济研究》1979 年第 1 期。

　　② 参见蒋学模《论我国社会主义所有制的性质的形式》，《学术月刊》1979 年第 10 期。

的同志认为，在不发达的社会主义社会，全民所有制还需要继续采取国家所有制形式，因此，现阶段经济体制改革不是改变国家所有制形式，而只是正确处理国家和企业之间的经济关系。还有的同志认为，只要还存在国家，全民所有制必然表现为国家所有，经济体制改革的方向是既保持国家所有制，又使企业成为独立的经营主体，实行双重所有制，即社会主义国有制和部分的企业所有制，等等。

我们都知道，上述各种理论观点基本上是在 20 世纪 70 年代末 80 年代初提出的。作为学术观点，完全可以"百家争鸣"，但坦率地说，前几年，在僵化思潮的干扰下国有制改革的研究实际上进展不大。仅仅是最近两年，由于企业经营机制改革实践的推动，学术界才又重谈国有制改革理论。相当多的同志根据实践中提出的问题，重新从理论和实践的结合上积极探索社会主义公有制借以实现的新形式。就实践中出现的形成来说，基本上有两类：一是改革初期局限于国家和企业之间利润、收入分配方式，从扩大企业自主权、完善经济责任制以及采取的企业利润总额分成、增长分成、上交包干、递增包干、利改税等，通过放权让利来调动企业的生产积极性和主动性；二是随着改革的深化开始着眼于对国有财产的经营关系，即从财产关系入手根本改革国有制，主要方式有承包经营责任制、租赁经营责任制、资产经营责任制、股份制等，还有拍卖形式。从财产关系入手所进行的上述各种探索，与放权让利的利润分配方式比较，已从根本上触动了国有制的根基，虽然社会主义公有制的性质没有变，但是某些国营企业的国有性质已开始逐步向集体、企业或集团所有制以及股份所有制转变。

生产资料所有权和经营权的分离，是调整社会主义国家与企业财产关系的重大理论问题。马克思在《资本论》第三卷中对资本主义经济中的两权分离问题曾作过科学的说明。20 世纪 60 年代初，孙冶方曾针对固定资产的新的问题而对社会主义经济中的两权分离作了新的说明，他指出：在全民所有制之下，占有、使用和支配权是一个主体，而所有权是另一个主体。国营组织，只是根据它们的活动目的和财产的用途对固定给他们的国家财产行使占有、使用和支配之权。而这些财产的所有者是画家。由此主张在经营管理的意义上，把折旧费交由企业自主使用，而利润全部上交，投资由国家统一安排。很明显，这是在否认全民所有制内部还存在商品货币的关系的前提下主张两权分离。但是，如果把两权分离和经济商品化联系起来思考，问题就不那么简单了。

首先，在商品交换的过程中，"人们彼此只是作为商品的代表即商品所有者而存在"，交换双方彼此承认对方是交换商品的所有者，这是商品交换得以正常发展的先决条件。按此常识来分析改革后的国营企业之间的经济关系，可能不会有什么困难，而困难则发生在国家与企业之间的经济往来上，因为实行两权分离后的国营企业，还不是企业财产的所有者，而只仅仅有生产经营权。

其次，自负盈亏是商品经济发展的必备条件，然而对于实行两权分离的企业来说，实际上是只负盈而不负亏，特别是在动用属于国家所有的固定资产来补偿耗费，维持再生产以至企业破产，实际上还都是由国家来承担。而如果企业经营者是由国家主管部门委任，那么旧体制下政企不分的一切弊端仍然存在；但若工人选聘了经营者，那他必然代表企业的利益与职工联合起来筹划获得短期利益的对策，最终损害国家财产。

马克思透过资本主义社会中的借贷关系科学地分析了社会化大生产中两权分离问题，实际执行职能的资本家转化为单纯的经理，即别人的资本的管理人，而资本所有者则转化为单纯的所有者，即单纯的货币资本家。货币资本家由于资本——所有权而获得利息；而产业资本家由于资本——机能而获得企业主收入。如果产业资本家不仅用借入资本，而且也垫支一部分企业主收入于生产过程中即剩余价值资本化，那么在这种情况下，企业中由剩余价值资本化而形成的财产，不仅经营权属于产业资本家，而且财产的所有权也属于他。这就是在经济运行过程中出现的所有权和经营权的合一。产业资本家正是以这部分资产承担着各种经营风险。在社会主义条件下，我们通过对国有制的逐步改革，把社会主义国家和企业的行政隶属关系变成借贷关系，把财产的所有权和经营权分离，国家凭借对企业财产的所有权取得借贷利息，而企业则由于从事经营而取得企业收入即自留资金。企业用这部分收入再投资形成新的财产，理所当然地应明确其所有者是企业，而国家不再对这部分资产有所有权。允许企业在一部分资产上的所有权和经营权合一，这才能真正使企业有自己独立的经济利益。

综上对中、苏、南三国对国有制改革理论的比较，无论是南斯拉夫对社会所有制的反思、苏联对国家所有制的新管理办法，还是我国对企业财产实行所有权和经营权分离的各种探索，似乎都在强化经营者对财产的所有权。南斯拉夫的社会所有制、苏联的国家所有制，在两个极端上产生着同一种弊端：公有财产变成了无主的、无偿的和失去真正主人的东西。而对我国来说，强化经营者对财产的所有权观念，一则是防止重蹈南斯拉夫式社会所有制下收入最大化产生的各种弊端，二则是彻底铲除苏联式国家所有制下政企不分的物质基础，在大、中型国营企业中坚持公有生产资料的两权分离，保证企业能自主经营，但同时依法确定自有资金的两权合一，使企业真正能够自负盈亏，这也许是使国有制改革能逐步深化的一个重要理论课题。

（原载《中国工业经济》1988 年第 3 期）

关于党对社会主义经济建设的几个重要思想

　　在我国生产资料方面的社会主义改造基本完成以后，中国共产党领导全国各族人民转入了全面的大规模的社会主义经济建设。从1956年9月党的第八次全国代表大会算起，我国的社会主义经济建设已整整进行了35年。其间我们走过的道路是十分曲折的，既有顺利发展的成就，积累了宝贵的经验；又有摸索前进的波折，付出了昂贵的学费。但我党始终坚持把马克思主义的普遍真理和中国的具体实际相结合，在经验和教训中熟悉国情，学习客观经济规律，从而使我们的经济建设取得了重大成就：首先表现在社会生产大幅度增长。工业总产值，1956年为642亿元，到1989年，已增加到22017亿元，按可比价格计算，平均每年增长10.8%，而1990年已达23851亿元，比上年增长7.6%；农业总产值，1956年为610亿元，到1989年，已增加到6535亿元，按可比价格计算，平均每年增长35%，而1990年已达7382亿元，比上年增长6.9%。国民收入，1956年为822亿元，而到1989年，已增加到13125亿元，按可比价格计算，平均每年增长6.4%，而1990年已达14300亿元，比上年增长4.8%。其次表现在人民生活日益改善。1957年全国居民消费水平仅为102元，而1989年则达到700元，平均每年增长3.4%。20世纪80年代是人民得到实惠最多的时期，1980—1989年，居民消费水平平均每年增长6.9%，人均储蓄存款余额由5.4元增加到463元，而1990年已达到615元。与此同时，我国的科学、技术、教育、文化、体育、卫生等各个部门也都获得了新的发展。

　　我国经济建设的目标是实现社会主义的现代化。在 1956 年社会主义经济建设全面展开时，我国仍然是一个农业国家，工业总产值与农业总产值几乎持平。在这样一个国民经济整体素质很差，又曾是一个半殖民地半封建社会的国土上搞现代化，无疑面临着很大的困难。但是，我们克服了困难，取得了成就。正如江泽民同志在国庆 40 周年大会上指出的："我们的经济发展和人民生活水平的提高，不仅同我国过去的历史相比极为显著，而且同其他许多国家相比也并不逊色。"在联合国开发计划署发表的一项《1990 年人类发展报告》中采用新的计算方法对世界 130 个国家的人均国民生产总值、出生时预期寿命和成人识字率三个项目重新进行评估，中国处于 65 位即中点。① 这表明，中国社会主义经济建设的发展速度和效果，使中国与发达国家的差距大大地缩小了。

　　中国共产党作为中国各族人民进行社会主义经济建设的领导者，从顺利发展的成就和摸索前进的波折中，逐步确立起了几条明确的社会主义经济建设的指导思想：

一　必须坚持以经济建设为中心，大力发展社会生产力，在这个基础上逐步改善人民的物质文化生活

　　在一个以农为主的不发达国家里，当无产阶级夺取政权并逐步完成对生产资料所有制的社会主义改造后，就应当立即实现工作着重点的转移，坚持以经济建设为中心，大力发展社会生产力，创造出比资本主义更高的劳动生产率，使社会主义制度最终站稳脚跟。

---

　　① 新的计算方法是指"购买力平价法"。它用国际通用货币美元来计算对各国共同选取的 151 类 500 种商品的价格，然后加以比较。这在一定程度上可以避免汇率法的不真实性。通常采用的人均国民生产总值是按不同国家的汇率进行计算的，由于各国汇率取决于各国名义购买力的对比关系，它的调整受多方面因素的影响。因此，按汇率计算的人均国民生产总值不能真实反映一个国家的综合国力和货币的实际购买力。根据国外经济学家和我国一些学者的测算，按购买力平价法计算的我国国民生产总值和按汇率计算的国民生产总值，二者的差率在 1.3—3 倍，而人均国民生产总值的差率在 2—3 倍。

1956 年 9 月，党在基本完成了对生产资料所有制的社会主义改造后，立即召开了第八次全国代表大会，这是全面转入社会主义经济建设的伟大历史里程碑。八大《决议》指出，从现在开始，我国无产阶级同资产阶级之间的矛盾已经基本上解决，国内的主要矛盾将是人民对于建立先进的工业国的要求同落后的农业国的现实之间的矛盾，是人民对于经济文化迅速发展的需要同当前经济文化不能满足人民需要的状况之间的矛盾。今后尽管还会有阶级斗争，但党和人民的主要任务，就是要集中力量解决这个新的主要矛盾，迅速发展社会生产力，把我国从落后的农业国变为先进的工业国。毛泽东同志在大会的预备会议上还曾特别指出：如果生产力几十年还上不去，你像个什么样子呢？那就要从地球上开除你的球籍。会后毛泽东同志又在《关于正确处理人民内部矛盾的问题》一书中再一次提醒全党："我们的根本任务已经由解放生产力变为在新的生产关系下保护和发展生产力"，我们要"将我国建设成为一个具有现代工业、现代农业和现代科学文化的社会主义国家"。但是，由于当时国际共产主义运动中出现了某些新的变化，以国内反右派斗争为转折点，从 1957 年到"文化大革命"结束的近 22 年间，"以阶级斗争为纲"的错误指导思想，一再阻挠着"以经济建设为中心"的实现。1962 年 9 月，毛泽东同志更把一定范围内存在的阶级斗争扩大化和绝对化，在党的八届十中全会上断言：在整个社会主义历史时期，资产阶级都将存在和企图复辟。他把对内适应资本主义自发势力的需要，对外屈服帝国主义和修正主义的压力，视为党内的主要危险，无产阶级和资产阶级的矛盾仍然是我国社会的主要矛盾。按照这个指导思想，"以阶级斗争为纲"成为时髦口号，政治运动接连不断。特别是在"文化大革命"中，竟然还提出了反对所谓"唯生产力论"这样一种根本违反历史唯物主义的荒谬观点，谁抓经济，就是"唯生产力"论，"革命搞好了，生产下降也可以""八亿人民生活苦一点没有关系"等一类厥词遍布报刊。

　　党的工作着重点向经济建设转移为何如此艰难呢？一是我们党

长期处于战争和激烈的阶级斗争之中，对于全面展开的大规模的社会主义建设事业，缺乏充分的思想准备和理论准备，缺乏必要的科学研究，缺乏一支有经济管理知识的干部队伍。因此，在处理和观察社会主义经济发展过程中出现的新矛盾和新问题时，习惯性地把已经不属于阶级斗争的问题仍然看作阶级斗争，用阶级斗争的方法去分析解决经济发展中出现的经济问题，甚至还用阶级斗争的方法去分辨对解决经济问题所持的各种不同看法，从而导致阶级斗争的扩大化。比如，1959 年 7 月庐山会议就是典型的例子。这次会议本来是要准备纠正"大跃进"中的"高指标"和"公社化"运动中"穷过渡"等错误的，毛泽东同志还特别提出了管理体制、农村政策、公共食堂等 19 个经济问题要求会议予以讨论。彭德怀同志在 7 月 13 日按照会议总结经验教训的精神，给毛泽东同志写了一封信，批评了"政治挂帅可以代替一切"的错误，同时对粮食、钢铁、基本建设等一系列具体经济问题的处理提出了自己的看法。毛泽东同志接信两天后即发动了对彭德怀同志的批判，认为彭的意见表现了"资产阶级动摇性"，断言："庐山出现的这一场斗争，是一场阶级斗争"，并在全党范围开展了"反右倾"的斗争。二是教条主义地对待马克思主义经典作家的某些设想和论点，比如，曲解马克思所说的"资产阶级权利"，认为个人消费品分配中通行的等量劳动相交换的原则应该限制和批判，甚至还认为按劳分配、物质利益原则与"旧社会差不多"；再比如，曲解列宁在战时共产主义时期对小生产的某些论述，认为社会主义改造基本完成以后，小生产还会每日每时地大批地产生资本主义和资产阶级，把小生产和资本主义自发势力画等号。三是经济学研究严重滞后，一个时期内形而上学猖獗、唯心主义泛滥，脱离经济空谈政治，对实践中出现的新问题不允许也不敢独立思考，用"本本"中的多种"条条"来剪裁现实中出现的新经验，社会主义经济学长期停留在"党的各种经济政策汇编”的水平上①，或者说只不过仍然是“政策经济学”②。一旦政策改变，经济学就紧随其后修正。值得注意的是在对待知识分子的政策上也缺乏历史的辩证的观点，没有认识到中华人民共和国成立后党所培养的一大批知识分子已经是工人阶级队伍中的一部分，认为他们的劳动方式具有个体性，不能自觉形成科学的世界观。因此，在“以阶级斗争为纲”条件下，知识分子从总体上常常受到不公正的对待，影响科学技术的发展。1957—1979年，这22年间，党的工作着重点基本上没有转移到以经济建设为中心上来，借助政治运动、阶级斗争来搞经济建设，使经济经常处于激烈地波动之中，人民的温饱问题长期未能解决。

坚持以经济建设为中心，是由生产资料所有制的社会主义改造基本完成以后社会主要矛盾的变化决定的。主要矛盾的变化，要求党必须把满足全体劳动人民不断增长的物质和文化需要摆在首位。1978年12月党的十一届三中全会对社会主义经济建设的经验和教训进行了系统地总结，作出了把全党和全国工作着重点转移到社会主义现代化建设上来的战略决策。为实现工作着重点的转移，邓小平同志从理论和实践的结合上作出了卓越的历史贡献。他在三中全会召开前的中央工作会议上所作的《解放思想，实事求是，团结一致向前看》和三中全会闭幕后不久理论务虚会上所作的《坚持四项基本原则》两篇重要讲话：系统地纠正了关于社会主义社会阶级斗争的各种错误理论，把对社会主要矛盾的认识与党的“八大”决议衔接起来，指出：“我们的生产力发展水平很低，远远不能满足人民和国家的需要。这就是我们目前时期的主要矛盾，解决这个主要矛盾就是我们的中心任务。”③为了解决这个主要矛盾，邓小平还提出了一系列符合中国国情的经济政策和改革措施，其中

① 孙冶方：《对社会主义政治经济学中若干理论问题的感想》，载《孙冶方选集》，山西人民出版社1984年版，第276—279页。

② 薛暮桥：《关于社会主义经济的若干理论问题》，《中国社会科学》1991年第1期。

③ 参见《三中全会以来重要文献选编》（上），人民出版社1982年版，第101页。

包括管理制度和管理方法等。1980 年 1 月，邓小平同志在中央召集的干部会议上再次指出："要把经济建设当作中心。离开了经济建设这个中心，就有丧失物质基础的危险。其他一切任务都要服从这个中心，围绕这个中心，决不能干扰它，冲击它。"① 1981 年 6 月党的十一届六中全会《关于建国以来党的若干历史问题的决议》、1982 年 9 月党的第十二次代表大会所通过的新党章，接着 1982 年 12 月五届人大五次会议通过的新宪法，都明确地写进了必须坚持以经济建设为中心的基本思想。

二　必须坚持改革开放的政策，调整生产关系和生产力，上层建筑和经济基础之间的矛盾，不断完善和发展社会主义制度

生产关系和生产力、上层建筑和经济基础的矛盾是任何社会制度的基本矛盾，在社会主义社会中，基本的矛盾仍然是生产关系和生产力之间的矛盾，上层建筑和经济基础之间的矛盾。正确解决这个基本矛盾，是推动社会主义社会发展的基本动力。但在一个相当长的时期内，我们对什么是社会主义这个问题并不十分清楚，甚至还"形成了若干不适合实际情况的固定观念"②，比如对社会主义生产关系方面：在所有制问题上，脱离生产力发展水平，脱离社会再生产的各个环节，迷信行政权力，简单地以生产条件归属上的"纯""大""统"为标准来看待公有制的性质。所谓"纯"，是以"割资本主义尾巴"为手段，排斥非公有制经济成分的存在，否认个体、私营经济成分对社会主义公有制的有益补充作用；所谓"大"，是以"穷过渡"为途径，排斥国有制经济以外的其他经济成分，以"合并""升级"为手段，任意平调集体经济的财产，以

---

① 参见《三中全会以来重要文献选编》（上），人民出版社 1982 年版，第 295 页。
② 参见《中共中央关于经济体制改革的决定》，《人民日报》1984 年 10 月 21 日。

为公有制的范围越大越好；所谓"统"，是把国有制经济看作公有制的唯一实现形式，一切都由国家统起来，经济计划由国家下达、生产资金由国家统配、产品购销由国家统包、资产收益由国家统调、劳动工资由国家统管。在这种"纯""大""统"基础上建立起来的高度集权管理体制，严重束缚了企业从事生产经营的积极性。在收入分配问题上，放弃了物质利益原则，长期使按劳分配难以正确实行，平均主义的分配原则严重压抑了劳动者的积极性；在经济运行中，把计划和市场对立起来，总以为计划是社会主义的制度属性，市场是资本主义的制度属性，拒绝探索二者结合的内在机制，把通过市场搞活企业和发展社会主义商品经济的各种正确措施当成资本主义来批判。再比如对社会主义上层建筑方面：毫无疑问，我们的基本政治制度是好的，但是在具体的领导体制、组织形式和工作方法上，还存在着许多重大的缺陷。由于建设高度社会主义民主政治所必需的一系列经济文化条件还不充分，因此权力过分集中、官僚主义严重，封建主义的影响也还存在，特别是少数官员脱离群众、擅权腐败、破坏了党在人民群众中的威望和形象。类似这些矛盾，都影响着社会主义制度优越性的发挥和社会生产力的发展，因而需要通过改革的途径，调整生产关系和上层建筑中还不适应生产力发展的某些环节，不断完善和发展社会主义制度。

如果我们把上述长期存在的矛盾归结为权力过分集中的话，那么针对这种弊端所进行的"改革"，早在 20 世纪 50 年代中期就已经开始了。1956 年，毛泽东同志在《论十大关系》的讲话中指出：把什么东西统统都集中在中央或省市，不给工厂一点权力，一点机动的余地，一点利益，恐怕不妥，中央和地方的关系也是一个矛盾。解决这个矛盾，目前要注意的是，应当在巩固中央统一领导的前提下，扩大一点地方的权力，给地方更多的独立性，让地方办更多的事情。这对我们建设强大的社会主义国家比较有利。在这之后发表的《关于正确处理人民内部矛盾的问题》一书中也指出：社会主义制度还刚刚建立，还不大完善，需要在实践上寻找比较适当的形式。经济学家孙冶方同志当时也曾对权力过分集中的弊端进行过批评，按照把计划和统计建立在价值规律的基础上的总思路，提出了一系列改革传统体制的政策建议。但是由于这种体制在中华人民共和国成立初期曾对经济发展起过一些积极的作用，人们对其弊端的严重程度并未认识得十分清楚。因此，从 20 世纪 50 年代中期开始按分权原则对旧体制的"改革"只不过是在原有体制的老框框内修修补补，特别是全党工作着重点长期以阶级斗争为中心，因此，某些修修补补的措施也在"批修反资"的口号下给扭了回去，使旧体制的某些弊端更加"合法"地存在了下去。

其实，旧体制权力过分集中，只不过是表层现象，深层的问题是我们长期没有认清中国国情，没有正确理解社会主义。正如邓小平同志指出："什么叫社会主义，什么叫马克思主义？我们过去对这个问题的认识不是完全清醒的。"① 在经济理论界有的同志也往往把社会主义和自然经济相混同。把商品经济和资本主义画等号。党的十一届三中全会以后，随着工作着重点的转移，人们对旧体制弊端的认识才逐步深入，改革思路也逐步清晰：要改变权力过分集中问题，不能仅仅在中央和地方的行政分权上做文章，而首先应该把改革的突破口摆在正确处理国家与各个生产单位的经济关系上。从 1978 年 12 月党的十一届三中全会到 1984 年 10 月党的十二届三中全会，重点在农村全面推行了家庭联产承包责任制，使农民首先获得了生产经营自主权，特别是随着城乡商品货币关系的发展，农民的市场观念增强，加快了农村由自给半自给经济向经济商品化的转变进程。从 1984 年 10 月党的十二届三中全会到 1987 年 10 月党的十三大召开，城市经济体制改革也全面展开。全党清醒地看到：社会主义仍然是在公有制基础上的有计划的商品经济，商品经济的充分发展，是社会经济发展不可逾越的阶段。以此理论为依据，我们以增强企业活力为中心环节，把价格体系改革看作整个经济体制

---

① 邓小平：《建设有中国特色的社会主义》，人民出版社 1984 年版，第 35 页。

改革成败的关键，从微观经济机制到宏观管理体制，对财政税收、货币金融、劳动工资、计划、物资、外贸等社会生产的各个环节都不同程度地按计划经济和市场调节相结合的运行机制和社会主义有计划商品经济的新体制目标模式进行了改革。党的十三大是我国城乡改革进程中的里程碑和实行市场取向改革的转折点。全党以邓小平同志关于建设具有中国特色社会主义的基本理论，即当代中国的科学社会主义为指导，从中国国情出发，确认中国还处于社会主义的初级阶段；同时，按照社会主义有计划商品经济理论，逐步形成了建立社会主义商品经济新体制的基本构想：在所有制方面，坚持公有制为主体，国有经济为主导，发展多种所有制经济成分。在1989 年的工业总产值中，全民所有制占 56.06% 、集体所有制占35.69% 、城乡个体占 4.8% 、其他经济成分占 3.44% ；而在社会商品零售总额中，全民所有制占 39.1% 、集体合营占 33.65% 、个体占 18.63% 、农贸集市占 8.6% 。在这种新的所有制结构格局中，国有制经济一统天下的垄断地位开始由绝对优势向相对优势转化，这非常有利于城乡商品经济的发展。在收入分配方面，实行以按劳分配为主体的多种分配方式，其中包括允许某些经营性收入和非劳动收入的存在，这使得整个社会的收入分配格局也发生了很大变化。个人收入的来源由单一的工资、工分向多元化收入来源转化，全国职工工资收入与非工资收入的比例大约是 7∶3；分配机制由单一的政府行政分配向市场分配与政府宏观调控相结合的机制转化，这非常有利于在促进效率提高的前提下体现社会公平。在调节机制方面、价格、利率、财政、金融、税收等一系列商品经济的杠杆对经济的调节功能逐步增强。宏观调控体系也朝着由直接行政管理为主向间接管理为主过渡，这使企业的活力和市场意识明显增强。值得特别注意的是，中国把对外开放列为基本国策之一，随着经济特区的建立、沿海城市的开放和“三资”企业的发展，中国由闭关自守跨入了国际分工并参与国际市场竞争，逐步学会并掌握了利用资本主义来促进社会主义发展的有效途径。

　　坚持四项基本原则，保证了改革开放的正确方向，这是我们的立国之本；坚持改革开放的政策，赋予了四项基本原则以新的时代内容，是我们的强国之路，二者相互贯通，相互依存，统一于建设有中国特色的社会主义的实践中。建设有中国特色的社会主义，这是我们把社会主义的一般规律、普遍属性与中国具体国情的特殊规律、个别属性正确结合起来的典范。就社会主义的一般规律来讲，实行生产资料公有制、按劳分配、有计划按比例发展、共产党领导、无产阶级专政和马克思主义指导等，认识它、理解它，并不十分困难。而困难的却是把它如何在中国国情下付诸实践，并从根本上体现社会主义的基本要求。从 20 世纪 70 年代末以来，全党按照"实事求是，解放思想"的原则，大胆地排除了来自教条主义、僵化和资产阶级自由化的干扰，探寻出了建设具有中国特色社会主义的基本道路。我们反对"全盘西化"的资产阶级自由化观点，因为用这种观点来看待改革开放，会使我们的国家偏离社会主义方向；我们也要破除对马克思主义教条式的理解和附加到马克思主义名义下的僵化观点，因为用这种思维方式来看待四项基本原则，就会怀疑以至否定改革开放的政策。纵观 1980—1990 年中国社会经济发展的进程，它以举世瞩目的事实表明：改革开放是社会经济发展的基本推动力。这期间，国民生产总值平均每年递增 9%，明显高于 1953—1980 年平均增长 6.5% 的速度；农业总产值平均每年增长 6.3%，不仅主要农产品登上了新的台阶，而且农村经济结构也发生了很大变化，乡镇企业异军突起，促进了农村商品经济的发展；工业总产值平均每年增长 1.26%，主要重工业产品大幅度增加，消费品工业的发展更是日新月异；特别引人注目的是城乡居民物质文化生活水平获得了明显改善，1990 年城镇居民人均生活费收入 1387 元，农民人均纯收入 630 元，扣除物价因素，分别增长 68.1% 和 1.24 倍，年均增长分别为 4.8% 和 7.6%，绝大多数人民的温饱问题已基本解决，一部分居民正向小康生活水平迈进。以吃为例，1990 年我国人民每天从食物中摄取的热量达 2600 千卡左右，已接近世界平均水平；再以住为例，1990 年与 1980 年相比，人均居住面积，城市已由 3.9 平方米增加到 7.1 平方米，农村由 9.4 平方米增加到 17.8 平方米。家用电器也进入了大多数居民家庭。穿着质量的改善为世人所共睹。总之，改革开放缓解了社会主义生产关系和上层建筑与生产力进一步发展还不大相适应的矛盾，使社会主义制度得到了自我完善。当然，在一个时期，我们也曾出现过对坚持四项基本原则不够一贯的毛病，"一手硬、一手软"，忽视了阶级斗争还会在一定的国内外气候下激化；在抓物质文明建设的同时，放松了精神文明建设，资产阶级自由化一度干扰了改革开放的方向，但是我们党纠正了这种偏差，使改革开放重新踏上新的坦途。

三　必须坚持以提高经济效益为中心，保持国民经济持续、稳定、协调增长

这本是一句老话，然而却又是至今尚未实现的理想。1990 年年底召开的十三届七中全会提出的《中共中央关于制定国民经济和社会发展十年规划和"八五"计划的建议》中强调指出：必须始终把提高经济效益作为全部工作的中心，并在总结以往教训的基础上，把保持国民经济持续、稳定、协调增长作为一条总方针提出来，因而构成为党对社会主义经济建设的一条极为重要的经济指导思想。这条经济思想的核心是正确处理效益、速度和比例的关系。切实改变长期以来"左"的错误指导思想，改变高积累、高消费、低产出、低效率的外延式扩大再生产的经济发展战略，走一条速度比较实在、经济效益比较好，人民可以得到更多实惠的新路子。

发展速度问题。我国是一个发展中国家，生产力发展水平低下，但劳动力供给却相对过剩，国内外的各种因素都会对政府从政治、经济、社会等各方面形成片面追求高速度发展经济的压力。因为在旧的体制下，没有高的速度，就难以有足够的财政收入来满足

社会对文化教育和福利的资金要求；没有高的速度，也难以为每年新增劳动力提供足够的就业机会。当然，也有一种不恰当的心理：在政治宣传上，常常是以速度的高低来进行两种制度的优劣比较。在旧的体制下，高速度只能靠高投入来维持，而在高投入支撑下的高速度，必然带来财政赤字和信贷膨胀，造成社会总需求超过总供给。持续、稳定，实际上就是讲速度问题，要求保持经济每年都有一定的发展，避免大起大落，做到适度增长。如果经济增长速度压得过低，由于总需求不足会使现存的生产能力处于闲置状态，生产成本增高，这势必影响经济效益。而经济增长速度提得过高，片面追求高速度，由于总需求过旺而使现存的生产条件不足，物资紧缺，也会使生产成本增高，同样影响经济效益。因此，我们要寓速度于效益之中，适度的经济增长速度当然可以通过数学模式加以计算，但是参照历史经验，也会形成大体上比较有效的上限和下限。一方面，根据以往经验，经济过热往往是由工业带动起来的，在新旧体制并存时期，国有制经济自身就内含着投资饥饿和消费需求膨胀的机制，因此，要控制工业，特别是要控制加工工业的发展规模；另一方面，也要考虑增加就业机会和改善人民生活的要求。速度过低，经济全面下滑，也会带来许多社会问题。未来 10 年国民生产总值年均增长 6% 的速度，主要是根据历史经验和战略发展目标的实际进程而测算出来的。要使国民经济适度增长，必须加快国民经济运行机制的转换，"计划的节约是最大的节约，计划的浪费是最大的浪费"，在旧体制下，很难避免速度的大起大落。而按计划经济和市场调节相结合的新型运行机制，比如从宏观调控上就可以充分运用财政政策和货币政策对投资规模和消费需求进行引导，同时，发挥市场优胜劣汰的竞争机制。调节不合理的企业组织结构和产品结构。

产业结构问题。产业结构通常是指劳动力资源和各种生产要素在不同部门、行业的配置比例以及它们之间的相互关系。产业结构是一个动态概念，不仅包括因科学技术发展和劳动生产率提高相对原有产业结构所出现的新变化，而且也隐含着不同资源配置体制的不同，依据不同产业政策导向相对原有产业结构所出现的新趋势。合理的产业结构，是使整个国民经济总体增长保持高质量的基础。首先，我国曾是一个以农为主的国家，工业和农业的关系，始终是形成合理产业结构的关键。根据历史经验，二者正常的增长比例大体是2—2.5∶1，农业发展滞后，工农业增长失衡，往往会给整个国民经济造成动荡。因此，我们要坚持以农业为基础的思想，增加国家对农业投入的数量和途径，同时稳定已有的农村各项经济政策和改革措施，发展农业科学技术、保持农业的稳步增长。其次，是加工工业和基础产业的关系。能源、运输和通信，是长期以来制约国民经济发展的"瓶颈"，严重地制约并拖了工农业发展的后腿。因此，建立和加强现代技术基础上的基础产业和设施，是实现国民经济协调发展的必要条件。最后，是高科技成果产业化问题。由于高科技开发和经济发展脱节，因此，至今也没有改变卫星上天、一般工业长期落后的不协调状况。要使科技发展真正转变为经济建设的先导，必须尽快建立起科研成果产业化的机制。对不合理的产业结构进行调整，无非有两种办法：一是增加投资量来补短就长，二是调整现有结构来截长补短。20世纪60年代初，我们曾采取"关、停、并、转"等行政措施对不合理的产业结构进行过有效调整。但进入80年代，随着决策主体多元化和经济利益分散化，用行政办法来改变已形成的利益格局很难奏效。由于增量调整受到现有资金的限制，因此，当前面临着的严重问题是对现存的产业结构、企业组织结构和产品结构按照计划经济和市场调节相结合的机制，充分发挥市场调节的作用，利用竞争机制和淘汰机制实现结构的优化。目前整个工业组织结构已普遍呈现出粗放、松散、小型化经营的落后状态，有65%以上的企业没有达到规模效益的要求。而与此同时，全国却有1/3的企业长期亏损，1990年，国家财政对亏损企业的补贴已接近600亿元，占财政支出的17%。另外，还有地区生产力合理布局问题。近几年在地区财政大包干下，地区产业结构趋同化，严重影响着社会整体效益的提高。

经济效益问题。经济效益对宏观来说，主要取决于国民经济产业结构、企业组织结构是否合理，如果工农业增长失衡，工业内部各部门比例失调，科学技术长期滞后，当然很难形成高的经济效益；而对微观来说，经济效益主要取决于企业的技术水平和经济管理。据测算，企业已获得的经济效益中，有60%是由科学管理提高而获得，30%是由科学技术进步获得，只有10%是投资获得。目前，经济效益低下，成了整个国民经济生活中各种困难的主要症结。据有关部门测算，1985—1989年，全国物质生产部门投入产出率（即国民收入与物质消耗之比）逐年下降，由1984年的0.75下降到1989年的0.61。主要问题是：（1）社会产品物耗率大幅度上升。1985—1989年，按可比价格计算，社会产品物耗率平均为-61.5%，比1980—1984年平均水平上升4.4个百分点，平均每年多消耗800多亿元；（2）百元积累新增国民收入减少。1985—1989年，按可比价格计算，百元积累新增国民收入平均为22.8元，比1980—1984年减少17.7%（平均为27.7元），由于积累效益下降，约减少国民收入600多亿元；（3）资金利税率下降。工业部门由1980年的25.1%下降为1989年的16.8%；商业部门销售百元商品实现的利税由1979年的8.3元下降为1989年的7.5元。当然对经济效益高低也有另外的判断。比如有同志认为，近10年来企业经济效益向社会转换，贷款利率提高、农产品价格提高，物价补贴增加等，都会使产品成本提高，同时企业还要治理环境，改善职工劳动条件，开展职工培训，推行劳动统筹保险，提高固定资产折旧等，也会影响企业近期经济收益。由此得出结论：10年来企业的经济效益是提高的。这种议论不能说没有道理。但是，作为国家整个经济状况的综合反映即财政问题，至今还处在十分严峻的状况下，这就不能认为经济效益是好的。提高企业经济效益的有效途径，是使绝大多数企业面向市场，把企业推入市场竞争的海洋，不折不扣地落实已明文规定企业应该享有的经营自主权，尽快使企业真正成为相对独立的经济实体，成为具有自主经营、自负盈亏的社会主义商品生产者和经营者，使其具有自我改造和自我发展能力，成为有一定权利和义务的法人，提高技术水平，加强企业管理，增强市场意识。"八五"国民经济和社会发展计划中提出：要"扩大待业保险范围"，这使当前解决企业隐性失业，提高生产效率有了经济保证。据抽查，在1.3亿职工中，约有3000万人处于在职待业状况，"三人活五人干"，平均主义的分配原则，松散的劳动纪律，使企业管理水平很难上到新的台阶。因此，建立和健全社会保障制度，其中包括待业保险、社会救济制度，这是强化优胜劣汰机制，促进公平竞争，保持社会稳定的经济保证。

总之，寓经济效益于适度的增长速度，寓经济效益于合理的产业结构，坚持以提高经济效益为中心，保持国民经济持续、稳定、协调地增长，是我们党对社会主义经济发展的科学总结，因而也将是未来经济发展的重要指导思想。

毛泽东同志在《人的正确思想是从哪里来的?》一文中指出：人的正确思想不是从天上掉下来的，也不是人头脑里固有的，而是从社会实践的成功与失败中总结出来的，一个正确的认识，往往需要经过由物质到精神，由精神到物质，即由实践到认识，由认识到实践这样多次的反复，才能够完成。毛泽东同志还表述过这样的思想：一个正确的思想，也往往是在具体历史条件下，在与那种"思想不能随变化了的客观情况而前进"的右倾机会主义和另外一种"思想超过客观过程的一定发展阶段"的"左"倾机会主义的较量中确定起来的。中国共产党领导全国各族人民已经走过了35年社会主义经济建设的历程，党为了实现工作重心的转移，从八大（1956年9月）开始到十一届三中全会（1978年12月），曾苦苦争斗了22年，党的经济工作一直在"左"的错误指导思想下折腾。孙冶方同志曾对党的经济建设思想作过卓有成效的研究，他在1982年年初就曾说过"我们中国党是很容易犯'左'倾病的"，但是，30多年来很多人非但不认这笔账，不承认这个"左"的毛病，而且还要不断反右，所以才使国民经济遭到巨大损失。孙冶方同志还根据刘少奇同志20世纪40年代在华中局党校讲课的历史资料指出："在中国党的历史上，全国性的右倾机会主义路线只出现过一次，那就是陈独秀的右倾路线，但是时间较短，是北伐军进入湖南到蒋介石、汪精卫先后叛变革命，时间不过一年左右；后来张国焘的逃跑主义和皖南的右倾机会主义路线，不仅时间较短，而且都只有局部的影响。但是在陈独秀的右倾机会主义路线领导被推翻以后，盲动主义、立三路线和王明路线这三种'左'的路线，却一个接着一个统治了全党，而且一个比一个'左'。遵义会议推翻了王明路线的组织领导，但是王明教条主义的思想却在40年代的整风运动以后才被肃清。"① 1959年7月13日，彭德怀同志给毛泽东同志的意见书中批评经济工作中的"左"的错误倾向时，也说过："纠正这些'左'的现象，一般要比反掉右倾保守思想还要困难些，这是党的历史经验所证明了的。"② 这些血染的字字句句，很值得我们后人深思。因此，我们在深入总结党在社会主义建设时期的重要经济思想时，要坚持实事求是，一切从中国国情出发，按照邓小平同志建设具有中国特色社会主义的基本理论，警惕来自右的和"左"的两个方面的干扰，而且要特别警惕经济工作中那种急于求成，超越历史发展阶段的"左"倾错误思想的干扰，准确地运用党在理论工作中开展两条战线斗争的经验，克服各种干扰。就以往历史来说，常常出现这种情况：当右的错误倾向危及实际工作而党主动来纠正时，主流派无疑是那些立足中国国情，坚持实事求是的马克思主义者。但那些本来就属于"左"倾错误倾向的思潮，也会乘机泛起，反起右来十分"坚决"，慷慨激昂，俨然以正确思想的代表自居。当"左"的错误倾向开始危及实际工作而党主动来纠正时，真正的马克思主义者无疑仍然是主流派，但那些本

---

① 参见孙冶方《为什么调整？调整中应该注意的一个重要问题》，载《孙冶方选集》，山西人民出版社1984年版，第769页。

② 转引自《中华人民共和国经济大事典》，吉林人民出版社1987年版，第292页。

来属于右倾错误倾向的思潮也会乘风而起，反起"左"来亦十分卖力，激扬文字，似乎只有这种思潮才是马克思主义。纠偏的过程中，坚持实事求是的同志常常处于为难境地，当"左"先生纠右时，坚持实事求是的同志有可能被诬为"斗争不力"；当右先生纠"左"时，又有可能被诬为"僵化"。两个极端的思潮都可扬眉吐气。但是，经过十年"文化大革命"和十年改革开放实践锻炼的中国共产党和中国人民，已完全学会了用马克思主义实事求是的准则去思考、去判断是非，甚至去鉴别他们"臀部带有旧的封建纹章"。以"一个中心，两个基本点"为指导，我们才能顺利完成20世纪末以至21世纪中期的第二步、第三步社会经济发展战略目标。

（原载《经济研究》1991 年第 6 期）

市场取向:中国经济改革大趋势[*]

　　我国经济改革已经进行了十三年，冷静地考虑过去，也考虑未来，继续坚持市场取向的改革，稳步向有计划商品经济，或者说向可调控市场经济的新体制过渡，这是大势所趋。

20 世纪 80 年代经济改革的实际进程

　　经济改革如何起步？从根本上来说，取决于改革设计者对被改革的旧体制弊端的判断。把旧体制的弊端归之于"权力过分集中"而进行"放权式的改革"，早在 20 世纪 50 年代中期就曾进行过。但事实证明，这种"放权式的改革"，仅仅是一种行政权力的再分配，它不仅不会触动旧体制的基本框架，而且旧体制的弊端还会通过政治斗争更加合法地存在下去。70 年代末，我们对实践中的社会主义进行了认真反思，逐步看到：以高度集权和指令计划为主要特征的旧体制完全脱离了中国国情，拘泥教条，照搬苏联模式，从而限制商品经济的发展，排斥市场机制的功能，农村实行"政社合一"的人民公社制度，城市追求"一大二公"的国有制集权管理，市场被看作社会主义的异己物。当今，我国经济改革的实际进程，就是从中国国情出发，逐步摆脱传统的非商品经济社会主义观念束缚的过程。早在 1979 年 11 月 26 日，邓小平同志就曾明确指

---

　　* 本文是 1992 年 6 月作者在美国华盛顿大学"中国、苏联、东欧改革比较研讨会"的学术报告，有删节。

出：社会主义也可以搞市场经济。中共十一届六中全会（1981 年）提出的社会主义初级阶段理论，确认中国要学会利用资本主义并把是否有利于社会生产力发展作为评价改革成败的最终标准。中共十二届三中全会（1984 年）提出并系统阐明的社会主义商品经济理论，确认我国经济改革的基本取向将是扩大市场调节的范围，增强市场机制的功能。对此，我们始终没有发生过动摇。1985 年，当改革的社会环境出现困难时，邓小平同志明确说：多年的经验表明，光用计划经济，这会束缚生产力的发展，应该把计划经济与市场经济结合起来。1989 年政治风波平息后，他仍然指出：我们要继续坚持计划经济和市场经济相结合，这个不能改。

从 20 世纪 70 年代末到现在，我国市场取向的经济改革，大体上经历了三个阶段。第一阶段是 1978 年 12 月中共十一届三中全会到 1984 年 10 月中共十二届三中全会，重点是对农村经济体制进行改革。在农村存在了近 20 年的人民公社制度严重阻碍着农业的发展，70 年代末，农民要求改变人民公社制度的改革浪潮掀起，这得到了邓小平同志的支持，因此，取消人民公社制度，实行为亿万农民所熟悉的家庭经营，成为全国当时改革的"热点"。在土地等主要生产资料仍然归集体所有的基础上，把土地承包给农民家庭分散经营，采取联产承包责任制。这种经营形式，调整了农民和集体的关系，使农民有了从事农业生产和经营的自主权。到 1984 年，全国约有 98% 的农户实行这一经营形式，在此基础上，从事商业、服务业、运输业、建筑业等家庭专业户和乡镇企业也蓬勃发展起来。初步建立了富有一定生机和活力的新型农村体制，加快了农村经济由自给自足向商品化转化的进程。与此同时，国家还从推动农业发展出发，大幅度提高了农产品收购价格，亿万农民从改革中得到了实惠。这个时期，城市经济改革也在慢慢推进，主要是国营企业进行了扩大企业自主权的试点，调整企业与国家对利润的分配关系，探索增强企业活力的内部激励机制。

第二阶段是 1984 年 10 月中共十二届三中全会到 1988 年 9 月

十三届三中全会,改革的重点由农村转移至城市,开始对城市经济体制进行改革。这一时期,企业改革虽然还局限在企业与国家之间如何分配利润和收入的环节,但在强化企业内部激励机制方面已摸索到了比较好的方法,即承包经营责任制。承包制作为企业改革的主要形式,是在我国企业经营条件千差万别、产品价格极不合理的条件下进行的一种尝试,但由于它在本质上并没有跳出国家主管部门对企业进行行政管理的框框,利润分配的承包基数是由主管部门和企业一对一的谈判中确定,因此在实践中难免有某些弊端,比如,企业经营行为短期化、国家财政收入固定化,还有价格变化也常常难使承包基数包死。在企业改革的同时,其他方面的改革也在继续进行,主要包括:(1)价格改革。1984 年前提高农副产品收购价格,实际上是一种计划调整,从 1985 年 1 月 1 日起,农副产品价格改革从以调为主转而以放为主,取消统购统销政策,以市场定价为基础,实行合同定价和收购,扩大市场定价的范围和市场调节的品种;工业消费品的价格也大都放开,随行就市。而生产资料产品的价格则出现了双轨制,使市场机制对价格形成开始发挥作用,价格对生产的刺激作用开始发挥,但这也为"官倒"创造了条件,破坏了商品经济的正常流通秩序。(2)财政体制改革。对 1980 年开始实行的中央与地方政府"划分收支,分级包干"的体制进行调整,实施"划分税种,核定收支,分级包干"的办法,一定五年不变,通常称为"分灶吃饭"。这与过去由中央财政统收统支的体制相比,可以调动省、市以及县、镇增收理财的积极性,地方财政增收的一大部分可以自主使用,因此对加快地方经济发展有很大的作用。但也有一些弊病,主要是财政下放与事权未能统一,常常出现"上面出政策,下面出票子"的现象。另外,各级财政包干是以某个星期的财政收支为依据确定的,包干的五年内,由于税源、价格的变动,都会影响财政收支,冲击包干基数,出现苦乐不均。(3)外贸体制改革。打破了由国家财政统负盈亏的制度,各省按核定的平均换汇成本,独立核算盈亏并纳入地方财政预算，基本上取消了国家的出口补贴。（4）金融体制改革。以专业银行企业化为重点，实行"实贷实存"的资金管理办法，同时发展了各类金融市场。另一方面，在企业内部对劳动用工制度进行了合同用工试点，一些企业还进行了劳动力的优化组合。特别需要指出的是，中共十三大提出的"国家调节市场，市场引导企业"的模式，在调整国家与企业经济关系中更突出了市场的作用，进一步明确了发展社会主义市场经济的改革方向。

第三阶段是 1988 年 9 月十三届三中全会到现在。第二阶段以"包"为特点的各项改革，尽管有利有弊，但从总体上来看，对发展经济起了很大的推动作用，使整个国民经济上了一个新的台阶。但由于在指导思想上对通货膨胀的警惕性不够强，还存在着片面追求高速度的倾向，基建规模过大，票子发得过多，物价上扬过高，经济发展出现了波动，同时，国家宏观调控还很不得力，总量失衡，结构扭曲，已成为改革进一步深化的障碍，特别是价格改革的某些措施还未出台，就引起了社会恐慌，加速了价格水平进一步上扬。1988 年 9 月，中共召开了十三届三中全会，开始对过热的经济进行整顿，采取政治、行政、经济以及法律等多种手段压缩社会总需求，扭转货币超经济发行，控制零售物价上涨，保持经济适度增长。从 1989 年开始，国民经济紧缩，市场销售疲软。到 1990 年，国民生产总值只增长 5.3%，工业总产值增长 7%，零售物价上涨 2.1%，但是国营工业企业经济效益却继续下滑，盈利水平大幅度下降，可比产品成本上升，产成品库存增加，国家财政支付亏损企业补贴 588 多亿元，占同期财政收入的 20%，物价补贴也高达 379 亿元，国家财政处于非常严峻的局面。推进市场取向的改革，需要有宽松的经济环境，因此治理整顿无疑是必要的。但现在看来，1989 年所采取的紧缩措施是过猛了，财政、信贷实施双紧，压缩过大的投资规模是对的，但却过多地卡了企业的流动资金，使整个国民经济萎缩。而且把近期的稳定看得过重了，新的僵滞观念开始抬头，使改革开放的步子迈得不大。1992 年 3 月，中央政治局根据邓小平同志年初"南方谈话",按照"改革解放生产力""发展才是硬道理"的精神,对改革和发展所面临的若干重大问题作出了"加快改革开放步伐,集中精力把经济建设搞上去"的新决定,这将大大加快以建立有计划商品经济即可调控市场经济新体制为目标的我国经济改革的整个进程。

现时期经济体制的基本特征

经过十多年市场取向的改革,我国经济体制已发生了实质性的变化,与旧的体制相比较,其基本特征是:第一,在社会经济基础方面,国有制经济的绝对垄断地位已被打破,形成了以公有制为主导,多种经济成分,包括个体私营经济、三资企业并存的新格局。就全国国民生产总值的构成来看,国有经济在 1978 年所创造的国民生产总值约占全国国民生产总值的 56%,而 1990 年已下降至 40%,同期集体经济所提供国民生产总值份额由 42% 上升到 50%,其他经济成分所提供的国民生产总值也由 2% 上升到 10%。多种经济成分并存和发展,为增强市场机制功能提供了社会经济条件,从总的发展趋势看,国有制经济所提供的产值在整个国民生产总值中所占的比重仍将呈下降趋势。

第二,在社会收入分配方面,个人收入来源由过去单一的工资、工分向多渠道收入来源转变。在国家机关政府部门中,推行了结构工资制,取消了长期实行的等级工资制;在国有企业中,实行工效挂钩工资制,国家也不再统一规定升级政策,企业具有一定的调资自主权。同时,国家也放弃了过去单纯用行政手段控制企业工资的办法,而开始比较多地使用税收政策来调节个人收入。对农民来说,个人收入分配形式变化更大,实行家庭联产承包制后,农民按规定缴足国家应征的农业税,留足集体公积金,其余全是自己的,分成制完全取代了工分制。据统计,目前,农民从集体统一经营中所获得的收入,其份额已不足 10%,90% 以上来自家庭经营收入。上述不同行业的分配形式，基本上体现了按劳分配的性质。但除此之外，我国个人收入总量中，还有许多其他因素，如住房补贴、物价补贴、公费医疗、各种福利救济金、储蓄债券利息等。据估算，居民收入中，工资收入与工资外收入大体相等。与之相应，尽管居民收入中的供给制因素已大大减少，但仍有近一半属于供给制。

第三，在经济运行机制方面，有计划的商品经济或可调控的市场经济已逐步取代了行政命令的指令计划经济，以间接调控为主的宏观调控体系正在建立之中。经过改革开放，市场调节的范围逐步扩大，到目前为止，工业生产中的指令性计划不到17%，物资分配中指令性计划指标大约仅30%，农业中指令性计划除合同订购的粮食和统一收购的棉花等极少数品种外，85%以上也已由市场供求为基本决定因素。从总体上，国民经济商品化与非商品化的比例大体上是8∶2。以1990年为例，工农业总产值3万多亿元，其中农业总产值占24%，轻工业总产值占35%，这两项产值中约90%是通过市场交换实现的；重工业产值中也有70%是通过市场买卖来实现。这说明，创造社会财富的两个最大部门中，80%以上的产值依赖于市场机制。与此相适应，财政、金融两大经济杠杆对经济的调控作用越来越大。以金融杠杆为例，改革前的中国人民银行主要办理国家用于基本建设拨款和结算等，事实上并不是真正意义上的银行，而只是财政的出纳。改革后，首先建立了以中央银行为领导的二级银行体系，其中建设银行负责基本建设投资的贷款，投资由过去的计划拨款改为有偿贷款，流动资金也全额由银行统管，银行按照产业政策，通过利率变化对企业资金进行调节，增强了银行在国民经济活动中的调控功能。其次银行也以专业银行企业化为重点进行改革，中央银行和各专业银行实行"实贷实存"的资金管理体制，专业银行在营运中根据实际使用和放款进度向中央银行贷款，先存后用，专业银行如果在中央银行的存款户没有钱，就不能透支。中央银行与专业银行的存贷关系，使中央银行能更好地履行中央银行的任务，保持货币稳定，控制货币发行。

第四，在国际交换关系方面，逐步建立了开放型的对外经济体制。广东省的深圳、珠海、汕头，福建省的厦门和海南省全方位对外开放，建立经济特区，以利用外资为主，发展市场经济，实行不同于内地的各种经济政策和管理制度；同时开放沿海的天津、上海、大连等 14 个港口城市，实施仅次于经济特区的各种优惠政策，增强对外商前来投资的吸引力；继而又开辟了长江三角洲、珠江三角洲、闽南三角洲以及环渤海等经济开放区，给这些地区以更多的外贸经营自主权，发展外向型经济。上海浦东、海南洋浦以及内陆特区的开放，标志着我国对外开放继续向深层发展。

经过改革开放而建立的新体制，其最根本的特征是增强了市场机制的功能，扩大了市场调节的范围，提高了经济商品化的程度。用是否有利于发展社会生产力，是否有利于增强国家综合国力，是否有利于提高人民生活水平这三条标准来判断，新的体制表现出了一定的活力。这说明，我国坚持市场取向的改革基本上是成功的。

经济体制改革的基本经验和发展前景

冷静地回顾过去，我国经济体制改革已积累了一些初步经验。

第一，改革目标的选择必须符合中国国情。从苏联 20 世纪 20 年代实践社会主义以来，世界范围内的社会主义经济体制模式曾有过六类：（1）军事共产主义的供给制模式。（2）传统的集中计划经济模式。（3）改良的集中计划经济模式。针对第二类模式中的弊端，适当减少指令性指标，扩大企业经营自主权，注意发挥价格、利润、利率等经济杠杆的作用，但行政手段在整个经济活动中仍然起很大作用。（4）间接行政控制模式。它取消了指令性计划，但市场机制还不大健全，企业与国家的经济关系通过讨价还价解决。（3）（4）两类模式，匈牙利等东欧国家在 20 世纪 50—60 年代的改革中都曾试行过。（5）市场社会主义模式。以 50 年代南斯拉夫开始实行的改革为例，市场机制起主导作用，扩大再生产和纯收入的分配都由企业决定，没有建立必要的宏观调控体系。（6）计划和市场有机结合的模式。在我国改革开放开始以来，无论是经济学界，还是高层决策者，都曾集中精力对前五类模式进行过大量的理论比较和实地考察，相当多的意见认为，模式（1）和（5）都不大适合中国国情，不能成为我国经济改革可供选择的改革目标；模式（2）在我国50年代初曾实行过，实践证明，弊端还是比较多。模式（3）和（4），仍然很难从根本上排除旧体制的弊端，20世纪90年代东欧国家改革中出现的困惑就是证据。因此，我们把研究的重点始终放在对第6类即计划和市场有机结合的模式在中国的可行性上。对此，邓小平同志从20世纪70年代末开始就始终如一地探索计划经济和市场经济的结合，而最具有决定意义的中共十二届三中全会以党中央决议的形式，确定了有计划商品经济的理论。中共十三大指出：有计划商品经济体制是计划与市场内在统一的体制，二者都是覆盖全社会的。计划要以市场为依据，在宏观调控上对保持总量平衡，对调整重大产业结构发挥特殊功能；市场要在计划的指导下，在微观层面上对资源配置优化发挥自动的调节作用，建立优胜劣汰的竞争机制。但是，就目前我国的实际状况来说，要真正把二者有机结合起来，还存在着某些困难，比如，企业产权界限不清，盈亏责任难以分清；产品价格体系不顺，失真的价格信号无论对计划，还是对市场，都会造成错误的导向和扭曲的行为。我们清醒地看到，计划与市场已不是判断社会制度性质的标准，而只是在生产社会化、经济商品化条件下实现资源配置优化的两种经济手段。因此，建立有计划商品经济体制是符合中国国情的目标选择。

第二，改革必须为建设服务。20世纪80年代，我国社会生产大幅度增长，人民生活明显改善，国家综合实力显著增强，从根本上来说，得益于改革，改革排除了束缚生产力发展的制度障碍。但是，改革作为对人们物质利益关系的调整来说，实际上也是一场革命，它需要有宽松的经济环境和稳定的政治局势。以价格改革为例，由于价格改革本身就会使物价总水平上扬，但如果社会总需求大大超过社会总供给，不注意控制投资和消费，那么通货膨胀就会因价格改革的措施出台而随之出现，从而使有效的价格改革很难迈开步子。而一旦通货膨胀出现，又会使决策部门不得不以强化行政手段来控制价格，从而给价格改革设置新的障碍。我们进行的调整，实际上就是要使建设的安排有利于改革的推进，为改革提供宽松的经济环境，发展生产，给人民以实惠，减少改革的风险。

第三，改革必须渐进式地深化和推进。中国是个大国，积三十多年风风雨雨在体制上形成的弊端，采取急进的、突发性措施，想在旦夕之间除旧布新，这是不现实的。采取试验的办法，有利于缓和改革对社会各阶层利益结构进行调整时带来的震荡；采取分步走的办法有利于稳定生产发展，给改革提供宽松的社会经济条件。我们在企业改革上，先调整企业与国家的利税分配关系，再经过产权制度变革来调整国有资产的收益；逐步发展多种经济成分，既从国有制经济的内部，也从外部逐步深化改革，这是一种渐进。在价格改革上，先调，有计划地理顺重要的比价关系，采取行政办法有步骤地提高农副产品收购价格和原材料产品价格；然后再放，一些工业消费品和部分农副产品的价格实行完全的市场定价。以市场定价为主的价格形成机制只有在调放结合的基础上，才能逐步形成，否则剧烈的社会动荡就是不可避免的。另外，改革的试验，不仅要选企业，而且要选地区，特别是建立经济特区，开放沿海港口，为内地改革创造经验，这种地区推进，也是一种渐进式的改革。

当前，我国经济改革还处在新旧体制转换的关键时刻。采取渐进式的改革，无论是东欧某些国家，还是苏联，对此都曾持否定态度。但在我们看来，这是我国经济改革的一项成功经验。而渐进式的改革，必然会有一个新旧体制转换的特殊时期，对此，我国的"七五"计划报告中曾经指出："改革必然是一个渐进的过程。在这个过程中，两种体制同时并存，交互作用，新体制的因素在经济运行中日益增多，但是不能立即代替旧体制，旧体制相当部分还不能不在一定的时间内继续存在和运用。"新旧体制转换，双重体制存在的时间有多长，取决于改革目标实现的时间表。就我国而言，正如《中华人民共和国国民经济和社会发展十年规划和第八个五年计划纲要》（以下简称《纲要》）中提出的，到20世纪末，有计划商品经济，即可调节市场经济的新体制和运行机制才将"初步建立"。目前尽管经济体制已发生了某些实质性的变化，但双重体制并存仍然是不可忽视的现象：（1）在企业体制方面，国家通过法规已明文赋予了企业作为独立商品生产者和经营者应有的经营自主权，而且正在逐步落实，但企业仍然没有完全摆脱国家的行政控制，企业与政府的关系没有理顺，企业的主管部门，包括来自中央各部委和地方各级政府，截留企业自主权的事件经常发生；企业与社会的关系也不顺，企业承担了大量应该由社会服务部门承担的工作，很难集中精力从事生产经营；企业之间的经济关系也不清晰，相互拖欠债务，供产销不顺畅。企业内部的管理水平也很难适应市场经济的机制，一旦产供销有困难，仍然要寻求"行政长官"的保护。（2）在市场体制方面，以双轨价格为标志，"一物多价"保留了计划经济和市场经济的双重需要，同一产品有一部分实行计划定价，以保证生产消费的基本需要，而另一部分则实行市场定价，以搞活市场、调剂供求、刺激生产。同一企业也实行双重管理，既按指令计划安排生产和供销，同时也按市场需要灵活制订计划。一些维持市场公平交易的制度还很不健全，禁止商业欺诈的法律、法规远未建立，统一的市场还处在条条块块分割之中。（3）在国家调控体系方面，对如何通过经济手段来保持总量平衡，并对重大产业结构进行调整而所必要的宏观调控体系还未建立。类似这种状况表明，双重体制并存，这在社会经济运行的各个环节还都存在，它既是不可避免的，又会给改革的深化带来某些困难，比如对企业体制来说，国家直接控制虽然弱化了，但市场调节的机制还没有完全建立，势必会出现"真空地带"，出现投资和消费失控，为重新强化行政控制提供了理由。对市场体制来说，一物价格多样化，对企业发出错误的信号导向，投入时追求低价格的计划调拨，销售时热衷于高价格的市场，流通秩序的混乱就会由此而产生。对国家宏观控制来说，也常常出现注重近期目标的选择，增强了改革中的利益摩擦。反映在观念上，使少数人对体制转换过程中出现的暂时困难而产生某种困惑，甚至从维持旧体制的运行出发而给改革设置新的思想障碍。20 世纪 80 年代末整顿治理中新的僵滞观念抬头，怀疑以至反对市场取向改革，就是由此而发生的。

尽管双重体制并存，但旧体制在我国复归是不可能的，继续坚持市场取向的改革，这是大势所趋。在《纲要》中，明确提出了到 20 世纪末将初步建立有计划商品经济，即可调控市场经济新体制的战略目标。在微观经济方面，《纲要》重申要坚持政企职责分开，所有权和经营权分开，加快企业经营机制转换，使企业尽快成为面向市场自主经营、自负盈亏的经济实体，除了某些少数垄断性和资源约束型的特大型国有企业外，应该将绝大多数国有企业推入市场。要理顺政府与企业的关系，落实企业经营自主权，企业内部要建立能进能出的劳动用工制度，建立能上能下的干部管理制度，不断完善激励机制。要在完善承包制的基础上，扩大股份制的试点，在试验中探寻公有制实现的各种有效形式。在宏观经济方面，重申要继续减少指令性计划指标，扩大市场调节的范围和品种，充分运用金融和财税等手段控制社会固定资产投资的总规模，并按产业政策引导资金投向。要按照财政复式预算的要求，完善对基本建设资金管理，把投资公司办成真正的经济实体，并逐步向控股公司方向发展。要有计划地统一各种经济成分的税率。要强化中央银行的地位，开拓金融市场，划分中央和地方的各种财权和事权，建立有效控制总量平衡和反通货膨胀的机制。在市场体系方面，重申要扩大生产资料市场，发展资金市场、技术市场、信息市场、劳务市场和房地产市场，打破市场割据的各种壁垒，建立全国的统一市场。与此同时，住房制度、社会保障制度等也将按市场取向改革的基本精神，实行转轨。在加快经济体制转换的同时，政治体制改革也将迈出较大的步伐，精简机构，划分职能，使国家对社会经济的行政管理职能和所有者职能分流。

深化市场取向改革，采取渐进的途径去建立有计划的商品经济或可调控的市场经济新体制，需要对传统的僵化观念不断清理，以是否有利于发展社会生产力、增强国家综合实力，提高人民生活水平为标准，勇于吸收一切反映社会化大生产的先进经营方式和管理方法。同时，也要在比较研究中，从中国国情出发，吸取别国改革的有益经验和教训，以形成有利于加快我国经济改革步伐的理论。

（原载《中国工业经济》1992 年第 7 期）

经济改革理论的新进展:社会主义市场经济

邓小平同志"南方谈话",是在关键时刻针对近两年改革开放步子迈得不大、经济发展速度不快等一系列复杂问题,就如何贯彻党的基本路线而进行的一次谈话,内容丰富。以经济领域来说,重申生产力标准,克服姓"社"和姓"资"的"新凡是"思维观念;坚持实事求是原则,中国要警惕右,但主要是防止"左";强调改革也是解放生产力,计划和市场都是经济手段等都是事关"一个中心"能不能落到实处的大问题。而我认为,最能促使全党"换脑子"的重大问题是社会主义市场经济理论。

一 社会主义市场经济理论确立的背景

如何看待计划与市场,是近百年来世界范围内争论不休的大问题。很长时期以来,在社会主义国家的经济学文献中都认为:计划经济是社会主义的本质特征。其实这是一种误解。最近我们详细查阅了经典文献,我们发现:马克思、恩格斯并没有用过"商品经济"或"市场经济"的概念,而只讲过"商品生产""商品交换"或"货币经济"的范畴,他们在使用"货币经济"范畴时,往往对应于"自然经济"范畴,恩格斯在 1883 年论及美国和俄国的经济史时说:在美国,货币经济早在一百多年以前就已经完全确立,而在俄国,自然经济还是常规,几乎毫无例外。由此可见,在俄国,这种变动一定比美国强烈得多,尖锐得多,遭受的痛苦更大得无比。马克思、恩格斯也没有用过"计划经济"的概念,而只是在批判资本主义无政府状态和谈及对未来社会的设想时，讲过生产的"有计划"问题，马克思在《资本论》中讲过：在未来社会中，劳动时间的社会的有计划的分配，调节着各种劳动职能同各种需要的适当的比例。但是值得注意的是，在 19 世纪末期，资本主义发展中出现新的现象，恩格斯很不赞同"资本主义私人生产的本质是无计划性"的看法，1891 年曾指出，这种观点需要大大修改，资本主义生产是一种社会形式，是一个经济阶段，而资本主义私人生产则是在这个阶段内这样或那样表现出来的现象。还指出：随着股份公司的出现，这种私人生产已经成了一种例外，由股份公司经营的资本主义生产，已不再是私人生产，而是为许多结合在一起的人谋利的生产。如果我们从股份制公司进而来看支配着私人垄断整个工业部门的托拉斯，那么，那里不仅私人生产停止了，而且无计划性也没有了。而据我们看到的经典文献中，最早是列宁使用"计划经济"和"市场经济"的范畴并把二者作为对立的两种社会制度来看待。他在革命前后，曾不止一次讲过：社会主义就是消灭商品经济，只要是存在着市场经济，只要保持着货币权力和资本力量，世界上任何法律也无力消灭不平等和剥削。资本主义必不可免地要为新的社会制度所代替，这种制度将实行计划经济。但列宁并不固执，当发现自己的理论和实践不大一致时，即开始修正自己的观点，特别是在新经济政策以及病逝前对在落后国家中如何建设社会主义的反思中，都非常重视市场的作用，而俄共（布）从第十一次（1921 年 12 月）、第十二次（1922 年 4 月）、第十三次（1924 年 1 月）3 次代表大会的决议中，却指出：俄共（布）已转而采取市场的经济形式，因此，党和政府各部门都必须制定一些基本法规来影响正在形成的市场关系。值得注意的是，列宁在 1917 年 4 月，读了恩格斯 1891 年批评《爱尔福特纲领》时的那段评述，同样表达了非常赞同的意见，指出：我们不能像过去那样说资本主义就是无计划性。这种说法已经过时了，因为既然有了托拉斯，无计划性也就不存在了。现在资本主义正直接向更高的、有计划形式转变。查"本本"，本来不是一种最好的研究方法，但有些"理论家"拿大帽子吓唬人，这迫使我们也不得不去查查"本本"，原来"本本"中所记载的经典作家的思想是实事求是。而他们喋喋不休捧出来的"条条"，不过是附加在马克思主义名义下的陈腐观点。

邓小平同志结合中国经济建设的实践，对计划与市场的关系，从理论上作了精辟的概括。早在 1979 年 11 月 26 日，他在会见美国《不列颠百科全书》副主编吉布尼时说：说市场经济只限于资本主义社会、资本主义的市场经济，这肯定不是正确的。社会主义为什么不可以搞市场经济？市场经济，在封建社会时期就有了萌芽。社会主义也可以搞市场经济。1985 年在回答美国企业家代表团团长格隆瓦德关于社会主义和市场经济的关系的提问时，邓小平同志又说：过去我们搞计划经济，这当然是一个好办法，但多年的经验表明，光用这个办法会束缚生产力的发展，应该把计划经济和市场经济结合起来，这样就能进一步解放生产力，加速生产力的发展。这次"南方谈话"中对计划与市场的关系，讲得则更为鲜明，指出：计划多一点还是市场多一点，不是社会主义与资本主义的本质区别。计划经济不等于社会主义，资本主义也有计划；市场经济不等于资本主义，社会主义也有市场。计划和市场都是经济手段。社会主义的本质，是解放生产力，发展生产力，消灭剥削，消除两极分化，最终达到共同富裕。

从理论界来看，早在 1979 年 4 月在无锡召开的"社会主义经济中价值规律问题讨论会"上，就有同志提出"社会主义市场经济"的论题并对之进行了论述。1984 年党的经济体制改革《决定》公布以后，更有不少同志主张：理论上要更彻底一些，社会主义商品经济也可以叫作社会主义市场经济。20 世纪 80 年代后半期，随着改革的深化，有相当多的经济学家指出：要深刻研究计划经济与市场经济的关系，过去认为计划经济是社会主义，市场经济是资本主义，这种理解是不利于深化改革的。还认为：中国经济体制改革，是要以市场机制为基础的资源配置方式取代传统的、以行政命令为主的资源配置方式,社会主义有计划商品经济,实际上就是一种用宏观管理的市场来配置资源的经济,这就是社会主义市场经济。还指出:我们要为市场经济正名,随着改革的深化,应该不断刷新理论认识,去丰富社会主义政治经济学的内容。

由此看来,确立社会主义市场经济理论是实践深化、理论发展的必然结果。

二　确立社会主义市场经济理论的思想障碍

对计划与市场的关系,从改革开放以来党的一些重要文件看,还是逐步深化的。党的十一届三中全会(1978 年 12 月)在"左"的思潮还严重存在时,就提出了计划工作要重视价值规律的作用。因此,五届人大二次会议(1979 年 6 月)提出我国通过改革,要逐步建立计划调节和市场调节相结合并以计划调节为主的体制;党的十一届三中全会(1981 年 6 月)在有关中华人民共和国成立以来党的若干历史问题《决议》中,从对经验的总结中提出:要在公有制基础上实行计划经济,同时发挥市场调节的辅助作用,在这里,用"计划经济"取代了"计划调节"的提法。党的十二大政治报告对这之前的有关提法作了归纳,提出了"计划经济为主,市场调节为辅"的模式,但同时,对使用"商品经济"这一概念仍然采取了极为慎重的态度,而只用了"要大力发展商品生产和商品交换"的提法。党的十二届三中全会(1984 年 10 月)在经济体制改革《决定》中,第一次明确地提出了社会主义是公有制基础上的有计划商品经济的全新概念,这是一个非常大的突破;党的十三大政治报告(1987 年 10 月)对"有计划商品经济"作了明确解释,指出:社会主义有计划商品经济体制应该是计划与市场内在统一的体制,二者覆盖全社会;同时还提出了"国家调节市场,市场引导企业"的理论模式,突出了市场在处理国家与企业经济关系的中介作用。但是,十三届四中全会的有关文件,却使用了

"计划经济和市场调节相结合的经济体制和运行机制"的提法。从党的有关文件对计划与市场关系的各种提法进行比较研究，我认为，尽管文件的提法比较邓小平同志的有关思想慢了一个节拍，但总归对市场的作用还是越来越重视的。

但是，在理论界，对"社会主义市场经济"始终还有另外一种看法，认为：社会主义和市场经济是对立的。比如有同志说："市场经济，就是取消公有制，这就是说，要否定共产党的领导，否定社会主义，搞资本主义。"① 有同志说："市场经济不仅是以私有制为基础，而且生产和交换要完全由市场来自发调节。这样的经济，只能是资本主义经济。"② 有同志说："国内外凡主张在社会主义国家中实行市场经济的，其要领不外有三条：放开一切价格，取消计划管理，废除公有制。而关键是私有化，这就是说，为了建立市场经济，必须把我国由人民群众流血奋斗得来的并且经过几代人辛勤劳动积累起来的公有制财产化为少数人占有。……在市场经济上面加上'社会主义的'几个字，也无济于事，除了起点掩人耳目的作用外，丝毫改变不了问题的实质。如果有人硬把这种市场经济说成是商品经济，那也只能是资本主义商品经济，而不是社会主义商品经济。"③ 有同志还说："坚持资产阶级自由化立场的人，在主张实行私有化的同时，主张实行完全的市场经济。当他们的主张受到抵制和批判时则又辩解说，他们主张实行的是'有宏观控制的市场经济'……极少数人主张的'有宏观控制的市场经济''可调控的市场经济'，并不是什么新鲜东西，不过是照搬西方市场经济的模式而已。"④ 有同志也说："西方敌对势力对社会主义国家实行和平演变战略，从经济方面来说，就是要使社会主义国家放弃公

① 参见《人民日报》1990 年 12 月 12 日。
② 参见《改革的目标》，经济日报出版社 1990 年版，第 9 页。
③ 参见《计划经济与市场调节如何结合的探索》，中国计划出版社 1992 年版，第 389—390 页
④ 参见《经济研究》1991 年第 6 期。

有制和计划经济,实行私有制和市场经济。很明显,他们并不把计划经济和市场经济看作与生产关系的性质无关的'中性'概念,看作没有制度属性的运行手段,……经济改革要真正成为社会主义制度的自我完善和发展,是不能放弃计划经济的。"①

对于上述观点,不能一概而论。一部分观点属于正常的学术研究,我们从其议论中看到了建立政府宏观调控的重要性。应该承认:市场的确不是万能的,在市场经济的运行过程中,它不能自然而然地去保持社会总供给和总需求的平衡,不能对重大的产业结构进行调整,也不能体现公平的竞争等,它必须有政府的宏观调控,包括产业政策的导向、经济信息的发布、市场规则的制定、经济手段的使用以及社会经济发展战略等。所以社会主义市场经济,实际上就是一种可调控的现代市场经济。当今世界上,还没有哪个国家在实行完全自由的市场经济。比如日本,政府部门不直接干预企业的经营活动,但通过年度经济预测和产业政策,对企业进行诱导,由于预测比较准确,因此,计划对企业的诱导作用也比较强,这种强力的"诱导",是日本实施计划调节的主要特点;法国,政府官员与社会各界共同协商,确定一个时期经济发展的总体目标,同时发布总量预测指标,指出经济发展重点和序列对企业经营活动进行导向;南朝鲜,从20世纪70年代末就开始实行五年计划、年度计划和长远计划。有的同志硬以外国经典的解释为据,证明社会主义和市场经济是对立的。其实也不完全如此,比如,由西方14位著名经济学家执笔,英国阿伯丁大学政治经济学教授戴维·W. 皮尔斯主编的《现代经济学词典》中对"市场经济"和"计划"都是作为资源配置的不同方法和程序来解释的,而且还特别指出:西方国家实行国家干预,像日本、法国、瑞典在本质上与某些计划经济是相似的;还指出:公有制条件下,市场经济在一定程度上也发挥作用。而有的《辞典》更鲜明地指出:"只有教条的社会主义者和

---

① 参见《改革》1992 年第 4 期。

教条的反社会主义者，才把计划和市场看成是不相容的对立物。"尽管如此，我认为在不同学术观点的自由讨论中，人们会对社会主义市场理论的认识更加完善。但还有一部分观点，则属于"用大帽子来吓唬人"，这些同志的论述，大都属于政治断言，而不是对客观经济事实的分析，"资产阶级自由化"，这是一个具有严格政治含义的概念，但他们以此乱扣帽子，乱打棍子，把"可调控的市场经济"竟然当作资产阶级自由化来批判，好像越"左"越革命。但很遗憾，当他们"用大帽子吓唬人"时，我们查了他们本人的有关文献，发现在20世纪90年代初置"可调控的市场经济"为自由化的同志，80年代却极力宣传"社会主义的统一市场都是有计划的"观点①，我们相信他的哪种看法呢？深受"左"倾思潮迫害的孙冶方同志，他在晚年非常注意理论队伍的思想建设，他说："我憎恨文化专制主义，及其卵翼下的恶霸、恶棍，但我也讨厌那种闻风而动的'风派'人物。这些同志并不是不懂马克思主义的常识，而是有私心。因而，东风来了唱'东调'，西风来了唱'西调'，经常变换脸谱，完全丧失了一个科学工作者起码的品德即诚实。所以，我们在反对文化专制主义的同时，也应该反对为个人私利出卖原则的恶劣学风，反对理论工作中的风派习气。"90年代初"左"的错误思潮抬头的祸水中，恰恰就有这种现象。"右可以葬送社会主义，'左'也可以葬送社会主义。"在党的70多年历史上，是邓小平同志首次将两种错误放在同等的位置上进行了政治裁决。

三　社会主义市场经济理论的重大实践意义

社会主义初级阶段理论（1981年）和社会主义商品经济理论（1984年）是我国20世纪八九十年代经济改革取得重大成就的两

---

① 参见《学习与思考》1983年第4期。

大理论基石，而社会主义市场经济理论则是在这两大理论实践中的一次新的突破，社会主义和市场经济是对立的，这个调子唱了半个多世纪，但在中国改革的实践中却把它统一了起来，无疑，这是社会主义经济学中的一次重大变革，且又具有深远的实践意义。

（1）更能准确概括中国经济改革的实践经验。革命是推翻旧制度，解放生产力；改革是变革旧体制，同样也是解放生产力。中央高度集权的实物化计划体制，其弊端很多，但集中一点是限制商品经济的发展，排斥市场机制功能。因此，邓小平同志倡导的经济改革，实质上就是要扩大市场调节的范围，增强市场机制的功能，把市场作为优化资源配置、发展社会生产力的重要经济手段而运用，这就是我们通常所说的市场取向的改革，它已取得了明显的进展，从社会经济基础看，多种经济成分得到发展，增强了市场的竞争机制，国有制经济独立垄断社会经济生活的局面已经改变，在国民生产总值的结构中，以 1978—1990 年为例，国有制经济提供的份额由 56% 下降为 40%；集体所有制经济提供的份额由 45.5% 上升至 50%；其他经济成分提供的份额则由 2% 提高至 10%。因此，目前，国家所有制、集体所有制和非公有制经济的结构大体上 4：5：1。集体所有制经济在市场竞争中所发挥的作用越来越大。从我国国家财政状况和劳动力供给相对过剩来看，总的趋势是：国家所有制的比重将呈继续下降的趋势，而集体所有制和非公有制经济将呈继续上升的趋势。从收入分配看，随着市场调节范围的扩大，居民收入来源已由过去单一的工资、工分制向多渠道收入转化，其机制也由过去行政分配向市场分配和政府调控相结合的形式转化，经营收入、资产收入以及各种租息收入、第二职业收入在居民个人收入中的比重越来越高。从经济运行机制看，在整个计划中，指令性计划只占 17%；工业中的指令性计划只占工业总值的 16%；农业中不存在指令性计划；流通领域中也已经放开。另外，在宏观调控中，价、财、税以及金融的调控作用日趋增强，已逐步显示出现代市场经济的特点。从对外经济关系看，随着对外贸易体制的改革，适应世界经济一体化的总趋势，逐步使国内市场和国际市场对接，按国际惯例来处理对外经济活动。当然，这种市场取向的改革也经历过种种困难，这本来是正常的，但反映在理论判断上，往往对有计划商品经济提出两种看法，有计划商品经济理论本来是在克服了传统的社会主义非商品经济观念后确立的，本意是从发展商品经济上来重新认识社会主义。但是，当改革一旦出现困难，就有一股思潮出来责难商品经济的发展，把重点放在强化计划经济上，给市场取向的改革设置种种障碍。社会主义市场经济将促使我们从两方面重新"换脑子"，一是社会主义的本质是解放生产力，发展生产力；二是市场经济是优化资源配置的一种机制。二者合一，突出了经济建设。

（2）更有利于加快市场取向改革的进程。在政府的领导下，采取渐进的办法，去建立社会主义市场经济新体制即采取市场取向的改革，是中国 20 世纪 80 年代改革成功的一项重要经验。社会主义市场经济理论的确立，将首先大大推动企业体制的改革，商品经济的实质是在等价交换基础上进行所有权的转移，这里所指的"所有权"，也包括由此而决定的占有、使用和处置权。但随着商品经济的成熟即在市场经济条件下，完整意义上的所有权可以分解，即出现了经济运行意义上的产权关系。理论界对产权关系的理解不大一致，一是从财产的法律归属上界定所有制关系；二是并不涉及财产的法律归属，而是从如何实现资源合理配置的角度出发，通过协商交易的办法，界定产权。虽然理论认识不一致，但却对实际操作中的观点是大体相同的；无论是国有企业，还是集体企业，都应该是市场经济运行中能够自主经营、自负盈亏、自我改造、自我发展的产权主体。这种产权主体的确立，对国有企业来说，并不意味着要改变所有制关系，而是要使企业从政府的种种管束中挣脱出来，确立企业的法人地位，使国家对财产的终极所有权和企业的法人所有权分离，转换企业经营机制。但对集体企业来说，却是要通过落实经营权来界定财产所有权、经营自主权和民主管理权，恢复集体经济的本来面目，完善企业经营机制。其次，社会主义市场经济理论还将大大推动价格机制以及由此配套的财政、税收、金融体制的改革。市场机制的核心是价格，价格机制在某种程度上调节着各种要素的需求和供给。十多年改革中，我们曾采用调、放等手段交替使用，价格改革有所进展，但生活消费品补贴价、生产资料双轨价仍然困扰着整个价格改革，社会主义市场经济要求以市场为定价的基础，再配以财政、金融、税收改革。可调节的市场经济将会有效地发挥优化资源配置的作用。最后，在社会主义市场经济的发展中，政企分开，转换政府职能成为企业经营机制转换的前提，企业要"挣脱"，政府要放权，但并不是说政府就无所事事，如前所述，社会主义市场经济的主要特点是政府对市场运行的调控能力。另外，它也将大大推动中国经济与世界经济对接，有利于大胆吸收和借鉴人类社会所创造的一切文明成果。

四　社会主义市场经济所有制结构

在社会主义商品经济理论推动下，我国所有制结构已发生了很大变化，基本上改变了几十年来"大一统"的所有制结构，初步奠定了以公有制为主导，国有制经济对宏观经济的主导和集体所有制经济对地方经济的主导，多种经济成分并存并得到发展的新局面。以生产力标准来判断所有制结构，这种结构不会是固定的，而只会处在动态的变化中，目前学术界反映所有制结构的计量方法，主要有三种：产值结构法、资产结构法、就业结构法。而在《中国统计年鉴》中通常有六种方法：全社会劳动者人数比例、全社会固定资产投资值比例、国家财政收入比例、工业总产值比例、货运量比例、商业经济纯收入分配比例。由于各种数据所反映的要素在生产过程中的作用不同，因而所计算出的所有制结构状况也不大相同。江泽民同志曾指出："在我国现阶段，适应生产力的现实水平和进一步发展的要求，首先要巩固和壮大社会主义公有制经济，同时需要个体经济、私营经济以及中外合资、合作企业和外商投资企业的适当发展，作为社会主义公有制经济必要的有益的补充。我们要在实践的过程中，经过深入地调查研究，采取适当的措施逐步使得各种经济成分在整个国民经济中所占的比例和发展范围趋向比较合理。""如何理解采取适当的措施"？是政策倾斜、行政扶植还是市场竞争、优胜劣汰？在社会主义市场经济条件下，无疑是后者决定并优化所有制结构。大体上有三种类型，一是天然垄断部门，在决定和影响国家社会经济发展的主导产业和基本设施部门，当然国有制经济占有优越的竞争条件，资金雄厚，技术先进，而且在产业政策的导向下，国家也会通过增量投资兴建新企业、发展新行业，充分发挥国有经济的主导作用；二是一些竞争性的产业部门，随着产权制度的变革，股权或者产权将会在各种所有制形式之间转让，在一些大中型企业中形成混合的多元的所有制结构；三是某些与人民生活息息相关，资源又与地方经济密切联系的产业，将会是集体、个体、私营等各种经济成分竞争的场所，优胜劣汰，多种经济成分相互依存，在竞争中发展。集体经济是社会主义公有制的基本组成部分，乡镇集体经济异军突起，对中国农村经济发展产生了深远影响。据统计，全国社会总产值从 1000 亿元到突破 1 万亿元的台阶，国家累计投资上万亿元，用了 31 年时间（1952—1983 年）；而乡镇企业创造的社会总产值从 1000 亿元突破到 1 万亿元，却只用了 8 年时间（1983—1991 年），而且主要靠自我积累。城镇集体经济大部分集中在轻工系统，它在活跃市场、繁荣经济安排就业等方面也发挥着不小的作用；还有流通领域的合作商业、供销合作社、金融系统的信用社等，都在各自行业中发挥着集体经济的优越性。可以预料，随着地方经济的发展。集体经济将会越来越发挥它的优势，它对市场需求的灵活应变性、对不同层次生产力水平的兼容性以及在财产所有权和经营自主权合一基础上面形成的内在凝聚力，使集体经济对地方经济发展导向基础作用越来越强。对非公有制经济来说，在鼓励个体经济发展、保护私营经济合法权益继续扩大对外开放的总政策后,它也会进一步得到发展,由于它发展的先天局限性,比如,资金单薄、技术落后,大多集中在劳动密集型产业,因此并不会取代公有制的主导地位。在社会主义市场经济的条件下,由于充分发挥了市场竞争,优胜劣汰的作用,这将会在不同地区、不同行业形成合理的所有制结构,尽管它仍然是公有制占主导,多种经济成分并存并得到发展,但它不是政策倾斜、行政扶植的结果,国有制经济随着经营机制的转换面对国民经济的发展将起主导作用。

社会主义市场经济是对半个多世纪以来统治马克思主义经济学的传统观念的一次重大突破。要使人人都能接受这种理论,还需要实践提供大量的经济事实予以验证;就理论本身而言,也需要对许多基本问题进一步完善。这只有坚持实事求是的思想、立场和方法,敢于面对实践,才能奏效,这将对进一步解放生产力、发展生产力起重大推动作用。

（原载《江淮论坛》1992 年第 6 期）

转型中的俄罗斯经济

1995 年 9 月至 1996 年 3 月，我以高级访问学者的身份，带着"转型期俄罗斯经济关系变化"的课题在莫斯科大学度过了半年。其间，我有机会参加了俄方召集的经济学学术讨论会，阅读了各类学术资料和访问了各学术派别的学者，又对近 10 年间自己几次赴俄罗斯访问的感受做了比较，并对中国与俄罗斯经济关系变化做了比较，现将考察研究结果报告如下。

一　俄罗斯经济状况：国内生产衰退已至"谷底"，市场供应好转

造成俄罗斯经济衰退的原因比较复杂，这主要有：一是 20 世纪 80 年代末，以苏联为首的"经互会瓦解"，彻底中断了国际分工基础上的经济往来；二是 90 年代初，以俄罗斯为主的苏联解体，完全破坏了方方面面的经济联系；三是转型中强化了市场对生产的制约，必须调整计划经济条件下的畸形经济结构，生产衰退很难避免。但是，造成俄罗斯经济急剧衰退的原因还有执政者的决策。1992 年年初，俄罗斯政府接受了国际货币基金组织推荐的"休克疗法"，以图在最短的时间内完成全面向市场经济过渡的任务。当时推行的"休克疗法"包括三项主要政策：一是自由价格政策，二是紧缩财政政策，三是开放经济政策。决策者推行这种"转型"战略，目的是要建立三种新的机制：一是通过价格的自由化，最大限度并可能在最短的时间内把国内价格向国际平均价格水平靠拢，

以便吸引外国投资和发展正常的进出口贸易，同时发挥市场价格对供求的调节作用；二是实行严格的货币财政政策，加强税负，紧缩支出，调整结构，强化需求对供给的选择能力，在新的价格水平上建立新的供求比例；三是在外债的帮助下建立稳定的外汇基金，使卢布与硬通货能自由兑换。但三项政策实施的结果，却引发了恶性通货膨胀，而且俄罗斯实行自由价格的第一年，通货膨胀率远远高出东欧其他国家。就俄罗斯国家本身，通货膨胀率连年爬高也是十分惊人的。在价格大幅暴涨的同时，生产急剧衰退，据俄罗斯科学院经济研究所提供的一份资料，若以 1991 年为 100，俄罗斯 1992—1994 年各项宏观经济指标的大体情况见表 1。

短短几年，国民经济几乎毁掉了一半。1994 年，国民经济下滑趋缓，对外贸易开始复苏，这主要是政府更换后终止了"休克疗法"，国家对主要商品，特别是食品的价格由政府控制。从 1995 年经济运行的实际情况看，国民经济下滑的速度进一步趋缓。国内生产总值比 1994 年下降 4%；而上年下降幅度是 13%；工业总产值比 1994 年下降 3%，而上年下降幅度是 21%；消费价格指数比

表 1　　　　　　　**1992—1994 年俄罗斯各项宏观经济指标情况**

指标	1992 年	1993 年	1994 年
国内生产总值	80.8	71.1	60.4
国民收入	78.7	68.2	60
工业产值	82	66.6	51.4
农业产值	91.8	88.1	80.2
基本建设投资	60.3	53.3	39.4
出口	75	78.7	94.4
进口	79	45.1	63.7
通货膨胀	2600	26000	83200
失业	1000	6333	8833

注：原稿无单位。

1994 年上涨 4.5%（11 月份月率），而上年同月通货膨胀率则是
19%。而进出口贸易则比 1994 年增长 24%。这种状况表明，俄罗
斯国民经济下滑已至"谷底"，促成俄罗斯经济复苏的因素将开始
发挥作用，这主要是：（1）结构调整比较顺利，第三产业比重加
大，它在国内生产总值中的比重已由 1993 年的 43% 提高到 1995 年
的 51.5%，而第三产业的发展往往是经济复苏的重要征兆；
（2）出口贸易快速发展，卢布贬值推动出口贸易的发展，能源、
原材料以及军火买卖，换得了大量外汇，不仅取得了先进设备，而
且还弥补了短缺的消费品；（3）目前俄罗斯还有不同政策和政见
摩擦，但这些政策和政见基本上都围绕着如何建立市场经济体制而
展开，围绕两种体制而展开的政策和政见摩擦却不多。俄罗斯共产
党首领久加诺夫认为：国家的整个经济体制已经变成了这样，要想
回到粗俗的社会主义已完全不可能。从而对现存的各种经济成分采
取了平等对待并共同发展的态度。俄共竞选经济纲领中也表达了这
样的观点：某些领域要恢复全民所有制和集体所有制，主要针对国
有企业改革中出现的偏差，而不是恢复旧体制。

就我所见，莫斯科主要商区各类商店装潢华丽，商品供应丰
富；批发市场生意兴隆，如国民经济展览馆、列宁体育场以及奥运
村，都云集大批批发商；零售店摊布满各地铁进出口，秩序井然。
要说俄罗斯经济已经恢复并增长，为时还尚早，但国民经济衰退趋
缓，或者说衰退已至"谷底"这还是有事实依据的。特别需要指
出的是：要正确把握俄罗斯的真实经济潜力，5 年间的折腾，俄罗
斯经济损失很大，但对一个曾耀武扬威的超级大国来讲，经济潜力
还是比较大的，俗话说：财主死头牛，农民死只鸡，各自的承受是
不同的。

二　俄罗斯"转型"情况：市场经济的基本框架已见雏形

俄罗斯全面向市场经济过渡，只有 5 年历史。市场经济作为配

置稀缺资源的手段，这是人类社会发展积累的一笔共同财富，它总有一些共性的问题需要遵循，特别是在"转型"过程中，某些共性问题是绕不过去的，比如，市场主体的培育、资金市场的完善、分配与社会保障机制的建立等。就我直观对相关学术资料的判断，俄罗斯以高昂的代价，使市场经济的基本框架已见雏形。

第一，培育市场主体，建立市场竞争机制。

俄罗斯有 70 年计划经济的历史，国家所有制对国民经济占有绝对的垄断地位。一旦明确向市场经济过渡的目标后，培育市场主体作为建立市场经济的一项重要基础工作是完全绕不开的。正在转型中的国家，由于国情不同，培育市场主体的途径方法也会有差别，比如，中国是采取了"两条腿"走路的方法去培育市场主体，一条是在国家所有制外，充分发挥剩余劳动力的优势，发展各类非国有经济；二是在国家所有制内，通过扩权以至建立现代企业制度等各种措施，深化产权制度变革，改善企业经营管理。而在俄罗斯不具备发展非国有经济的客观条件，因此只能对国有资产存量进行分散化的调整，目的是要使国有企业摆脱国家行政部门的控制，以便能使收支独立平衡并具有法人权，其中一个主要措施就是实行非国有化。非国有化，是各种实施措施的总称，我国一直将它称为"私有化"，包括优惠转让国有资产、拍卖小企业、租赁企业、对大企业实行股份制改造、组建各类股份公司等。前三种方法，简称为"小私有化"，后一种方法即组建股份公司，简称为"大私有化"。有一种最为简单的解释：俄罗斯的私有化就是把小企业卖掉，大企业股份化。他们采取"非国有化"，其目的是建立企业家阶层、提高企业活动效益、建立竞争环境、促进经济民主、吸引外国投资、发展居民社会保障、推动国有资产存量的重组和流动。

在俄罗斯经济学论著中，"私有化"并不是作为一种所有制形式来论述。他们谈论的私有制，与我们理解的私有制，内涵和外延都完全不一样了。他们认为，从私有制概念形成的历史看，所谓私有的，是为了与属于国家的、官方的财产相区别，凡属于国家的、官方的财产之外，其余的都属于私有的部分。因此，当今社会中各类集体合作企业、民营企业、个体企业、股份公司等，都属于私有成分。他们的统计数据也是按这个理论公布的。据最新数据，1995年俄罗斯国内生产总值中，国家经济成分占30%，而非国家经济成分占70%，而1994年上述两类分别为38%和62%。目前，俄罗斯政府宣布，除土地、矿产、森林和各种自然资源属国家所有外，一些重要的大型军工企业仍是国家所有制。

值得注意的是：俄罗斯国家在对国有资产存量进行结构调整和分散处理的过程中，却出现了乘机贪污、盗窃国有资产的问题，而从事此类活动的人大都是过去政府中的权贵阶层，比通常所说的官僚阶层还要高一些，有的论著把这类新的利益集团称为"权贵阶层"。但不能否认的是新的企业结构在相当大的程度上已经摆脱了国家行政的控制，据一份调查表明，在那些非国有化的企业中，他们在工资、价格、生产、投资等方面有了相当大的自由度或独立自主权，企业的行为和动因，基本能按市场需求来运作。俄罗斯对国有资产存量进行结构调整中，很不成熟的相互竞争的市场主体已经在经济运行中蠕动。

第二，重建金融体制，发挥信贷市场作用。

计划经济体制下的银行功能，主要是按国家计划分配财政和货币资源。目前俄罗斯的金融体制，从总体上讲，它不是对旧银行体制进行改革的结果，而是苏联解体后，按激进向市场经济过渡的总政策重新建立的新体制。全俄除中央银行执行国家货币政策外，已有1700多家商业银行，其中有700家是从过去专业银行中分解出来的，其余1000多家是按股份公同性质新组建的。但是有65家大银行主导着全俄金融活动的70%。中央银行以存款储备金制度对各商业银行进行监管，各商业银行对企业从事存款和货款金融活动，而商业银行的风险恰恰正在这里，对企业贷款者发生失误，贷出去收不回来，直接影响银行的存在，所以俄罗斯经常出现银行破产的事件。在政府治理通货膨胀中，国家和商业银行建立了债务贷款制度，国家以黄金作抵押，向商业银行举借债务，1995 年约30.6 万亿卢布（合 70 多亿美元），财政赤字不再由中央银行通过货币发行来弥补，这是一个相当大的进步。经济学论著认为，1995年的通货膨胀率所以能逐月下降，一个重要原因是建立了国家贷款债务制度。

俄罗斯这个新的金融体制是在"经互会"瓦解、苏联解体的混乱和"休克疗法"的痛苦中建立的。当企业的对外对内经济联系和再生产中断而不知所措时，那些政府的经济工作人员站出来从事企业的委托经营，利用计划经济条件下形成的各种关系网，收购原材料，推销产品，并从事进出口贸易的代理工作，在这个过程中，他们积累了资金，以积累的资金为基础组建了各类股份公司的金融机构。从此不再从事"委托经营"，而搞起了投资贷款。以1992 年为例，当年中央银行的利率是 120%，而贷款的利率却高达240%—300%，于是，各种金融机构迅速膨胀发展了起来。这些机构轻而易举地赚了大量的钱。这是俄罗斯当前金融机构一个很独特的社会经济现象，被冠以"金融（财政）寡头"之称。

俄罗斯金融体制对稳定外汇和价格渐渐积累了新的办法，随着出口贸易的发展，俄罗斯积累了一定数量的硬通货，制定了外汇上下浮动的限额，从 1995 年后半年，外汇汇率还是比较稳定地在 4800 卢布/1 美元之内浮动。"休克疗法"的理论基础是货币主义，按照货币主义学说，对付通货膨胀分三个步骤：一是进行币制改革，紧缩信贷，减少赤字；二是紧缩投资，特别是严格控制财政对企业的补贴，迫使低效高损企业破产；当这两步见效后，采取的第三步是降低税率，增加投资，从而增加对市场的供给。前两步无疑是很痛苦的过程。与货币主义理论相对，凯恩斯国家调控思想在俄罗斯经济学界也比较流行。按照这种理论，治理通货膨胀的办法，主要就是增加政府支出，放宽企业贷款，刺激投资需求，从而增加对市场的需求，最终稳定通货。就前一时期各党派发布的杜马竞选经济纲领来看，似乎对降低税率、增加投资的政策实施，都是一致的，目的很明白：刺激供给、增加需求，推动经济增长。这对提供就业岗位减少失业、增加财政收入减少赤字是有效的。

第三，居民收入渠道多元化。

俄罗斯实行工资指数化即工资与通货膨胀率挂钩，随通货上涨而每月都在调整工资。就工资收入来看，1995 年后半年，职工工资收入在 37 万—100 万卢布，大体状况：每 5 个人中有一位"百万富翁"，即收入 100 万卢布以上，合 200 多美元；而每 4 个人中有一位乞丐，即 37 万卢布以下，合 75 美元。平均月工资最高的行业是能源、石油和金属采掘业，而处于贫穷阶层的是文教卫生和退休职工。但近几年来，居民收入渠道已多元化，工资收入并不构成居民家庭收入的主要来源。具体情况见表 2。

表 2 　　　　1991—1995 年俄罗斯居民家庭收入主要来源占比　　　单位:%

收入项目	1991 年	1992 年	1993 年	1994 年	1995 年
工资	59.7	69.9	60.5	46.5	38.5
退休金、补贴金	15.5	14	15.1	15.4	16.5
财产收入	24.8	16.1	24.4	38	45

这个资料也未必能反映俄罗斯居民家庭收入的真实情况。因为"灰色经济"在国家经济衰退中得到了强劲发展，这种经济的特点是不上税、不登记注册。据报纸公开证实，俄罗斯零售贸易有 40% 实际都具有"灰色经济"的特点。从官方统计数字看，整个服务行业在萎缩，但实际生活中，服务业得到了空前发展，一些从事各类服务的公司，虽然没有注册登记，但却可以堂而皇之登广告开展营业。国家生产下降，居民收入增加、市场供应好转的基础就是"灰色经济"。

另外，居民家庭支出也在发生变化，见表 3。

表3　　　　　　　　1991—1995 年俄罗斯居民家庭支出项目占比　　　　　　单位：%

支出项目	1991 年	1992 年	1993 年	1994 年	1995 年
购买商品和公共服务	62.3	72.9	68.7	66.3	71.4
银行存款债券	19.6	4.8	6.3	6	3.6
购买外汇		0.5	7.6	15.7	15.2
各种付费	8.3	8.2	8	7.3	6.9
手持现金	9.8	13.6	9.4	4.7	2.9

从居民家庭收入看，财产收益的比重在逐年提高，这与国有资产存量进行结构调整的进程有关，一部分劳动者通过"非国有化证券"或"股票"，正在成为有产者并从中得到收益；从支出看，购买商品和多种服务支出的比重在提高，说明居民收入的增长还赶不上通货膨胀，支出中有相当部分是用来维持日常生活。另外，居民存款减少并用来购买外汇，表明居民对俄罗斯货币市场的担忧。莫斯科是全俄居民收入最高的城市，是其他地区的 1.5 倍，人均收入 100 美元/月，大约有 25% 的莫斯科市民的月收入在 400—3000 美元。据报纸调查材料证实，目前莫斯科已有 1000 多人拥有资产 150 万美元，20 人左右拥有资产 5 亿美元。

在收入差距拉大、灰色经济发达的社会背景下，黑社会应运而生。暴富者雇用保镖，保护个人财产。由于"灰色经济"没有法律保护，地盘垄断、债务追讨等都依靠私人武装力量解决。因此，社会治安是俄罗斯颇为棘手的问题。而那些介入政权斗争的黑社会力量是另外一类问题。

从国有资产存量的结构调整、资金市场和金融体制的建立、居民收入分配渠道多元化看，俄罗斯 5 年时间已有了市场经济的雏形，但代价是高昂的，它连带的副产品则是暴富群体、官僚阶层和财政金融寡头的形成，这是值得我们从政治学、社会学、法学等学科进行综合考察的社会问题。

（原载《改革》1996 年第 4 期）

国有企业改革何以步履维艰

"国有企业改革"是难度最大的一项系统工程。进入"九五"后，随着从集权计划经济向社会主义市场经济转型的深化，国有企业改革的相对滞后，越来越引起国人的热切关注。这里有对具体问题的分歧，比如，国有企业改革的形势到底怎么看？国有企业改革的具体措施到底怎么实施？本文拟就当前国有企业改革的有关具体问题谈谈看法。

一 对国有企业改革进程的判断:在市场化改革中，国有经济从总体上已开始裂变,一批优势企业脱颖而出,相当数量的劣势企业逐渐显形

当前，国有企业改革中存在的主要问题有：

一是随着改革的深化，企业亏损面和亏损额不断扩大。据统计，1996 年，全国按企业个数计算，约有 9 万个企业亏损，占23%，比上年增长 8.85%。其中约有 2.6 万个国有企业亏损，占国有企业总个数的 37.7%，比上年增长 87.8%。1996 年，全国亏损企业亏损额达 1233.86 亿元，占实现利润总额的 86.6%，实现利润额比上年减少了 15.3%，而亏损企业的亏损额却比上年增长了34.92%，国有企业的状况实在令人惊异。国有亏损企业的亏损额达 726.69 亿元，实现的利润总额只有 417.49 亿元。就国有大中型企业来说，亏损企业的亏损额也超过了实现利润的总额，亏损企业的亏损额比上年增长 37.88%，而实现利润又比上年减少 35.25%。

亏损额较大的行业主要是纺织业、煤矿、电力、化工、交通运输设备制造、食品加工、专用设备制造业、建材，约占全国亏损企业额的55%左右。企业亏损直接涉及职工的生活，全国约2000万职工在亏损企业，企业停产半停产，职工不能按时领到工资，甚者减发工资，或只发一点点生活费，职工对改革的支持热情逐渐减少。

二是随着市场竞争的加剧，国有企业的总体经济效益严重下滑。据统计，1980年，国有独立核算工业企业的资金利润率是16%，资金利税率是24.94%。到1985年两项分别是13.2%、23.53%；1990—1995年资金利润率各年分别是3.2%、2.9%、2.7%、3.2%、2.6%、1.9%；而这期间的资金利税率各年分别又是12.43%、11.81%、9.71%、9.68%、9.77%、8.01%。这期间，银行的存款利率（一年期）为8.64%—9.18%，贷款利率（一年期）为9.36%—10.98%。物质生产部门的利润率远远低于银行的存款贷款利率，这是非常不正常的经济现象。如果就利润总额的构成来看，问题更严重。1996年全国工业企业实现利润的总额是1424.37亿元，其中国有企业创造的利润是417.49亿元，占29.3%；集体工业企业创造的利润是492.69亿元，占34.6%；其他经济类型工业企业创造的利润是514.19亿元，占36.1%。从实现利润的角度看，国有工业已经失去了主体地位。

国有企业的大面积亏损和总体经济效益下滑，是市场化改革中强化市场需求对生产供给选择能力后的一种必然结果，是结构调整中难以避免的社会经济现象。其他转型国家采取放开市场价格、取消财政补贴的"休克疗法"，强化市场对企业的选择。相伴而生的是通货膨胀、生产衰退、职工失业等问题，社会承受了极大的痛苦。我国和其他转型国家一样，都确立了向市场经济过渡的目标。我国虽然没有采取"休克疗法"，但市场需求对供给结构的选择能力却同样在渐渐增强。一部分被市场冷落了的企业，生产不出市场需要的产品，当然也就难免出现亏损和效益下滑的现象。这些企业虽然没有"休克"在市场，但却通过一种"慢功夫"，比如，向银行欠息、向财政欠税和吃企业的净资产等办法维持生计。这造成了国有资产的严重流失。有同志惊呼：如果这种状况再持续几年，整个国有经济将变成"空壳"。

我们正处在由集权计划经济向社会主义市场经济转变的重要时期，我们看到，在国有企业亏损面不断扩大和总体经济效益严重下滑的同时，也涌现出了一批优势的国有企业。据统计，1996年，大庆石油管理局、上海大众汽车有限公司、玉溪红塔烟草（集团）有限公司、宝山钢铁集团公司、沈阳电力局等10家大户的盈利额超过了全国1.82万家大中型企业利润总额的一半。一批优势企业在市场化改革中脱颖而出的事实表明，只要对传统的国有企业按现代企业制度进行改造，国有企业将仍然是国民经济发展的支柱。由此来看，经过近20年市场化改革，国有经济在总体上已经开始裂变，一批按现代企业制度进行改造后的优势企业开始以独立的法人实体和竞争主体活跃于国内外市场，但还是少数；而在竞争性行业中，还有相当多数的国有企业仍然在"等""靠"国家特殊政策的保护，实际上是在吮吸优势企业的盈利和国家财政。因此，按社会主义市场经济体制的要求，国有企业改革的任务还相当艰巨。我们必须对国有经济的存量进行结构调整。国有资产存量调整，实际上就是企业组织结构的调整，产品结构的调整，产业结构的调整，当然也是所有制结构的大调整，这是体制转型绕不过去的难关。

二　国有企业改革步履艰难的原因：国有企业凝聚了集权的计划经济的主要弊端，既有沉重的历史负担，又很难与现实的宏观管理体制相互适应

第一，国有企业凝聚了集权的计划经济体制的优势，比如，一些特大型的国有企业是国家集中财力办大事的具体体现。但相当多数的国有企业，却折射出了集权计划经济的弊端。因此，对国有企业的改革，恰如牵一发而动全身。党的十四大后，宏观管理体制的

改革明显加快，财税、金融、外贸、投资等体制都逐步按市场经济的要求运作，这难免与旧的国有企业管理体制产生摩擦，比如，在统一的税率下，靠减免税过日子的国有企业似乎失去了"保护伞"；在商业化的贷款通则下，靠贷款过日子的国有企业似乎失去了"输血管"；取消税前还贷，企业又失去了一条重要的资金投入渠道，使企业技术改造的资金进一步紧缺；中央和地方分税和分成，地方政府将经济发展的重心转向了第三产业，支持工业企业的动力减弱。未改制的国有企业不适应新体制，使亏损、低效的问题进一步明朗化。但另一方面，新体制中也难免还保留着某些旧做法，比如，额度管理在各种调控措施中常常被强化运用，贷款用额度，债券和股票发行用额度，"一刀切"的做法严重限制了优势企业的再发展。解决国有企业旧的运行机制和现行国家宏观管理体制相互矛盾，首先是经理和职工在思想观念上实现转变，面向市场，立足市场。从市场上拿到订单，卖出产品，企业就有了生机。当然，这需要尽快培育出懂经营善管理的企业家阶层。这是国有企业总体经济效益不高的第一个原因。

第二，国有企业承担了太多的政府职能，涉及债务清理、冗员下岗和解脱各种社会负担等老问题，使国有企业难以轻装跨入市场。（1）关于企业资本金问题。办企业，就需要投入。在集权计划经济条件下，企业基本建设投资、定额流动资金都由国家财政拨付，银行仅承担对企业超定额流动资金的贷款。那时，似乎没有企业不良债务的概念。20 世纪 80 年代中期，随着市场化改革的深化，国家很少再继续向企业投入资本金。为了强化对企业的预算约束，还实行了"拨改贷"的制度。从此，国有企业的发展资金不再由"出资者"承担，而由经营者向银行贷款。目前，我国国有企业的负债率在 70% 左右。负债经营，这本是一种经营技巧，但需要以企业的经济效益为支撑。以 1996 年为例，国有工业企业的总资产是 50631.44 亿元，而负债总额则是 33059.41 亿元。银行贷款利率为 10.98%（名义利率、实际利率一般都在 14% 左右），但国有企业资金利税率是 7.42%，其中资金利润率仅 2% 左右。企业的资金利润率低于银行的贷款利率，怎么能不亏损？欠息，又给银行制造了大量的不良资产，加剧了社会金融风险。（2）关于冗员下岗问题。1996 年国有经济单位从业人员总数为 1.2 亿，其中企业职工约 8000 万；事业社团职工约 4000 万。据调查，在国有企业中，约有 20%—30% 的职工属"冗员"，还有占职工总数约 25% 的离、退休人员，仅这两部分人的工资和养老金占职工工资总额的 50%，约 3500 亿元。这部分职工对企业的发展曾作出了重大的贡献，结构调整、体制转型，会带来社会生产力的大发展，但不能由此去伤害他们的利益。按现行适应保险规定，企业按工资总额的 1% 缴纳失业保险金，总量不过 700 亿元；养老保险实行的办法还在探索中，大体是企业职工基本养老保险社会统筹与个人账户相结合，按职工工资收入的 16% 左右的费率计入。包括职工个人缴纳的养老保险费（工资收入的 3% 左右），企业缴费的一部分（13% 左右）也计入个人账户。企业缴费中有两部分，一部分按职工本人工资收入的 8% 缴纳；另一部分按当地职工平均工资的 5% 缴纳。按现收现付的办法支付 2000 万离退休职工的养老金，从哪里去筹集这部分资金？所以，我国目前失业养老保险制度不健全，是国有企业很难尽快"轻装"的根本原因。

第三，政资分开、政企分开，是国有企业进入市场的前提。目前相当数量的国有企业很难进入市场，在很大程度上是某些政府行政部门的官员不愿放弃对企业的经营管理权。国有企业的管理制度，从根本上折射了集权管理制度的弊端。从某种意义上讲，能不能顺利建立现代企业制度，关键是加快国家行政管理制度的改革。政府职能需要转换，但更重要的是机构需要尽快精简。改革开放以来，在政府机关工作的人员急剧膨胀，据统计，在事业单位就业的职工约占全国职工总人数的 25%，企业党政工团干部约占企业管理人员的 10%。这就是说，全国 100 个职工中，有 30 人左右在国家机关工作。有同志曾粗略地算过一笔账：除了他们的工资奖金外，若再加上办公用品、小车、住房、吃喝招待等，大约需要11000 亿元资金维持机构营运，占国民生产总值的 20% 左右，但实际上从国家财政能够得到的并不多。政府职能货币化，就只能向企业索取，加重了企业的负担，腐败也就在所难免。某些政府部门抓住企业经营权不放，说到底，是经济利益问题。

三　加快国有企业改革的主要措施要遵循现代市场经济的一般运行规律：垄断资产分散化，个人资产社会化，发展各种类型的股份公司

近 20 年市场化改革的一条重要经验是尊重来自实践的经验，尊重群众的首创精神。就目前正在进行的试点经验看，国有企业改革的主要指导思想已经逐渐统一，这就是建立现代企业制度，加快对国有企业进行股份制改造的步伐，使企业成为法人实体和市场竞争的主体；搞好搞活整个国有经济，"抓大放小"，对整个国有经济实行战略性改组，把改革和改组、改造和加强管理结合起来，把企业内部机制转换和解决历史问题结合起来，在制度上进行创新。对国有企业进行改革的具体措施是：对大中型国有企业来说，抓紧进行股份制改造的试点、组建大型的企业集团、优化资本结构。拓宽注入资本金的渠道，增加生产经营资金等；而对大量的小型企业来说，主要是放开放活，措施有两类，一类是经营方式的改变，根据不同情况，实行联合、承包、租赁、托管、代理等；另一类是产权制度的改革，当然也是根据不同情况，采取出售（收购）、兼并、破产、股份制改造、股份合作制组建等。这里特别重要的有三点：第一，实行公司制，加快出资者所有权和企业法人财产权的分离。所有制是体制转型中一个十分重要的问题，它涉及对财产所有者经济利益的保护，包括国家、集体、个人和外资等，但不单单如此，因为仅仅从财产归属关系上还不能完全说明一种所有制关系的性质。判断一种所有制关系的性质，要从生产、交换、分配、消费

等各个环节分析它的经济内容。社会主义公有制，只有劳动者成为整个社会再生产过程的主人并且在这个过程中以平等的身份相互对待和发生经济往来，它才算是名副其实。这里的关键是在联合劳动基础上对生产资料的共同占有即实现劳动者和生产资料的直接、结合。在集权计划经济条件下，我们通常把国家所有制和集体所有制（实际上是一种"二国营"）两种形式称为社会主义公有制。在劳动者和生产资料之间横插入了被分割的各级行政部门，似乎行政官员就是劳动者的代表，凭借行政指令来维持运转。劳动者是否成为社会化生产资料的主人，完全取决于他的代表即各级政府部门首脑的良知，难免官僚主义蔓延，家长作风横行，这是导致集权计划经济效率低下的根本原因。在半个多世纪以来的社会主义实践中，我们还没有寻找到公有制实现的有效形式。但无论我国改革开放的经验，还是转型国家的教训都表明：股份公司是打破国有资本垄断化，寻找个人资本社会化的有效途径，它可以使企业摆脱对国家行政机关的依赖，使国家解除对企业承担的无限责任，实现出资者所有权和企业法人财产权分离，使国有资本有效经营。通过股份制改造，打破国家行政部门对国民经济垄断，同时，集聚社会闲散资金，将个人资产社会化。当然，不同的国情，会有不同的股权结构。在多元的股权结构中，谁来控股？国家股？法人股？个人股？这取决于多种因素。在社会主义市场经济条件下，实行公有制为主，多种经济成分共同发展的所有制的理论。但公有制的实现形式是什么？还是一个正在探索的问题。但有一点要明确：我们反对凭借对生产条件的占有面去奴役他人劳动的制度，维护劳动者享有劳动成果和社会产品的权利。劳动者成为有产者，是社会主义的一条基本原则。借社会主义改造之名剥夺劳动者，这是一种历史的倒退。为了避免资产集中到少数人手中，国际上通行的"职工持股会""投资基金会"等形式，可以根据实际情况加以借鉴。对国有企业进行股份制改造，并不一定都要"上市"，但实践证明："上市公司"是对国有企业进行股份制改造的"排头兵"，先改制、后上市，是保证上市公司规范化的前提条件，如果让那些尚未改制的国有企业一拥而上，不求改制，而图筹资，这势必给不成熟的股市埋下深重的危机。

第二，实行"有序退出"，抓住"大的"，充分发挥国有经济的支柱作用。在集权计划经济条件下，按照"一大二公"的所有制理论，国家资本几乎占据了国民经济的所有领域。其实，有些以劳务为主而又分散经营的行业，原本就不适宜由国家资本去经营甚至去垄断。按照市场经济的效益原则，国有资本应该从这些行业中退出，加快国有资本的流动和重组，包括拍卖"出售"破产小企业，组建大型企业集团，发展股份合作企业等，目的是要缩短国有经济的布局战线，提高国有企业的集中程度，让国有经济在主导产业、支柱产业以及高新技术领域中发挥作用。当然，国有经济应该退出的产业，也有在产业升级换代中出现的"衰退产业"。国有经济从这些产业中退出，符合经济发展的一般规律。当前，在全部国有工业企业中，小企业占 81.8%，资本额占总金额的 19%，工业产值占 18%，实现利税占 9%。"抓大放小"，这是提高国有经济总体效益的有效途径。"抓大"是要提高国有经济的集中度；"放小"实际上是一种非国有化措施。转型国家把类似做法称作"私有化"。可见，国际上流行的"私有化"说法和国内意识形态讲的"把国有资产无偿分给个人"完全是两码事。某些经济学家对国有企业进行"股份制改造""有序退出"等措施有不同看法，这完全是正常现象，可以通过讨论统一认识，大可不必用内涵极不确定的"私有化"做"帽子"。当然，不能否认，对国有资产"折股""退出"的某些具体做法，确实需要认真操作，避免核资中作价过低，造成国有资产的流失。

第三，建立国有资本运营新制度，使国有资产能够保值、增值。国有资产疏失的确是当前一个重要问题，主要原因是国有资产的管理、监督和经营工作没有跟上。国有资产属于国家，但由政府部门分头管理，都可以发指令，但谁也不承担经营的亏损责任，国有资产所有者权益受到损害。目前，有各种管理方法在实行，比如，建立监事制度，向企业派出监事；实行投资公司制度，由国家独资或绝对控股，经营国家资本；建立委托—代理制度，授权控股公司和企业集团的核心企业，按母子公司体制统一经营；国有资产实行国家统一经营，政府分级管理，企业自主经营的新体制也在探索中，对国有企业进行股份制改造，当然首先要有步骤清产核资，评估资产，界定产权，清理债权债务，核实企业的法人财产占有量。在现存国有资产存量中，有用国家贷款形成的固定资产，由于长期实行税前还贷的制度，会使利润减少，实际上是用国家税金、企业生产发展基金和职工福利基金搞了固定资产，所以，将一部分固定资产折价量化给职工个人是有经济理由的，当然也包括给国家、给企业，这不能认为就是国有资产的流失。

（原载《中国工业经济》1997 年第 9 期）

国有企业改革深化的直接障碍：政企不分

当前，国有企业改革依然是人们关注的热点。尽管党的十五大对国有企业改革作出了新的具体部署，但实际操作起来，还有很大的障碍，其中最重要的是政企不分。政企分开，在20世纪70年代末就已经提出来了。但搞了近20年，政企分开了吗？党的十五大报告明确指出："政企不分，官僚主义严重，直接阻碍改革的深入和经济的发展。"这个判断是完全符合实际的。比如，国家财政早已拿不出多少钱搞建设了，但政府主管部门却仍然把持着投资的决策权不放，盲目追求国有新建项目的扩张。而新建项目的审批又大多是首长提出再层层报批，一个项目最后得到批准，少则一两年，多则七八年，许多项目开始建设就出现亏损。再比如，新建项目的贷款资金也常常是政府出面压银行，迫使银行贷款，而随意借用银行的钱，这使得银行不良资产增加，但银行的贷款资金是居民储蓄，银行不良资产增加，就是居民存款被冲销，金融风险在蓄积；在政企不分日趋严重下，也加剧了地区封锁、条块分割，许多企业只有一墙、一水之隔，但由于行政管辖权分属不同主管部门，资产重组、企业联合就很难推进；企业的经营自主权也仍然被上级行政部门控制，等等。因此，政企不分，使企业很难活起来。要想搞活企业，就必须废黜"婆婆"，这成为当前深化改革的一个强烈呼声。

要解决政企不分，企业就要在市场化改革中不断地提高"挣脱"艺术，但当前最大的阻力是政府的行政机构。改革开放以来，行政机构改革也搞过几次，但改革—膨胀—再改革—再膨胀，成了恶性循环。目前，在国家机构就业的职工有1000多万，在事业单位就业的职工有 2500 多万，如果再加上国有企业中的党政工团管理人员 1000 多万，三项总计约占全国职工总数的 30%。有同志算过一笔细账，他们的工资、奖金、住房、办公、招待等费用要耗去国民生产总值的 20% 左右。但每年从国家财政却没有得到相应的拨款，这迫使机关创收、从企业敛财。我们从近几年出现的腐败案件来看，大都是"权钱交易"的要案。行政管理制度的不健全给腐败提供了漏洞。邓小平同志早在 1980 年的《党和国家领导制度的改革》重要文章中指出，官僚主义现象是我们党和国家政治生活中广泛存在的一个大问题。它产生的病根一是"与经济、政治、文化、社会都实行中央高度集权管理体制有密切关系"；二是"长期缺少严格的从上而下的行政法规和个人负责制"。这些情况，必然造成机构臃肿，层次多，副职多，闲职多，而机构臃肿又必然促成官僚主义的发展。邓小平许多年前批评过的问题，不是改掉了，而是更加严重了，政企不但没有分开，相反，在改革的旗号下，新老"婆婆"变本加厉地对企业进行控制。

政企分开，实际上是要解决政府和企业的财产关系问题。按照十五大精神，在那些市场竞争性行业中，涉及小型加工零售业、饮食和服务业等，需要采取改组、联合、兼并、租赁、承包经营和股份合作制、出售等的改革措施，即实行非国有化，让国有经济从这些领域中退出来，转换成各种非国有制的经济，从而"切断"政府和这些行业中企业的财产关系。这也许是实现政企分开相对比较容易的一条途径。非国有化改革所涉及的企业，其资产可能占国有资产总量的 30% 左右，就一般而言，非国有化改革会有一些社会问题相伴而生：一是职工持股，一部分劳动者（工人阶级的成员）将会成为有产者，这对传统观念上的社会主义，又是一次革命；二是国有资产存量划股时作价过低，会给少数有权者提供变相盗窃国家财产的机会，如果堵不住这个漏洞，会给改革造成更大的负面效应；三是相关企业和银行的债权债务关系的处理，弄不好，会增加银行的不良资产，从而加大社会的金融风险。在竞争型行业中，还有相当大量的基础工业、原材料工业、加工工业和第三产业的企业，可以按照出资者所有权和企业法人财产权分离的原则实行股份制改造，根据生产力发展的状况，建立国家控股公司、股份有限公司，大量的将是有限责任公司。股份制改造，虽然将一部分股份转为非国有，但如果国家或者集体仍然占"大头"，这不仅没有削弱国有经济，而且扩大了国有经济的控制力。20 世纪 90 年代以来，实践中已经摸索出了许多经验，比如，建立国家为持股主体的股份公司、实施企业集团国有资产授权经营试点等。尽管这些形式还有不少漏洞，需要在法律的框架范围内继续完善，但对"产权清晰、权责明确"，还是比较有效的。实行公司制改造，实际上是"了断"了政府的所有者职能。而这正是使企业自主经营、自负盈亏、自我约束、自我发展的前提条件。至于那些涉及国家安全、国防尖端、特殊产品、公用设施等特定行业的企业，需要保持国家经营的形式。通过产权改革，"切断"或者"了断"政府的所有者职能，就能让政府集中精力搞好经济运行的宏观调控和高效的行政管理，为企业的公平竞争提供环境。

　　国有资产存量结构的大调整，实际上是社会各阶层经济利益的再分配。就资产总量来说，目前全社会有 11 万多亿元，其中国有大型和特大型骨干企业的资产约占 33%，中小型国有企业资产约占 34%，其余为各种非国有经济成分。改革开放以来，国有资产在全社会资产总量中的比重，差不多每年平均下降 2 个百分点，按这种势头发展下去，再过 15 年左右，它的比重将会降到 30% 左右；各种集体、股份制等形式的经济资产比重将会保持在 40% 左右；而各种非公有经济，包括个体、私营、外资等经济形式的资产量会占到 30% 左右。特别是随着国有企业改革的顺利推进，国有经济对涉及国民经济命脉的重要行业和关键领域的控制力和竞争力都会得到大的提高。这完全符合"公有制为主，多种所有制经济共同发展"的社会基本制度的框架。

　　总之，我认为，目前深化国有经济改革的关键阻力是政府要不要放弃不该有的权利，要不要放弃不该有的利益。政府的职能需要转换，庞大的机构需要精简。但二者相比，把机构改革作为政治体制改革和民主法制建设的一项中心环节来对待，这有利于落实并推进喊了多年而又未有任何实质进展的政企分开，从而在行政管理体制方面为国有经济改革创造了宽松的环境。过去，政府对企业搞过"关、停、并、转"，现在，该是社会公众对政府机构进行"关、停、并、转"的时候了。

（原载《改革》1998 年第 1 期）

五十年巨变：由计划经济转向市场经济

1949 年中华人民共和国成立到 20 世纪末，我国虽然始终坚持了社会主义的基本制度，但深层却经历了由集权计划经济转向现代市场经济体制的巨大变化，这是一场深刻的"换代"。在世纪之交，对这别具特色的"换代"实践进行经济学的理论思考，是重新构建中国经济学新体系的一笔宝贵思想资料。

一 1949—1979 年：计划经济的得与失

1949—1979 年，是我国实行集权计划经济的 30 年。这期间，我们虽然有过成功，但也发生过全国性的大饥荒。从统计数据上来看，在那 30 年间，我国经济的增长速度并不慢，国民经济年均总增长 8.2%，工业增长 11.5%，农业增长 3.1%。这个速度超过了其他亚洲大国如印度和印度尼西亚。但由于计划经济国家的统计体系与西方市场经济国家的统计体系不同，它计算的是全部新增加的产品而不是最终消费品，其中难免有很多的重复计算即通常说的很重"水分"。因此，人们实际的感受和统计数据并不大一致，邓小平坦诚地说过，"从 1958 年到 1978 年整整 20 年里，农民和工人的收入增加很少，生活水平很低，生产力没有多大发展"。他还说："现在全世界一百多个国家中，我们的国民收入名列倒数二十几名，算贫穷的国家之一。社会主义优越性的表现之一是高速度地发展社会生产力。生产力发展的速度比资本主义慢，那就没有优越性。""我们太穷了，太落后了，老实说，对不起人民。"邓小平的这些判断，实事求是地表达了全国人民的实际感受。因此，从总体上讲，没有经济效益，或者说低效率的集权计划经济体制，是引发中国放弃它而转向实行市场经济体制的深层原因。这是一个理智的经济体制的比较。这样，我们也就不得不从深层围绕什么是社会主义，怎样建设社会主义，这一重大理论问题重新思考，是什么样的理论误区使我们长期固守一种不符合中国国情的"国家社会主义"的模式。

首先，我们不清楚我们处在什么样的社会发展阶段。

毛泽东在1940年曾对中国的社会性质进行了科学的分析，提出新民主主义的经济、政治、文化纲领。后来经过党的七大，直到中华人民共和国成立后的国民经济恢复时期，新民主主义理论始终是我们党制定各项经济、政治和社会法制政策的基础。但在1953年后，毛泽东提出了另外一套社会发展的理论，他围绕过渡时期的总路线把"从新民主主义社会到社会主义社会的过渡"修改成了"从资本主义到社会主义的过渡"。同时，还根据对非社会主义经济成分的改造，提列了进入社会主义社会的时间表。1956年当基本上完成了社会主义改造后①，即宣布：社会主义的社会制度在我国已基本上建立起来了。党的八大正确地分析了当时中国社会的基

---

① 如何评价20世纪50年代中期的对生产资料所有制的社会主义改造，1981年6月，在有关党的若干历史问题决议的文件中指出：在1955年夏季以后，农业合作化以及对手工业和个体商业的改造中要求过急，工作过粗，改变过快，形式也过于简单划一，以致在很长时间里遗留了一些问题。1956年资本主义工商业改造完成以后，对一部分原工商业者的使用和处理也不适当。在思想理论界，对这个时期发生的问题的性质判断，始终有不同意见。薄一波在1991年回顾了这段历史，他说：对农业的社会主义改造，违背了自愿的原则，是通过政治运动和经济措施双重手段来完成的。如果"土改"后不急于立即向社会主义过渡，不立即动摇私制，而是继续实行新民主主义政策，这对生产力的发展可能更有利，他还说：土改后农村出现的两极分化是难以避免的，它是商品经济发展的必然产物。他特别肯定了刘少奇当时所持的观点。他还特别就手工业的社会主义改造提出更加不同的看法，认为：个体手工业和个体农业还不一样，他们没有多少生产资料，都是小商品生产者，他们的生产和销售活动都离不开市场，行业多、经营灵活，有很多民族性的工艺技术主要是采用"师傅带徒弟"的方式传授的。因此，把个体手工业盲目组建成合作社，后来，又变成由联社经营的合作工厂或直接转变为地方国营工厂，这是"在不正确理论指导下形成的社会变革"。经济学界也有不同看法，熊映梧说：用"走快了"来概括改革前的历史教训，就无法解释现在为什么要搞改革开放？为什么要发展市场经济？放慢一点步伐不就行了吗？十一届三中全会以来改革开放的路线同以往消灭私有制的纲领是水火不相容的，怎么能够用"走快了"三个字来解释呢？

本矛盾，明确提出：今后全党全国人民的主要任务是发展生产力，搞经济建设。但当时国内外接二连三地出现了一些事件，毛泽东非常忧虑，认为：共产主义还面临着挑战，右翼势力包括知识界，企图要推翻共产党。因此，他抛弃了八大决议，从 1957 年 5 月开始，在全国范围内部署了一场"反右"运动，号召在思想战线上要"不断革命"。从那时开始，全国进入了一个"神经质"的年代，"反右派""大跃进""人民公社"……，搞了一系列变革生产关系的政治运动。从 1959 年后半年开始，中国被拖入了空前的全国性的大饥荒时期，成千上万的人民因饥饿而死亡①。毛泽东不但不主动调整政策，反而针对党内不同意见，在 1962 年 8 月党的八届十中全会上提出：在无产阶级革命和无产阶级专政的整个历史时期（这个时期需要几十年，甚至更多的时间），存在着无产阶级和资产阶级之间的阶级斗争，存在着社会主义和资本主义这两条道路的斗争。由此，提出了"无产阶级专政下的继续革命"的理论。按照这个理论，他不断地发动各式各样的政治运动，直到"文化大革命"，接二连三地在共产党内寻找斗争对象。这一切使中国丢掉了 20 多年经济发展的最好时期。在毛泽东提出"左"的社会发展阶段理论时，党的决策层也有不同的看法，比如，刘少奇"巩固新民主主义秩序"的理论；学术界也提出过"综合经济基础论"的问题，但都遭到了残酷的批判。我国还处在社会主义初级阶段，这是邓小平在总结社会主义建设教训、批判"左"的错误倾向时所做出的科学结论。党的十三大召开前夕，邓小平指出，社会主义本身是共产主义的初级阶段，而我们中国又处在社会主义的初级阶段，就是不发达的阶段。一切要从这个实际出发，根据这个实际来制订规划。党的十三大按照邓小平的思想，第一次系统地论述了社会主义初级阶段的理论。同时，还按照社会主义初级阶段理论，全

---

①　1958—1961 年，全国人口总数没有增加；而 1959—1961 年，全国人口总数减少了 1346 万。《中国统计年鉴（1986）》，中国统计出版社 1987 年版，第 91 页。

面阐述了党在这个时期的基本路线，党的十五大进一步明确了社会主义初级阶段所要完成的主要经济任务，非常鲜明地提出，社会主义初级阶段"至少需要一百年时间"。这是中华人民共和国成立 50 年来，以党的文件而对社会发展阶段所做出的最完整、最全面的总结。

其次，我们不清楚什么是社会主义。

我国是在半封建半殖民地的废墟上建设社会主义经济，底子薄、人口多、耕地少，经济发展水平又很不平衡，在这样一个经济和文化都比较落后的国土上建设社会主义，首先必须集中精力发展社会生产力，去实现许多别的国家在资本主义条件下实现工业化和经济社会化、市场化、现代化的任务。马克思、恩格斯生活在资本主义产生的初期，残酷的资本原始积累，引发了极其尖锐的社会矛盾。《资本论》在对资本主义社会基本矛盾揭露的基础上，预见到取代资本主义的社会是一个一切生产资料都归全社会所有的无阶级社会。他把这个社会称作共产主义社会。需要指出的是：马克思在《资本论》中所得出的结论，只限于西欧各国①。从已发表的文献资料考察，马克思在设想未来社会时，我们还没有发现马克思用过"社会主义社会"这个概念。第一次用"社会主义社会"概念的是恩格斯在 19 世纪 70 年代中期，但也仍然非常严格地把社会主义看作是共产主义社会发展的一个阶段②。科学的社会主义是在对 19 世纪的古典资本主义弊端批判的基础上而形成的一种对未来社会的

---

① 《马克思恩格斯全集》第十九卷，人民出版社 1979 年版，第 268—269 页。19 世纪 80 年代，俄国的马克思主义小组即"劳动解放社"在学习《资本论》时，联系俄国当时还普遍存在的农村公社问题对俄国革命进程发生了争论，小组有一位成员在 1881 年 2 月 16 日直接给马克思写信请教，信中还特别提到：你在《资本论》中所讲的历史必要性，是否适合世界各国？马克思收到信后对俄国的社会经济情况进行了深入的研究，先后写了四份复信的手稿，1881 年 3 月 8 日复信说我在《资本论》中所讲的对农民的剥夺，以及必然发生的剥夺者被剥夺"这一运动的'历史必然性'明确地限于西欧各国，而并不适应于落后的东方国家"。

② 汤在新主编：《〈资本论〉续篇探索》，中国金融出版社 1995 年版，第 585—586 页。

合理追求，生产资料由私人所有向社会所有转变，劳动由被资本的束缚向社会的解放转变，以及个人的全面发展等，都体现了人类对未来社会的向往。但社会主义到底怎样实现？马克思、恩格斯并没有实践。列宁在 19 世纪初期，特别是在《国家与革命》的著作中，把共产主义低级阶段说成是"社会主义社会"①。但就列宁对什么是社会主义的问题，根据已有的文献来看，在他的早期和晚年，变化也是非常大的。邓小平在 1985 年接见外国朋友时说，社会主义究竟是什么样子，苏联搞了很多年，也并没有完全搞清楚。可能列宁的思路比较好，搞了个新经济政策，但是后来苏联的模式僵化了。邓小平对列宁"思路"的肯定，就是指列宁晚年的一些思想。如果我们在充分占有学术资料的基础上，认真研究老祖宗的思想，社会主义的确没有什么固定的模式。不同的国家如何建设社会主义，具有鲜明的具体国家的特色。邓小平总结了中国的特色，他说，现在虽说我们也在搞社会主义，但事实上不够格。只有到了下个世纪中叶，达到了中等发达国家的水平，才能说真的搞了社会主义，才能理直气壮地说社会主义优于资本主义。社会主义的第一个任务是要发展社会生产力。社会主义的本质，是解放生产力，发展生产力，消灭剥削，消除两极分化，最终达到共产主义。这是对什么是社会主义和如何建设社会主义的基本认识。

最后，我们长期把市场经济当作"异己"来对待。

市场经济和计划经济的属性长期困扰着理论界。从马克思、恩格斯已有的经典文献来看，马克思从来也没有使用过"计划经济"的概念。在他谈到未来社会时，通常使用的概念大都是"有计划""有意识""自觉的"等。恩格斯曾把"有计划的组织"作为资本主义的对立面来看待，他说，一旦社会占有了生产资料，社会内部的无政府状态将为有计划的自觉的组织所代替。但他也没有使用过

---

① 汤在新主编：《〈资本论〉续篇探索》，中国金融出版社 1995 年版，第 585—586 页。

"计划经济"的概念。19 世纪末，随着垄断在一些主要工业部门的出现，恩格斯还改变了过去的观点，说，如果我们从股份公司进而来看支配着和垄断着整个工业部门的托拉斯，那么，那里不仅私人生产停止了，而且无计划性也没有了。他还说，无论在什么情况下，无论有或是没有托拉斯，资本主义的正式代表——国家终究不得不承担起对生产的领导。这种转化为国家财产的必然性首先表现在大规模的交通机构，即邮政、电报和铁路方面。一切政府甚至是最专政的政府，归根结底都只不过是本国状况所产生的经济必然性的执行者。从这些思想资料来看，恩格斯并没有坚持认为：资本主义是完全的无政府状态的经济，它也是一种有计划的经济。最早把计划经济与市场经济对立起来并作为社会制度来对待的是列宁。1906 年，列宁说，只要还保存着货币权力和资本，世界上任何法律也无力消灭不平等和剥削。只有实行巨大的社会化的计划经济制度，同时把所有的土地、工厂、工具的所有权交给工人阶级，才能消灭剥削。但是，过了 10 年多，即在 1917 年俄国社会民主党第七次会议上，列宁根据资本主义发展中出现的新情况，高度地评价了恩格斯有关"资本主义也是一种有计划的经济"的观点，改正了过去的观点，认为资本主义正直接向它更高的、有计划的形式转变。但是，斯大林却始终把计划经济和社会主义紧紧地捆绑在一起，同时，认为市场经济是资本主义的专利。1927 年 12 月，他在一次会议讲话中说，人们有时援引美国和德国经济机关，仿佛那些机关也是有计划地领导国民经济的。它们还没有做到这一点，并且只要资本主义制度还存在，它们就不能做到这一点，……在斯大林的主持下，苏联编写了《政治经济学》教科书，将斯大林的有关社会主义和计划经济关系的论述及其对市场经济的批判加以理论化和系统化，这不仅影响了苏联，而且也控制了中国经济思想界整整30 年。

斯大林按照他对社会主义的理解，从 1926 年开始，在苏联进入以工业化为主要内容的经济建设时期，对农民开始实行了强制性的集体化改造。在此基础上，建立并强化了集权计划经济体制。他用政治暴力排挤非公有制经济，让公有制特别是国家所有的经济在国民经济中取得绝对的垄断地位；用行政权力下达计划指标和管理国民经济。这种带有强烈权力色彩的集权计划经济，在一个时期内的确也发挥了比较好的效应，但是，高速发展的工业和日益衰退的农业以及潜在的工人和农民的矛盾也在日趋尖锐。国家通过行政权力对农产品实行高征购、低价格的政策，使苏联农业一直处于停滞不前甚至衰退的状况。另外，经济结构也畸形发展，其中70%的企业都与军事工业有关，使消费品工业极为落后。集权的计划经济体制培植了极权的官僚主义阶层，并与广大人民群众形成尖锐的对立。20世纪80年代末，在短短的几夜间，集权计划经济体制就在苏联崩溃了。

二　1979—1999年：市场经济理论在中国的确立

中国曾照搬了苏联集权计划经济体制模式，并涂上了更多的中国传统自然经济色彩。实践的结果，也与苏联大体一样，经济没有得到快的发展，人民生活也没有什么改善。经过"文化大革命"的中国人民，从20世纪70年代末开始了对集权计划经济体制的改革。

改革的第一阶段，重点是在农村，1978年12月召开了党的十一届三中全会，初步总结了中国农村走过的曲折道路。在农村曾存在了近20年的人民公社制度，是集权计划经济制度在我国农村的具体体现。但从实行的那天起，人民公社就没有得到广大民众的赞成，它严重阻碍着农业的发展，农民群众以各种方式曾进行过抵制，但都一次又一次地被"政治运动"压了下去。70年代末，反人民公社的浪潮重新高涨。十一届三中全会后党中央支持来自实践的经验，使完善后的"包产到户"即家庭联产承包责任制得到普遍发展。在这同时，国家还从推动农业的发展入手，大幅度提高了农副产品收购价格，1979—1984 年，农副产品收购价格提高了 53.7%，农民从提价中获得的收入超过 300 亿元。一个家庭联产承包制，一个提高农副产品收购价格，这两项重大改革措施，使中国 20 世纪 80 年代初的农业获得了迅速发展，主要农产品从长期短缺达到了基本自给，初步解决了中国人民的温饱问题。乡镇企业的蓬勃发展，是这一阶段农村经济体制改革的又一新事物，它不仅开辟了国家财政收入的新来源，而且还安排了农村大量剩余劳动力，闯出了中国农业现代化和农村城市化的新路子。

　　1984 年 10 月，党的十二届三中全会后，市场化改革的重点转移至城市，对城市集权计划经济体制的基础进行改革，这主要是国有企业。国有企业一方面沉积和经营着大量的国有资产；另一方面又提供着国家所需的财政收入，但集权计划经济体制不能使二者协调，投入与产出不匹配。因此，1984 年，党在有关经济体制改革决定中明确指出：增强国有企业活力，是以城市为重点的整个经济体制改革的中心环节。现在回头重新认识这一时期的改革，一个明显的特点是突出了"包"，在国家与企业的关系上，以调整利润分配为主线，相继实行了生产经营责任制、利改税和承包制；与企业改革相配套，在中央和地方的财政关系上，实行所谓"分灶吃饭"，实际上也是"包"字当头。相比之下，价格体制改革则由以调为主转入以放为主，逐步放开了生活消费品价格，而在一个时期内，对生产资料价格仍实行了"双轨"价格，这对生产固然有刺激作用，但也给某些不法分子提供了"腐败"的条件。1989 年风波后，市场化改革曾一度中断，这当然使市场化改革的总设计师邓小平甚感不满。1992 年年初，他在南方视察时发表了重要谈话，指出："改革开放迈不开步子，不敢闯，说来说去就是怕资本主义的东西多了，走了资本主义道路。要害是姓'资'还是姓'社'的问题。判断的标准，应该主要看是否有利于发展社会主义社会的生产力，是否有利于增强社会主义国家的综合国力，是否有利于提高人民的生活水平"。"三个有利于"扫除了市场化改革道路上的障碍。

1992年10月，党的十四大确立了社会主义市场经济理论，特别是1993年11月，有关建立社会主义市场经济体制若干问题的决定公布后，对新体制的基本框架有了一个清晰的蓝图，使市场化改革向更深层推进。党的十五大，根据改革开放以来的实践经验，实事求是地提出：公有制为主体，多种所有制经济共同发展是我国社会主义初级阶段的一项基本经济制度。彻底打破了把社会主义和私有制对立起来的传统观念，第一次把非公有制和社会主义初级阶段的基本制度联系起来。国有经济的改革也正进入了攻坚阶段。

尽管中国市场化改革的深层，还存在着不少矛盾，但从集权计划经济向现代市场经济过渡的大趋势是不可逆转的。市场化改革，使国家集权控制全社会经济运行的格局发生了很大变化，国家不再对企业经营承担无限责任，企业也不能继续吃国家的"大锅饭"，国有企业已逐步成为法人实体；个人对社会成果的分配，已不再是抽象的劳动支出，而必须是社会必要劳动，不仅个人劳动以社会标准衡量，各种生产要素也有偿参与社会价值的创造、实现和分配，个人收入分配出现差距，政府以各种政策调节差距并逐步为实现共同富裕而创造条件。农村和城市，都以工业化为目标，农村不再是城市工业化资金积累的来源，提高农业生产率和农产品商品率，发展城乡商品关系；中央和地方政府，在统一的国家政权组织内，一级政府，一级事务，有独立的财政收支权限，同时中央和地方政府分税并法制化。集权计划经济体制下的各类经济关系发生了根本的变化，表现出我国市场化改革的特色。

20年来，我们逐步实行家庭联产承包责任制，用四五年的时间摧垮人民公社制度；价格调放结合，用十多年时间建立市场定价的价格机制；发展非国有企业并推动国有企业存量调整，用20多年的时间发展多元的市场竞争主体，培植市场竞争机制。中国实行渐进的市场化改革，取得了令人瞩目的成绩。而推动这一社会历史巨变的动力是"社会主义也可以搞市场经济"的伟大理论。1979

年 11 月 26 日，邓小平认为，说市场经济只存在资本主义社会，只有资本主义的市场经济，这肯定是不正确的。社会主义为什么不可以搞市场经济？社会主义也可以搞市场经济。这是一个划时代的理论突破。但对这一问题，我国经济学界却经历了一个漫长的历史过程。从社会主义是不是存在商品生产，社会主义经济是不是商品经济到能不能用市场经济的体制去代替集权的计划经济体制，一直到确立社会主义市场经济理论，有不少经济学家为此付出了血的代价。现在回过头看看经济学理论界所走过的道路，我们无不深深地感到遗憾：极权政治体制提供给经济学家独立思考的社会环境太狭窄、太残酷了！而中国经济学家自身也太缺乏独立思考能力了。

三　社会主义市场经济体制的基本框架

市场经济的存在，已经有好几百年的历史了。这几百年间，在不同的历史发展阶段，在不同的国家，市场经济的有效性，始终取决于如何理顺市场与政府的关系。18 世纪中期取消封建壁垒，增加国民财富，是产业资产阶级的主要任务，英国亚当·斯密在 18 世纪 70 年代写的《国富论》中，首次论述了完全自由的市场经济运行规则，奠定了自由市场经济所必要的思想资料。但到 20 世纪 20 年代，经过完全自由市场发展的英国经济，却开始出现萧条，严重的失业导致一系列社会经济问题。30 年代，凯恩斯出版了《就业、利息和货币通论》，系统地批评了自由放任的经济思想，提出了政府干预经济的主张。第二次世界大战前后，英、美等主要资本主义国家都采纳了凯恩斯的政策建议，其中美国"罗斯福新政"取得了良好的效果。因此，亚当·斯密和凯恩斯两人在不同的历史时期，奠定了两类市场经济理论的不同框架。在这以后现代经济学的各种流派基本上都是在这两类不同理论框架中繁衍出来的，而又对各国社会经济发展起到了作用，比如，20 世纪中期以美国萨缪尔森和汉森为代表的新古典综合派，以英国罗宾逊为代表的新剑桥学派等，都是从重视政府作用方面进一步发展了凯恩斯的经济学思想。再比如，19 世纪末以英国马歇尔为代表的新古典学派，20 世纪 70 年代以美国弗里德曼为代表的货币主义等都在新时期发展了亚当·斯密的完全自由的市场经济思想，特别是在当今世界范围内有广泛影响的货币主义学派，甚至渗透进了转型期国家的决策思想。另外，还有德国的弗莱堡学派和以美国加尔布雷斯为代表的新制度经济学派等，都从如何理顺政府和市场的关系这一根本问题出发，形成了不同的现代市场经济学流派。在不同的国家，也出现了不同的现代市场经济模式。90 年代初，国内外经济学界曾就第二次世界大战以来，世界上"成功"的市场经济运行特点进行了比较研究，提出了三种模式，即美国——消费者导向型市场经济模式，注重消费者利益，国家通过政府对商品和劳务的采购来扩大市场，通过货币政策对经济运行发生影响；法国和日本——行政导向型市场经济模式，依靠经济计划、产业政策对市场运行进行协调；德国——社会市场经济模式，在通过经济计划协调市场的同时，注重社会公正。实行社会市场经济的还有北欧的一些国家，如瑞典等。

与世界成熟的市场经济模式相比较，社会主义市场经济模式还处在探索中。转型初见成效，并不是说社会主义市场经济的模式就已经成功。实际上在我国提出社会主义市场经济模式之前，国际上就有经济学家对社会主义市场经济模式进行过研究。早在 20 世纪 30 年代，有关社会主义经济的大论战中，奥斯卡·兰格就提出了"竞争的社会主义"模式，南斯拉夫提出的"个人自治的社会主义"，对东欧国家的经济转型有很大的影响。在西欧的社会民主党中，他们为了达到财富更公平的分配和社会平等的目标，也主张把市场经济和社会主义结合起来，他们特别注重对财富和收入的再分配，要求建立社会福利的国家。这对我们构建具有中国特色的社会主义市场经济模式，还是可以提供某些思想资料的①。

　　1992 年党的十四大确定了我国经济体制改革的目标是建立社会主义市场经济体制，并对什么是社会主义市场经济体制作了一般的描述："我们要建立的社会主义市场经济体制就是要使市场在社会主义国家的宏观调控下对资源配置起基础性作用，使价格活动遵循价值规律的要求，适应供求关系的变化，通过价格杠杆的竞争机制的功能，把资源配置到效益较好的环节中去，并给企业以压力和动力，实现优胜劣汰；运用市场对各种经济信号反应比较灵敏的优点，促进生产和需求的及时协调。同时也要看到市场有其自身的弱点和消极方面，必须加强和改善国家的宏观调控。我们要大力发展全国的统一市场，进一步扩大市场的作用，并依据客观规律的要求，运用好经济政策、经济法规、计划指导和必要的行政管理，引导市场健康发展。"这里实际上已经讲清了社会主义市场经济的基本框架，一是力求通过价格信号对企业的销售、供应和生产进行导向，在公开平等的市场竞争中实现优胜劣汰，把稀缺的经济和自然资源配置到社会最需要的行业中去；二是国家通过经济政策、经济法规以及各类经济参数对市场进行调节，补充市场的缺陷。如果具体加以分析，在我国要使市场对资源的配置起基础性作用，最主要的有这样几个环节：（1）建立产权清晰、政企分开的现代企业制度，形成市场经济的财产法人实体；（2）建立城乡市场结合的、国际国内市场对接的完善的市场体系，促进资源的优化配置；（3）实行效率优先、兼顾公平的分配原则，把劳动报酬按生产要素分配引入竞争机制；（4）建立多层次的社会保障体系，按社会

———————

　　① 美国经济学家斯蒂格利茨在他的《经济学》著作中说：市场社会主义面临着两个关键性的问题，一是获得确定价格需要的信息；二是经理缺乏激励，当企业赚得利润时，厂商不能获得回报，但当企业发生亏损时，政府又必须来弥补。他说这种市场经济的模式既缺乏资本主义中的市场激励结构，同时也缺乏传统社会主义中的经济控制机制。他也指出，中国在农业的生产责任制中获得了成功，提高了农业的劳动生产率，但在其他方面的改革还是有争议的。参见［美］斯蒂格利茨《经济学》（下册），中国人民大学出版社 1998 年版，第 379—381 页。

保障的不同类型确定资金来源和保障方式；（5）建立计划、财政、金融之间相互配合和相互制约的宏观调控体系，协调微观经济的正常运行。1993 年 11 月，在党的十四届三中全会上，进一步描述了对社会主义市场经济体制的基本框架，它包括：（1）坚持以公有制为主体、多种经济成分共同发展的方针，进一步转换国有企业经营机制，建立适应市场经济要求，产权清晰、权责明确、政企分开、管理科学的现代企业制度；（2）建立全国统一开放的市场体系，实现城乡市场紧密结合，国内市场与国际市场相互衔接，促进资源优化配置；（3）建立多层次的社会保障制度，为城乡居民提供同我国国情相适应的社会保障，促进经济发展和社会稳定；（4）建立完善的宏观管理体系等。

这些主要环节相互联系、相互制约构成了有机的整体。但是，我们不能不看到，在传统观念的影响下，人们对什么是社会主义市场经济实际上还有另外的看法，最流行的观点是，强调我们搞的市场经济是一种具有社会主义性质的市场经济。他们把这里的“社会主义”作为定语来对待，认为社会主义市场经济就是具有社会主义性质的市场经济。这就再次将社会主义市场经济的研究拉向了计划和市场是手段还是社会制度的僵死的框框中了。实际上，就经济的一般运行来说，正如邓小平说，社会主义市场经济的方法基本上和资本主义相似。因此，我们在发展社会主义市场经济的问题上，完全可以大胆地吸收和借鉴当今世界各国包括资本主义发达国家的一切反映现代社会化生产规律的先进经营管理方式。

社会主义市场经济体制能不能最终建立，或者说社会主义市场经济体制能不能在社会主义基本制度下发挥作用，从根本上说，取决于是否能按市场经济的一般原则对国有经济进行改革。1978 年，在我国国内生产总值的结构中，公有制经济占 99.1%，非公有制经济占 0.9%，而在公有制经济中，国有经济占 56.2%，集体经济占 42.9%。1997 年，在我国国内生产总值的结构中，公有制经济占 75.8%，非公有制经济占 24.2%，而在公有制经济中，国有经济占 41.9%（其中混合经济中的国有经济成分为 6.5%），集体经济占 33.9%（其中混合经济中的集体经济成分占 2.2%）。党的十五大依据改革开放以来的实践经验，给国有经济改革和所有制结构调整进一步提出了明确的原则：

（1）公有制经济不仅包括国有经济和集体经济，同时还包括混合所有制经济中的国有经济和集体经济成分。要努力寻找能够促进生产力发展的公有制实现的新形式。

（2）公有制经济的主体地位，主要表现在公有资产在社会总资产中占优势，国有经济控制着国民经济的命脉，对国民经济发展起主导作用。而国民经济的主导作用，主要体现在控制力上，要从战略上调整国有经济的布局。

（3）要搞好整个国有经济，抓好大的，放活小的，对国有企业实施战略性的改组。除以资本为纽带通过市场形成大企业集团外，要采取改组、联合、兼并、租赁、承包经营和股份合作制、出售等形式，加快放开搞活国有小企业的步骤。

（4）集体所有制是公有制的主要形式，要支持、鼓励和帮助城乡多种形式的集体经济的发展，要特别提倡和鼓励劳动者的劳动联合和劳动者的资本联合为主的集体经济，这对发挥公有制经济的主体作用意义非常重大。

要健全财产法律制度，依法保护各类企业的合法权益和公平竞争，并对它们进行监督管理。对从整体上搞活国有经济，从战略上调整经济布局。对关系国民经济命脉的重要行业和关键领域，必须占支配地位。在其他领域，可以通过资产重组和结构调整来加强重点，提高国有资产的整体质量。而对单个的国有企业，要在改革、改组、改造中逐步建立现代企业制度。由此而实现国有资产存量结构的调整、国有企业法人治理结构的建立。这一切，与其说是经济问题，例不如直截了当地说是一个社会政治问题。如果不下大力气对与国有企业相联系的各项制度进行改革，不下大决心对与国家所有权相联系的上层建筑进行调整，我们的国有企业就很难摆脱在

"螃蟹筐"里挣扎的艰难局面。这里"以加强重点,提高国有资产的整体质量"为前提,采取各种可行的方法,对那些不属于"关系国民经济命脉"的其他行业和领域中的国有资产,跨越所有制的界限进行资产重组,包括:有序退出,拍卖出售那些扭亏无望的中小企业;有序转让,允许非国有企业入股,使原国有企业成为国家控股企业;还有购并等。对国有经济实行战略性改组,建立现代企业制度,将贯穿由集权计划经济向社会主义市场经济过渡的始终。实践证明,只要国家控制国民经济命脉,国有经济的控制力和竞争力得到了加强,在这个前提下,国有经济比重减少一些才不会影响我国的社会主义性质。

在由集权计划经济向现代市场经济转型的过程中,有序地调整经济关系,可以保证健康地转型,但如果出现无序的经济混乱,难免会发生社会的动荡,这已为其他转型国家的事实所证明。因此,我们应该重视对"社会安全网"的建设,建立完善的社会保障制度,协调人们的利益差别。我们还注意到,在经济转型和社会发展中出现困难后,集权计划经济体制下形成的思想观念也会利用这些困难回潮,煽动社会的骚动情绪,制造社会动乱,使经济转型和社会发展带来的好处付诸东流,从而使"转型"发生"逆转"。但是,逐步完善社会主义市场经济体制,这是全国人民的心愿。只要我们能正确判断经济转型的实践进程,一切从实际出发,制定符合大多数人利益的政策,那么,中国在20世纪中期建立起一个比较完善的社会主义市场经济体制是完全可能的。

(原载《兰州大学学报》1999年第3期)

国有企业改革措施的国际比较:"有进有退"

党的十五届四中全会《中共中央关于国有企业改革和发展若干重大问题的决定》(以下简称《决定》),联系改革开放 20 年来国有企业改革的实践经验和教训,将党的十五大提出的改革思路进一步具体化,确定了从现在到 2010 年国有企业改革和发展的主要目标和必须坚持的指导方针。其中,最为重要的一条是:《决定》在强调了增强国有企业"控制力"以及如何把握"控制力"这一主题思想的同时,明确提出了"从战略上调整国有经济布局,要同产业结构的优化升级和所有制结构的调整完善结合起来,坚持有进有退,有所为有所不为"的新思路,这不但澄清了长期以来在思想界相当混乱的一个问题即国有经济应不应该从某些领域中"退出",而且也抓住了事关国有企业改革成败的要害问题。

对传统的国有企业进行改革,调整国有经济布局,这是现代市场经济运行的基本要求。世界各国,无论是市场经济国家,还是经济转型国家,国家经济的布局,几乎都在经济发展的不同阶段、不同产业和不同地区,不断进行着调整。这些国家把若干"退出"的措施一般都坦然地统称为"民营化"。而我们党十五届四中全会从中国国情出发,非常科学地把国有经济布局的调整,概括为"有进有退,有所为有所不为"。这里,我想就如何"有进有退"的问题,根据我所占有的资料,对国际上国有企业改革的具体措施进行一些比较性的研究,以便加深对党的十五届四中全会《决定》的理解。当然,这也有利于避免别的国家曾经出现过的某些不必要的麻烦。因为,从战略上调整国有经济的布局,实际上是社会各阶层利益关系的大调整,操作上发生失误,难免会引发各种社会问题。

(一) 俄罗斯国有企业"民营化"的教训:缺乏配套改革,"退出"过急,"民营化"后的企业,出现了内部人控制

俄罗斯国有企业的改革,没有收到任何有益的效果,这和俄罗斯总体改革思路有着直接的关系。如果我们将散见于报刊书籍中有关叶利钦经济"改革"的主要观点加以归纳,主要有四点:第一,价格自由化,放开价格,让市场而不是政府官员,成为商品价格的决定者,试图解决俄罗斯经济中长期存在着的限额供应、排队购买等问题;第二,经济非军事化,保证俄罗斯不再将大量的财力投在武器制造上;第三,抑制通货膨胀,控制预算支出,不再将国家财富用来补贴经济效益非常低下的国有企业和农业。

叶利钦"改革"的第四点,就是对国有企业进行"改革"。他们很清楚,国有经济垄断国民经济的状况,是阻挠俄罗斯市场经济发育的最大障碍。他们在改革起步时就明确提出了国有企业的改革问题:除了一部分重要的国有企业外,要把所有权由国家转到私人投资者的手里。改革的主要方法是采取了凭证分发,根据"管理者—职工购股"和"公开发行股票"的模式,为职工免费提供和低价出售一部分国有企业的股份①。20 世纪 90 年代初,俄罗斯在推进国有企业的"改革"中,非常迷信少数西方经济学家的意见。这些经济学家在帮助俄罗斯政府设计的"经济改革方案"中,始终坚持两个最基本的论点:一是在市场经济中,个人有权利建立公司、管理公司、从中获利以及清盘关闭公司。他们有权决定公司生产什么、购买什么、销售什么以及同谁进行业务往来等。要求任何形式的财产都应该具有自由的经济活动的权利。二是在市场经济中,公司要想有动力参与竞争,制造消费者想买的商品以及满足消

---

① 详见俄罗斯经济科学院《经济学理论》(俄) 1995 年;莫斯科大学:《过渡经济学》(俄) 1996 年。这两部著作比较集中地介绍了俄罗斯转型的进程,并作了一定的理论评价。

费的需求，就必须追逐利润，并认识到金钱是一个稀缺的资源。强调政府对经济的不过多的干预①。叶利钦接受了这两个论点。以此实施了"休克疗法"的改革，在 20 世纪 90 年代初，用很短的时间，（1）放开价格，不再控制国内外贸易，使所有的企业都能自由地参加竞争；（2）给公民建立企业生产产品的自由，建立什么样的企业、生产什么样的产品，都由企业自己决定；（3）减少财政赤字，政府不再对企业进行补贴；（4）建立稳定的可兑换的货币，抑制通货膨胀；（5）简化法律和税收制度，发展小企业；（6）剥离国家的所有商业和工业企业，向"民营化"迈进。

在这样的总体改革战略下，俄罗斯政府内具体负责国有企业的改革小组在制定具体方案时，提出了国有企业改革的三条原则：第一，俄罗斯人民可以通过"民营化"成为新的所有者；第二，俄罗斯人民能够对经济信号作出理性的正确反映；第三，国家对经济生活进行必要的控制。执政的盖达尔总理，按照这三条原则，在 1992 年 1 月 2 日，放开了 80% 的批发价格和 90% 的零售价格，对其余的商品制定了最高的限价。当然，某些食品、能源和某些服务的价格仍然由国家来确定。允许建立各种小企业，允许公民自由从事贸易活动。这些措施的结果表明，的确比较快地扭转了长期存在的商品短缺现象，商店的货架上逐渐丰富了起来。但是，在价格和贸易自由化后，也许是国际货币基金组织没有按照协议提供资金以稳定卢布，特别是俄罗斯政府继续对许多企业进行补贴，这样就推动了持久的通货膨胀，消费品以 1354% 的速度上升。由于俄罗斯的现代企业都是军工企业，所以，生产出来的产品一般没有人来买，所有的企业一旦进入市场、全国生产滑坡是难以避免的。

在这样的宏观经济背景下，1992 年 6 月 11 日俄罗斯国会通过了有关国有企业"民营化"的方案，方案的核心内容是：从 1993

---

① 曾以顾问身份参加过俄罗斯国有企业"民营化"过程的美国哈佛大学经济学家安德烈·施莱费尔等最近写了《克里姆林宫的经济"民营化"》（上海远东出版社 1999 年版），对俄罗斯国有企业"民营化"的进程作了比较详细的描述。

年 1 月到 1994 年 6 月，大约用 18 个月的时间将国家所有权分散给大部分的大企业。把大部分的股份以低价出售给企业的职工和管理者，把一小部分售给企业外的投资者。每个公民都得到可以兑换成多种多样企业股票的价值 1 万卢布的凭证。具体操作是：管理者和职工以账面价值计算出除土地之外的全部资产的价值总和，然后用这一数字除以 1 万卢布，就可以得出企业的股份数。这些股份都是国家的财产并交给俄罗斯财产基金会直到被售出。然后管理者和职工选举产生由 4 名成员组成，一名董事长，他有两票的投票权；一名是普通工人的代表；还有两名当地和联邦政府的代表。

实事求是地说，俄罗斯实施的国有企业"民营化"的改革方案，虽然包括大多数企业，但不包括军工企业、石油公司和医疗机构。1000 名以上的许多企业也被排除在外。1 万名以上职工的企业实行"民营化"必须得到特批。实行这个方案核心有一个过渡的步骤即公司化。在公司化的阶段企业所有的股票仍由国家所有，实际上是国家持股的公司。每一个企业在实行公司化时都召开了职工大会，对具体的方案作出选择。具体有三个方案模式：一是把 40% 的股份出售给职工，60% 将在拍卖会上出售或由国家持有，以便在以后出售，从而形成职工少数所有权。二是把 51% 的股份出售给职工，49% 的股份在拍卖会上出售或由国家持有，形成职工多数所有权。三是由一些重组公司收购和管理。在实际操作中，比较多地采用了第二种方案，其次才是第一种方案；只有少数的公司选择了第三种方案。国有企业"民营化"开始后，职工以非常优惠的条件购到了股份。他们可以用企业内部的部分利润或政府分配的凭证来进行支付。而他们所支付的价格并不是西欧国家通常采用的企业市场价值，而是企业建筑、设备和资产的历史成本即企业的账面价值。这个价格实际上是很低的，允许职工先于他人购买。经理和职工购买企业的股份时，没有任何外界的人来竞争，按自己的意愿办，想买多少就买多少。根据 1994 年和 1995 年的调查，董事长支付的份额仅仅是企业真正价值的 1/40。职工在完成了本企业的购买股份后，就可以举行凭证拍卖会。

在俄罗斯，大中型企业的经理和工人有 700 多万人，而公民人数达 1.5 亿多人，初始购买企业股份的人还有许多其他非企业的职工，比如，军队医疗和教育行业、养老金领取者、农业和交通运输、学生和政府官员等。每一个公民，不管是工人还是其他人，他们都有权得到一张价值 1 万卢布的凭证，公民只需为每张凭证支付大约 8 美分，凭此凭证可以购买本企业或其他企业的剩余股份。按照这个方法，叶利钦在 1992 年 8 月 14 日签署命令，要求在 10 月 1 日前在全国范围内由俄罗斯的储蓄银行将凭证分发完毕。但实际上，在 1993 年 1 月底，只有 98% 的凭证发放结束。按照规定，凭证是不能流通的，但事实上，凭证却像货币一样在流通。家庭可以把全家的凭证都集中起来，大家都参加投资。公民也可以从其他不相信"民营化"的人手中用 5000 卢布把 1 万卢布的凭证换回来。由于凭证在事实上作为流通手段在流通，因此，加剧了通货膨胀。凭证的发行，实际上是变相地增加了货币的流通量。但另一方面，不能不承认：政府官员对企业的经理进行了各种行贿，他们很快就变成了企业真正的所有者。我们通常说的"内部人控制"，就是由这些人构成的。到 1994 年，实行了"民营化"的许多企业中有 90% 以上的企业，都是由全体职工拥有多数股票。无论是经理，还是职工，都对外部投资人持反对的态度，许多公司的所有权被经理和全体管理人员所拥有。可以这样说：俄罗斯国有企业"民营化"的高潮中，由管理者、职工、外部投资人以及这三种人的混合，形成了对国有财产的瓜分。俄罗斯国有企业"民营化"的单一模式，给我们提供了很多值得深思的问题，比如：

如何评价"职工多数所有权"？这似乎是俄罗斯国有企业"民营化"中一个很重要的问题。这在中国，类似"职工内部股"。美国的经济学家对俄罗斯的职工内部股评论说：职工所有权在俄罗斯国家经济中普遍存在并非常集中，这一现象在世界经济史上是罕见的。而想依靠职工所有权作为激励机制，那所产生的结果必然是：

工人们将把主要的力量放在对个人利益的追求上，投票赞成提高工资，把公司的利润分光吃净。但事实上，尽管企业的多数职工都具有股票所有权，但他们并没有得到比别的企业职工多的工资。因为存在着"经理的所有权"。公司的董事长们有一个非常强烈的意见："企业必须有一个所有者"。而这个所有者，实际上就是指董事会的董事。

那么如何评价"经理多数所有权"呢？在中国，这一现象可以参照经理"控大股"。就一般情况来说，如果是经理收购了企业，成了企业的所有者，那么职工的多数所有权，实际上也就是经理管理者所有权。美国哈佛大学俄罗斯研究中心曾认为：（俄罗斯）"民营化"后的企业中有 60% 的所有者是党政官员或以前的工厂经理。1993 年 2 月，在出售 200 家大中型企业时，曾经有过一种意见：每一个企业可以利用政府的低息贷款买回进行"民营化"时出售给外部投资人的那些股票，从而建立 100% 的职工所有权。这实际上是一种实行经理控股的措施。因为董事长一人可以投票决定公司的经营业务，可以决定大多数职工的股票权力。但是在政府工作的官员反对这样做，他们感到，如果让企业中的经理、工人独自获取了企业的财富，他们将会一无所有。因此，俄罗斯也曾设想引进美国职工股权的计划。但实际上，职工股权的模式很容易变成经理控股的信托形式，经理可以向国家借钱买入外部投资人的股票。

"外部投资人多数所有权"是怎么回事？这在中国，可以参照资产的"重组"问题。应该说，俄罗斯的许多企业都需要进行资产的重组，对那些得不到银行贷款的小企业，外部投资人无疑可以有更多的机会买到这个企业的股份；那些能发行新股继续进行重组的企业，也可以吸引更多的投资。但这样的企业，资产的质量和财务状况一般都比较差，甚至面临着破产，这实际上对外部投资人并没有特别大的吸引力，因为外部投资人把资金注入这样的企业，很有可能会失去全部投资。所以，外部人的投资并不对那些需要重组企业的经理构成什么大的危险。相反，企业的经理却对外部投资人怀有深深的敌意，他们公开地说：我们希望国家的银行购买我们企业的股票，如果有人在资本市场上匿名购买了我们公司的股票，第二天到我们公司说：我是这个公司的新主人，这是我们所不能接受的。

对于如何出售 17 万家小商店和零售商点，多数人主张将所有的商店转给其职工。但是，大中型的企业怎么办？确实是一个难题。管理者和职工都想使这些企业无偿地转移或便宜地出售。他们反对外部的投资者介入企业的改革，因为在职工看来，新的投资者会大幅度裁员；而管理者却害怕自己的权力被削弱。那些管理者的内心深处，还是希望由他们自己来控制企业，所谓的"职工所有制"，对企业的管理者来说，不过是一个幌子。事实上，职工所有制在企业中的唯一重要作用是控制董事会，投票支持为自己大幅度增加工资，并且不把利润再投入企业的发展。俄罗斯国有企业"民营化"的目标是以出售企业的收入来补贴中央和地方政府的财政开支，政府希望通过非通货膨胀的办法来筹集资金。但实际上并不是很好。凭证"民营化"结束时，方案计划"民营化"的 15000 家企业仍然保留着国家所有权。通常所说的 50 家大企业中，国家所有权还在 38% 以上。而那些职工人数在 1 万名以上的企业，要想采取某些"民营化"措施进行改革，必须有政府的批准，因此，许多公司并没有"民营化"，特别是在那些石油、天然气行业中，政府继续保留着国家所有权。

我们应该从俄罗斯国有企业改革中吸取哪些教训呢？俄罗斯国有企业"民营化"的目标是想割断政府官员与企业管理者之间的相互依赖关系。但事实上，在改革的过程中，政府基本丧失了对国有企业"民营化"的控制权，却出现了内部人控制。据统计，俄罗斯职工所拥有的公司股票比世界上任何国家职工所拥有的都要多，但他们的权利却很小。公司的实际控制权完全掌握在董事长、经理的手里。董事长、经理还继续保持着集权计划经济下的思维方式,他们为了保持自己的控制权,极力排斥外部投资者。由于内部人的控制,"民营化"后的企业很难进行重组。企业的资金不足,就靠削减生产,解雇职工,然后依靠政府的补贴、贷款和拖欠债务来继续生存。对传统的国有企业,不按现代企业制度进行改造,这样的"公司"只能是"城头变换大王旗",实质内容并没有什么变化。曾经参与过俄罗斯国有企业"民营化"的美国经济学家评论说:对内部控制权的依赖是俄罗斯国有企业改革的致命错误。① 这个教训说明:建立科学的公司法人治理结构,确定符合我国国情的多元股权结构,是非常重要的问题。党的十五届四中全会《决定》中,既提出了"有进有退"的基本思路,同时也明确指出"公司制是现代企业制度的一种有效组织形式"。公司法人治理结构是公司制的核心。要明确股东会、董事会、监事会和经理层的职责,形成各负其责、协调运转、有效制衡的公司法人治理结构。所有者对企业拥有最终控制权。董事会要维护出资人权益,对股东会负责。董事会对公司的发展目标和重大经营活动作出决策,聘任经营者,并对经营者的业绩进行考核和评价。发挥监事会对企业财务和对董事、经营者行为的监督作用。俄罗斯要对国有企业进行改革,但却缺乏对现代企业制度的理解,没有形成严格的公司法人治理结构。这是他们的国有企业"改革"失败的第一个教训。其次,在西方市场经济国家,要出售一家企业,必须做好两项工作,一是会计事务所评估企业的价值,二是为出售做广告和与买方接洽。他们往往需要半年的时间来做这两件事情。但俄罗斯采取了凭证"民营化"的方法,为职工免费提供和低价出售国有企业的股份,采用了很短的时间就来进行。这种"无序退出",造成了经济上的混乱,同时

---

① 帮助俄罗斯对国有企业"民营化"的美国经济学家对内部人控制提出了严厉的批评。见《克里姆林宫的经济私有化》第3页。美国斯坦福大学的经济学教授也认为,内部人控制是转型国家所固有的一种现象,但在我国经济学界却有另外的看法。他们认为:"国有企业某种形式的内部人控制,能够产生直接的激励效果,硬化预算约束,从而大大提高国有企业的经营效率。"转引自吴敬琏《当代中国经济改革战略与实施》,上海远东出版社1999年版,第173页。

引发了社会各阶层的利益矛盾。这一点在《决定》中，对"有序退出"作出了相当周密的部署，比如，明确地规定了国有经济退出的领域，《决定》指出：除"涉及国家安全的行业，自然垄断的行业，提供重要公共产品和服务的行业，以及支柱产业和高新技术产业中的重要骨干企业"外，其他行业和领域，可以通过资产重组和结构调整、集中力量加强重点的同时，加快非国有经济的进入，这样不但可以提高国有经济的整体素质，而且也增强了国有经济的控制力和竞争力。再比如对那些"退出"的领域中，明确规定不能损害职工的利益，《决定》指出：要从实际出发，无论采取哪种"退出"的形式，都必须听取职工意见，规范操作，注重实效。要加快社会保障体系建设，依法扩大养老、失业、医疗等社会保险的覆盖范围，强化社会保险费的征缴，包括变现部分国有资产、合理调整财政支出结构等，开拓新的筹资渠道，充实社会保障资金。完善下岗职工基本生活保障、失业保险和城市居民最低生活保障制度，搞好这三条保障线的相互衔接，把保障下岗职工和失业人员基本生活的政策措施落到实处。完善促进下岗职工再就业的优惠政策。《决定》还特别强调了稳定的宏观经济环境和政府在国有经济布局调整中的重要作用。而这两条教训，对我国国有企业改革的成败，非常重要。

（二）西方市场经济国家国有企业"民营化"的提示：多种渠道"退出"，多种方法出让经营权、转移所有权，但也有不同的争论

西方市场经济国家，在不同的时期，根据经济发展的实际需要，不断地对国有经济的布局进行调整。20世纪中期，英国执政的工党提出，为了"保障所有劳动者都能享受其劳动成果，在共同拥有生产资料的基础上平等地分配"，因而推行了"国有化"的运动。他们将过去民营的一些行业收归国有；法国也在同一时间开始搞"国有化"。这一运动后来蔓延到了西方一些主要市场经济国家。到20世纪70年代末，在这些国家，由国家或政府所投资建立的企业或特殊行业,加上以前对民有(营)经济部门实行国有化改造而成的企业,使国有经济有了极大地增长。虽然国有经济对社会提供了比较价廉的服务和商品,但经营效率通常都比较低下。尽管政府部门也试图通过加强财务管理,保证国有企业能对其使用的国有资本提供适当的回报率。但实际结果并不好,许多国有企业仍然是亏损、无效率。从 80 年代开始,以向个人出售国有住房为开端,对国有企业进行了大规模的"民营化"。到 80 年代,对国有经济"民营化"的改革成为西方市场经济国家的一个普遍性的问题①。

西方国家为什么要对国有经济实行"民营化"的改革?它们的理论家讲了许多原因,比如,减少财政负担和降低国家预算赤字;通过建立大众资本主义来强化资本主义制度的社会和政治的凝聚力;使经济更具竞争力;减少在商业运作中的政治干预;使职工持股等。但由于涉及不同的人、不同的追求、不同的"民营化"方式,对其原因的层次论述也是不同的。但有两条最根本的原因却都是共同的,一是为了降低国家的财政赤字;二是为了减少政府的补贴。由于"民营化"会使所有权从国家向民营部门转移而对政府的性质产生影响,因此,对国有经济实行"民营化",实际上也有政治上的原因。在不同的行业中怎样实行"民营化",以及实行"民营化"的时间表等,一般都是由政府官员决定的,企业家或融资者的发言权不多。而那些主张"民营化"的政府官员,他们的主要动机是对国家的作用和公共政策的制定方面具有不同价值判断。从这个意义上讲,西方市场经济国家的理论家不否认:国有企业"民营化"在本质上是一个政治行为,而不是一个单纯的经济

---

① 对西方市场经济国家国有企业"民营化"的研究资料,在我国学术界已有不少。但就我长期接触过的研究资料中,由苏文斌、曹乐人主编的《世界性的国有企业"民营化"——国际"民营化"理论和实践研究》一书,是比较优秀的集子,资料的主要来源是英国 CASSELL 政府出版社编的《世界"民营化"》、英国 International Bar Association 出版的《"民营化"——最新论文集》。我们非常感谢苏、曹提供给我们这样一部富有参考研究价值的资料。

或金融行为。英国的一位国会议员，约翰·雷德伍德对实行"民营化"的政治原因和官员反对"民营化"的政治动机问题，作了非常精彩的描述，他说："当一个行业由国家所有时，政客和官员们就对该行业的业绩间接负责。他们必须任命一个委员会，并在法律上对该行业负责，且更重要的是，他们必须作为后盾，担保各种损失和提供各种融资。因此，官员们不能对一个国有行业的命运漠不关心。他们一定关心该行业的经营、投资决策、资产负债表、收益。几乎肯定的是，负责该行业的一个或几个部门开始把该行业的利益当作自己的利益。并且大臣和官员们开始感到他们自己得为该行业的发展负责。数年过后，随着大臣和官员们负责过的决策数量的增加，个人的责任感也在增加。随着不断增强的责任感，也就出现了确保良好业绩的不断增加的关心。这个过程可能会对公共政策的讨论方式和结果产生巨大的影响。在英国 20 世纪六七十年代，政府部门开始认为他们是国有行业的维护者的意识在一定程度上是相当明显的。一个特殊行业部门的主管部门经常为确保该行业从财政部得到足够的资金进行长期而艰苦的斗争，并和高级管理人员联合行动来促成利于该行业的政策。这绝不仅仅是英国的现象。世界各地任何官僚机构的内行都将能证明，一个接一个的国家都出现同样的情况。官员和管理人员随时间延续团结得更紧密，并在政策上更加协调，从而很少或干脆就没有吸引公众的注意。然而，这种模式却经常引起那些总是倾向于不相信国家有管理那些行业的能力的政客们的关注。实际上，由于这是实现这些官员孜孜以求的其他目标的主要障碍之一，所以也就常常引起这些官员非常有力的注意。当政府倾向于放松管理，希望满足消费者利益、想削减公共开支时，由于其作为国有行业的主办者的地位，它常心怀正好相反的政治动机。"这些描述，似乎也和社会主义国家政府中某些官员的心态差不多。

西方市场经济国家把"民营化"从政治上对政府的作用归结为三点：一是了结政府官员对行业业绩的责任；二是结束国家作

为该行业资助者的角色,把投资决策权交给公司自己和金融市场行使,而不是交给政府的官员;三是使国家远离董事会成员的任命。

当今世界上实行"民营化"的国家,通常实行的方法主要有:

(1)政府对公共服务行业的合同承包。在英国,主要是地方性的公共服务部门。如垃圾收集和街道清洁,先由政府提出对一些领域的公共服务部门进行承包的公告,然后,邀请承包商,明确承包内容和具体的细节。政府从承包商中通过竞争来选择具体由谁来承包。由于地方政府仍对其财务状况负责,而仅仅是用税收向经营者支付一定的费用以补偿其提供的服务,所以,这种承包不会损害消费者的利益,而是有利于提高服务质量。在美国,主要是在城市公共运输领域。20世纪80年代的美国,城市公交运输中的80%由国家经营,但经营的状况却并不好。因此,美国的许多城市在对城市公共运输实行补贴的同时,采取了一套竞争性的投标和合同承包机制,从而节约了成本。除了这些领域外,还有道路维护、学校清洁与饮食,以及老年人的服务。在某些国家,对一些重要的公共建设项目也进行了合同承包。民营承包商根据政府的许可或同政府签订合同,提出一个有关主要项目的建设、融资和经营的全面的计划,而在民营者经营一定的时间后,待民营的投资者获得了足够的回报后,把整个的资产归还给国有部门。这种"退出"的方法,实际上主要是转移经营权。

(2)让民营部门进入过去只有国家才涉足的领域,放松国家对某些部门的管制。这种方法被许多国家采用。1985年,日本政府取消了政府对电话电报公司的垄断地位,特别是向民间竞争者开放了新的服务领域。加拿大也在1985年宣布了对运输业,特别是航空运输业的管制,对有能力、有资格的民营公司开放国内的航空服务,同时还禁止国有的航空公司从事掠夺性的定价活动。在实行这种"民营化"的改革中,制定促进竞争的法令是有效推进这种方法的基础。这种方法,当然是基本上放弃了国家对某些行业领域的经营权。

（3）把国有的单个公司或资产出售给现存的民营公司。这是许多国家都采取的一种"民营化"的方法。由于这种"出售"的方法仅涉及两个知情的当事人，他们可以就相关的条款进行平等的谈判，可以协商适当的成交价格，避免不必要的中介费用。这种方式特别适合于一个业绩和资产负债状况比较差的国营企业。民营公司可以通过财务重组来评估风险和确定提高业绩水平的可能性，特别是收购方的民营公司常常可以确定同现有业务的相关性，从而愿意对业绩差的国有公司或资产支付更高的价格来卖。政府在策动出售时，除了提供一份信息充分的备忘录来引起其他购买者的兴趣外，并不是每一项出售都要由政府来办。相反，一旦"民营化"进程开始，有许多民营公司会主动来投标购买国有公司，他们比政府更多地了解有关正被出售的国有公司的财务状况、前景和价值的信息。这也会引起另外的问题：政府会在信息不对称的情况下接受民营公司提出的购买价格，从而引起对出售价格高低的争论。这种"退出"的方法实际上是转移了国家对某些行业领域的所有权。

以上三种"民营化"的方法，由于规模小，特别是在实施时，往往会出现一些漏洞，从而会引起反对者能够求助于工会和社会公众的呼声而再度实行"国有化"。英国撒切尔"民营化"之所以能够成功，是因为她使用了另外一种方法，即：管理者—职工购股和公开发行股票。

管理者—职工购股是英国"民营化"计划中相当重要的一部分。全英运输公司是英国最大的公路运输企业，该公司有很长的亏损历史，20世纪60年代后期，它的亏损额相当于其营业额的80%，还有大量的冗员。尽管政府对这个公司也进行了大规模的整顿，但效果并不十分明显。撒切尔执政后，提出了对国有经济"民营化"的改革计划，该公司的高级管理人员和广大员工进行广泛的讨论，就有关的财务重组、职工购股信托基金、贷款协议等进行了周密的部署。最后，将公司80%的股份向职工公开出售，还有20%的股份分配给了提供贷款的银行。在出售的初期,政府几乎没有什么净收益,但却获得了公司员工的积极拥护。后来,随着公司经营状况的改善,股票的价值也有了提高。公开发行股票,成为"民营化"最主要的一种形式,但要成功地发行一家大公司的股票,在操作的技术上要求很高,包括公开发行股票公司的选择、企业的立法准备、资产负债表的安排、市场选择、发起书的编制、公司形象的建立和最终出售等都是非常复杂的。其中最主要的因素是公司的高级管理人员必须积极赞同对公司"民营化"的改革,实际上是逐步建立了支持"民营化"的政治利益社会群体,形成了"民营化"的既得利益者。这样可以避免因政治上的争论而使"民营化"半途夭折。英国以及西方国家积极推进"民营化"改革的理论家都这样坦率地赞扬职工购股和公开发行股票的好处。

就西方市场经济国家对经济布局的调整,或者说"民营化"措施,在实施的过程中,通常也发生激烈的争论,核心是公共政策的制定和实施范围。虽然在实行"民营化"的过程中,在一些重要的领域还继续保留着一部分国有经济,但由于这些国家是以私有制为基础的市场经济,通常没有什么一定要国有经济控制什么领域的说法,也不要求国有经济对经济发展起主导作用。但我国是一个发展中的大国,经济结构需要进行调整;同时我国又处在经济转型的过程中,因此特别需要掌握重要行业的国有经济,来作为国家实现宏观调控目标、调节经济社会矛盾的政策工具。这一点即国有经济的主导作用问题,在《决定》中有相当明确的论述。

(三)坚持结构改革,全面实施"有进有退"的措施,加快我国国有经济布局的调整

如果我们实事求是地把我国国有经济改革的某些措施和西方国家国有企业"民营化"作一比较,大体上可以有这样的理论判断:

(1)对国有经济进行改革的经济动机和方法,从表面上看,都差不多。

无论是西方市场经济国家,还是在我国,从国有经济的总体上看，经营效率、服务质量都没有得到消费者的赞誉。对国有经济进行改革的经济动机，都是为了提高国有企业的经营效率，减少国家财政补贴的负担，就实施的具体改革方法来看，首先，都实行过"合同承包"方法。中国在20世纪80年代中后期。在批评西方"民营化"理论的同时，"经营承包"作为一种普遍的改革方法在实践中几乎推广到了国有经济的绝大部分，95%以上的国有企业都毫不例外地实行过经营承包；而在西方市场经济国家，对国有企业实行合同承包的范围，要比中国小得多。他们大都在公共服务、交通运输等领域中，面向社会，通过竞争来选择承包商。就承包内容的签订上，尽管中国也有过一些比较详细的条例和规定，但由于在国有企业内部还没有解决所有者缺位的问题。没有人来代表国家维护国有资产的权益，因此，在给企业扩大企业经营自主权和实行经营承包时，连国有资产的所有权也交给了企业。在经营承包的实际操作中，无论是发包方即政府主管部门，还是承包方即企业。注意力几乎都集中在"承包基数"的高低上，从而加剧了承包企业的短期行为，企业经理利用所控制的剩余索取权，严重侵蚀利润，他们很少考虑国家资本的经营效率，甚至还浪费、转移、贪污国家资产，从80年代中期开始，平均每年国有资产的流失量在500亿元以上。大规模地实行"扩权让利""经营承包"的改革方法，反而影响了对国有企业进行改革的经济动机的落实，使得国家财政负担进一步加重。而在西方市场经济国家中，从某些案例来看，他们更看重具体的承包内容，因而，实行了合同承包的企业，其经营效果还是要好一些。目前，"合同承包"作为一种对国有经济"民营化"方法，在中国基本上已经被否定了；而在西方市场经济国家中，却还在继续有选择地实行。其次，都实行过"放松管制"的方法，即允许非国有经济进入过去只有国家政府部门才涉足的部门，最明显的例子是在公共交通运输领域内，在实行经营承包的同时，允许非国有经济进入，强化了这个领域中的经济竞争。党的十五大后，随着国有经济布局的调整见效，"放松管制"的口子将会更大。最后，都实行过"公开转让"的方法，将原国有企业整体或资产出售给民营公司。当然，在公开的政策和决策人的讲话中，我国从来也没有把"合同承包""放松管制""公开转让"的改革方法归为"民营化"，但西方市场经济国家，明确地承认，这些方法就是一种对国有经济实施"民营化"改造的有效方法。

（2）我国的"有进有退"过多地受到僵化的意识形态的束缚。无论是在西方市场经济国家，还是在中国，对国有企业进行改革，几乎对政府与国有企业的经济关系都归结为：一是了结国家和政府部门对行业经营业绩的无限责任；二是结束国家和政府作为该行业无限资助的角色。把投资决策权交由公司自己和金融市场行使，而不是政府的官员；就公司董事会的任命上，在我国尽管人事组织部门还保留有很大的权利，但也不否认民主产生的必要性。所以，从经济动机上看，对国有经济进行"民营化"的必要性，好像是非常清楚的问题，但在实行起来的时候，却非常困难，问题就出在国家和政府决策层的官员对国有经济改革的范围、步骤等一系列问题有不同的价值判断。无论是在西方市场经济国家，还是在中国，国有经济的改革从本质上来讲，都毫无差别的是一种政治行为。关键是在如何判断国家在经济生活中的作用？政府如何制定有关的公共政策？

我们是一个社会主义国家，共产党作为执政党，对经济负有直接的领导责任，特别是必须通过国有经济对国家经济发展的方向起导向的作用。这就使得中国国有经济的改革具有更多的政治色彩，对国有经济实行哪些改革措施？什么时间实施？在很大程度上，是取决于党对国家政治大局的考虑。尽管20年来，我国对国有经济进行改革的许多方法，从表面上看，和西方市场经济国家对国有企业"民营化"的具体方法都差不多，但在我国实施起来，却还是有我们自己的特色。这主要集中在对怎样才能体现国有经济对国民经济的主导作用，僵化的意识形态，固执地坚持要维护国家所有权的完整，许多改革的措施，都以维护国家所有权为基本框架。无论是实行什么样的改革措施，如果涉及国家所有权的完整性，尽管在经济上有明显的合理性，那也是不能顺顺当当实行的！特别是资产重组这一类的改革措施，在一个时期，就限定在国有经济的框架内倒腾，国有资本的"有序退出"和非国有经济的进入，都会受到许多行政管理体制上的障碍和僵化意识形态的束缚。党的十五大和十五届四中全会，对国有经济的主导作用作了科学的说明，我们在建设社会主义市场经济，国有经济的主导作用必须坚持，但这种"主导作用"是在我国经济发展的不同阶段、不同行业、不同领域对国有经济布局不断进行调整，通过国有经济素质的提高，国有经济控制力的增强来实现，而不是硬要守住传统的国家所有权的基本框架。

（3）国有经济改革的目的，必须服从经济体制转换的最终目标：建立社会主义市场经济体制。社会主义市场经济作为现代市场经济的一般模式，当然，也必须遵循市场经济的一般规律。就市场经济来说，无论在什么样的社会基本制度下，都有必须遵循的共同原则。有经济学家将市场经济最一般的原则概括为三点：原子性、流动性、公开性，原子性是指每一个部门中的公司小而多，能够独立决策，没有任何一个公司能以自己的决策来影响其他公司；流动性是指商品、劳务和生产要素能够自由流动，没有质的差别，也没有任何障碍；公开性是指每一个人在任何时候都能够以最优的价格买到最佳的商品、劳务和生产要素。当然，这是在最一般的意义上说明市场经济的一般特征，即完全竞争的市场经济条件。但世界范围内市场经济的实践说明，上述这三条可以在私有制的基础上运行，也可以在公有制的基础上运行。

近几年来，世界各国的不少经济学家都对市场经济的运行重新进行了思考。法国经济学家吉尔贝尔特·勃拉尔在《市场经济或

资本主义?》① 这篇文章中，就市场经济的一般问题作了很适合我
国读者领会的思想，他认为市场经济的关键是企业。而当事人是企
业家，企业家必须能自由决策并对自己的决策负责。企业家的决策
自由和责任可以和不同的产权形式相一致，包括：私有产权（个
人的企业、公司产权、合作社产权……），混合产权（混合的经济
团体），国家产权等。在市场经济中决策自由，能够使企业家成为
经济进步的推动者。企业家的活力是决定市场经济活力的首要因
素。无论是过去，还是现在，各种不同形式的市场经济取得的成果
极其不同，根本性原因是企业家的素质不同。市场经济的机制和作
用是很复杂的，主要机制是产品、货币、服务、生产要素的供给和
需求的自由适应，并因此而产生出价格。市场经济中的价格，是调
和的产物。价格可以使当事人有可能按最佳可能条件在不同部门分
配经济资源，并从价格传递的信息中作出决策的预测。但由于科学
技术在不断进步，国内外经济活动的结构也会不断发生变化，这就
给个别当事人的决策带来风险和不确定性。因此，市场经济中的决
策，应该看作所有当事人的集体决策。所以，价格的波动、预测的
不确定性，是自由决策制度所固有的。他还认为，一方面，这是商
品市场、劳动市场、资本市场等种种市场上经济决策人自由决策的
结果；另一方面，也是民主的政治选举所产生的经济优先选择和社
会优先选择的结果。因为各个政党在竞选中，越来越重视经济问题
和社会问题，执政者会按竞选时的许诺对经济活动发挥影响，即形
成不同的行政决策的结果，当今，没有一个市场经济不受到国家和
政府机构的带有或多或少的强制性的指导，因而产生不同的市场经
济模式。科学地坚持国有经济的主导作用，才能有效地实现"强
制性的指导"，去实现一定的经济目标。当然不同国家的历史、社
会、政治、文化和经济发展的进程的差别，也会对不同国家市场经

① 详见法国共产党理论刊物《思想》1991年3—4号杂志，中文见李兴耕等主编《当
代国外经济学家论市场经济》，中共中央党校出版社1994年版，第37—42页。

济的运行，产生不同的影响，从而形成不同的模式。社会主义市场经济作为一种模式，并没有定型，它是否是一个成功的模式，还需要一个时间的实践经验的积累，而关键是对传统国有企业的改革能否成功，让它适应现代市场经济的要求。所以，我国国有企业的改革要大胆借鉴国际上国有经济改革的基本经验，当然也要吸取别国对国有企业进行改革失败的教训。党的十五届四中全会《决定》体现了立足中国国情，有分析地吸取国际上对国有企业进行改革的经验和教训。在国有经济布局的调整上，科学地提出了"有进有退，有所为有所不为"的战略措施，这是非常高明的一着。

20 年来，我们对传统的国有企业采取了各种措施进行改革，目的都在于使国有经济不断发展壮大，增强国有经济的主导作用和控制力，保证社会主义市场经济的健康运行。党的十五届四中全会提出的有关有序的"有进有退"的改革思路，体现了产业结构优化升级的要求。国有资本从竞争性领域的退出，国企数量当然会减少，但国有资本却会向关键领域和大企业集聚，通过资产重组和结构调整，实现优化资源配置。只要国企控制住诸如基础设施、基础工业、国防工业、金融保险等国民经济重要行业和关键领域，集中了力量，加强了重点，也就提高了国有经济的整体素质，保证国民经济的健康发展，同时对其他经济成分也能起到主导、带动作用。通过大力发展股份制和混合所有制经济，重要企业由国家控股增强了国有经济的控制力。对国有大中型企业实行规范的公司制改革，建立健全法人治理结构，面向市场着力转换经营机制，加强企业管理，健全和完善各项规章制度，从严管理企业，狠抓薄弱环节，广泛采用现代管理技术、方法和手段，提高经济效益，按现代企业制度改造国有企业。同时政府也应该对国有企业建立现代企业制度提供良好的社会环境，结合企业内部改革，建立新机制，加强科学管理，改善国有企业资产负债结构和减轻企业社会负担。

有序的"有进有退"，实际上也是按照市场经济的要求，对

"一大二公"所有制结构的进一步调整。现代市场经济需要为企业提供一个公平、良好的竞争环境，国有经济经营范围过宽，在国民经济中比重过大，不利于经济效益的提高，而且妨碍甚至排斥其他经济成分的存在和发展。对国有企业实施战略性改组，充分发挥市场机制作用，放开搞活国有中小企业，重视发挥各种所有制中小企业在促进经济社会发展中的重要作用，积极扶持科技型企业，培育中小企业服务体系。所以必须按照市场经济的要求调整国有经济的布局，坚持"有进有退，有所为有所不为"，除了一些特殊的国有企业，绝大多数国企应转变为市场经济中真正的竞争主体。

（原载《著名经济学家谈中国经济改革》，中国工商出版社2001年版）

所有制/产权理论研究述评

　　最近几年来，使用各种分析工具，包括数学模型对现实问题的研究即应用经济学得到了繁荣和发展，但是理论经济学却显得越来越沉寂，甚至是在死胡同里徘徊，这令人十分困惑！

　　所有制和产权问题，一直是经济转型实践中的难点，当然也是经济学理论研究非常关注的热点。党的有关文件，逐步改变了过去传达领导人讲话的习惯，注意总结、吸取、肯定学术界阶段性的研究成果并将其转化为政策而实施。有关所有制和产权问题，在最近有关完善社会主义市场经济体制的文件中就讲了不少，提出了新的命题，比如"产权是所有制的核心和主要内容"：建立"归属清晰、权责明确、保护严格、流转顺畅的现代产权制度"；"大力发展混合所有制"，"使股份制成为公有制的主要实现形式"；"允许非公有资本进入法律法规未禁入的基础设施、公用事业以及其他行业和领域"；"非公有制企业在投融资、税收、土地使用和对外贸易等方面，与其他企业享有同等待遇"；等等，这都是学术界长期讨论的问题。但细细琢磨，上述这些被文件所肯定的观点，实际上是市场经济理论合乎逻辑的结论，是市场经济运行的必然要求，并非是理论经济学的原创。但是，在当今社会经济转型中，在混合所有制中如何实现所有者的经济利益，如何处理各个不同所有者之间的产权关系，还是一个很重要的现实经济问题。

一　马克思经济学中的所有制理论问题[①]

如何实现所有者的经济利益？回答这问题，无疑还是要从对所有制范畴的研究说起。对所有制范畴的研究，是马克思经济学理论中的一个重要组成部分，相关著作以及教科书的开篇，大都要讲所有制理论问题。但对其理解，争论一直很大。主要有两种：一种是以斯大林为代表，把马克思原来意义上的"所有"和"占有"混为一谈，将所有制理论归结为"所有"并作为社会主义生产关系中独立的一项，即在财产归属的意义上来说明社会主义生产关系。这在一个时期是主流观点，许多教科书大都因循这种看法，开卷第一篇就是讲如何以革命的手段，实现了对剥夺者的剥夺，接着是讲如何对资本主义私有制进行社会主义改造，建立了生产资料的公有制，将所有制作为独立于经济关系之外的问题进行研究。持这种观点的主要依据是斯大林的《苏联社会主义经济问题》，斯大林说：（经济关系）"包括：（1）生产资料的所有制形式；……"[②] 由于这种生产资料所有制理论，突出了国家通过"革命"而实现了对生产资料的归属，即（国家）"占有"问题，因而是一种超经济的分析方法和理论，如果再把它延伸到经济建设的实践作为指导思想，难免会带来危害。

另一种主要在国内外学术界，把所有制看作生产关系的总和。20 世纪 60 年代初，苏联莫斯科大学教授 H. A. 查果罗夫指出："马克思关于经济意义上的所有制不是作为与生产关系不同的范畴

---

① 笔者在 20 世纪 80 年代和 90 年代初随孙冶方撰写《社会主义经济论》的过程中，对所有制理论非常重视，适应实践需要，先后撰写了《马克思主义的经济理论与中国社会主义》（重庆出版社 1991 年版）、《社会主义市场经济和所有制、产权关系》（《财经问题研究》1993 年第 2 期）、《建立公有制为基础的混合经济》（《山西发展导报》1994 年 9 月 30 日）等著作和文章，其中对所有制问题都作了一些寻章摘句和触及实践的研究。

② 斯大林：《苏联社会主义经济问题》，人民出版社 1961 年版。

存在的'，它是"生产关系的总和"①。原南斯拉夫教授马克西莫维奇也说过："如果我们把所有制的内容和形式两个要素统一起来看，所有制的实质也可以理解为一定的生产关系的总和。"② 20 世纪 70 年代初，在中国许多学者都总结公有制教训时，孙冶方教授指出：不能在生产关系的组成部分即生产、交换、分配之外去独立研究所有制，生产关系的全部内容也就是所有制形式或财产形式的全部经济内容。还指出：我们不能简单地从文字的标榜上，比如说生产资料的所有或占有形式来判断社会性质，实现了国家"占有"，未必就是实现了社会主义的公有制，而必须从生产、交换、分配的各个环节来进行具体的分析。③ 持这种观点的主要依据是马克思的《哲学的贫困》，马克思说，要想把所有权作为一种独立的关系、一种特殊的范畴、一种抽象的和永恒不变的观念来下定义，这只能是形而上学或法学的幻想。

随着人们对传统集权计划经济弊病认识的深化，第二种观点逐步被比较多的人所接受。我们都知道，马克思的《资本论》是研究资本主义生产关系产生、发展和灭亡的历史过程的经济学巨著，但在这部宏伟的著作中却没有独立的篇章去专门说明所有制范畴，而是在对资本主义生产、交换、流通、分配的研究中，使我们对资本主义的生产关系，或者说是对资本主义的生产资料所有制关系有了透彻的了解。斯大林的那种研究方法，给我们的经济实践带来过严重的危害，超经济的"穷过渡"就是由此而产生的。

但是，所有制作为经济学的一个重要的范畴，不是说不需要对它进行独立的研究。事实上，经典作家对所有制范畴也做过相当深入的研究，从而阐述了在不同社会形态下，对生产资料所有、占

---

①　H. A. 查果罗夫：《政治经济学的方法论和体系问题》，莫斯科大学出版社 1961 年版。

②　马克西莫维奇：《公有制的理论基础》，中国社会科学出版社 1982 年版。

③　孙冶方：《论作为政治经济学对象的生产关系》，《孙冶方选集》，山西人民出版社 1984 年版。

有、支配和使用的一般原理。马克思在 1843 年研究古罗马私有产
权时说过：私有财产的权利是任意使用和支配的权利。是随心所欲
地处理事物的权利。……私有财产的真正基础，即占有，是一个事
实，是不可解释的事实，而不是权利。只是由于社会赋予实际占有
以法律的规定，实际占有才具有合法的性质，才具有私有财产的性
质。就我所读到的文献资料，这一段论述也许是马克思最早对所
有、占有、支配和使用之间的经济关系的精彩论述，其最重要的思
想是：只有有了真正的法律规定，这才使对生产资料的占有具有合
法占有的性质。没有法律依据的占有，实际上就是一种剥夺。最近
几年，学术界逐渐有了研究宪政经济的文献，有的文献在考察了古
罗马的先占论、洛克的劳动财产论、卢梭的社会契约论、黑格尔的
个体自由意志论，还有布坎南的现代契约主义的一些思想，引申出
了宪法和财产的关系。作为学术研究，无疑应该掌握方方面面的资
料和思想，但是在我看来，有关文献提供的思想资料，远不如马克
思 1843 年就对生产资料所有制中的"所有""占有"的表述深刻。
研究对生产资料的"占有"或者说"所有"，是无论如何不能离开
特定社会的法律规定即宪政、法律问题而谈的。

　　我注意到，在马克思的文献中，涉及所有制范畴时，他们对
"所有"和"占有"概念的使用，有时也的确是通用的。除上述那
段论述外，马克思在《〈政治经济学批判〉导言》中也讲过同样的
话："一切生产都是个人在一定社会形式中并借这种社会形式而进
行的对自然的占有。在这个意义上，说所有制（占有）是生产的
一个条件，那是同义语反复。"[①] 但是当我们对所有制主体的内部
结构以及其不同职能进行分析时，一定要严格区分"所有"和
"占有"这两个不同的概念。"所有"，是指对生产资料的一种排他
性的归属关系，具有任意的处置权，这种职能体现了特定社会的法
律关系；"占有"，尽管对生产资料具有支配、使用的权利，但却

---

① 十多年前，苏星也有同样的观点，详见《经济日报》1991 年 12 月 7 日。

不具有任意的处置权。强调这一点，是因为这种在概念理解上的严格区分，无论是对总结我们的历史教训还是推动现实经济问题的研究，都是非常重要的。

马克思的生产关系变革理论，是研究经济转型的一个重要的理论工具，他从根本上回答了集权的计划经济体制在生产力和生产关系的矛盾运动中怎样成了社会生产力发展的障碍，为什么应该由现代市场经济体制去取代集权的计划经济体制等。严格把握马克思有关所有制理论的基本理论，第一，我们从现实中生产、交换、流通、分配各个环节的系统研究中，能够真正理解所有制结构变化即现存不同所有制的性质；第二，只有从宪政的意义上理解经济学中的"所有"与"占有"的不同含义，只有对生产资料从"占有"具有合法的宪政保障，通过宪法保护公民对财产的所有权，才能真正维护经济长期发展的潜在动力。

二　对现代产权理论的不同理解

现代产权理论，是 20 多年间我国学术界的"热点"，且不说产权理论曾一度被当作资产阶级自由化来批判而制造的各种思想混乱，就是在正常的学术研究中，对其理解也很不一致。

一种观点认为，现代产权理论是西方经济学家在对传统的微观经济学即新古典经济学进行批判的思考中逐步形成的。因为在传统的微观经济学看来，以私有制为基础的市场经济中，由于资源的稀缺性，市场行为者对资源配置的交易界限是极为明确的，因而交易成本为零。但事实并非如此。科斯由此指出：交易成本为零，这仅仅是一种假设，尽管是私有制，但市场行为者即企业之间仍然存在着产权界区含混的问题，从而带来市场运行中的缺陷和资源配置的失效。只有在界定产权的基础上，引入市场价格机制，才能有效地确认企业相互影响的程度以及相互承担的责任。企业间只要通过协商交易的途径，把产权界定清楚了，经济运行就可以达到最佳的效果。由此，现代产权理论认为，经济学的主要任务就是分析产权界定，资源配置的有效性取决于产权界区的清晰度。这里所讲的产权，由于产权理论的提出者也没有给过明确的界定，就通常的理解，其含义，既不同于体现生产条件最终关系的所有权，又不同于企业日常决策的经营权，而是指那种企业财产在市场交易中的使用权、支配权、转让权、剩余索取权等多种内涵经济利益的权利，而要实现对多种经济物品的多种用途进行选择的权利，又取决于交易双方对边际收益的比较。因此，产权实际上是一种契约关系，是使用权、收益权、转让权等多种权利的组合，或者说是一种多种权利的结构。持这种观点的同志大都是改革开放以来比较多地接触过现代经济学的年青一代经济学家。他们解释说，在市场经济中先前那种由财产所有者直接经营财产的方式降到了不十分重要的位置，占支配地位的是所有者把财产交给专门经营财产的法人组织，自己仅仅获得张财产所有证书，如股票或股权证，并按此获得一定的收入。这样，他的财产所有权就转化为独立的产权，由产权主体即法人组织占有、支配、使用和处置这些财产。然而，上述理解还仅仅限于产权的经济内涵。事实上，产权所涉及的外延还要宽泛得多，比如，将企业中对剩余的索取权或者是剩余的控制权，也纳入产权的内涵，但我们都清楚，剩余的索取当然是以某种契约为前提。

　　另一种观点认为，产权就是所有权，它是某个主体拥有作为财产的某个客体（即拥有对某个客体的所有）所得到的法律上的承认和保护，它实际上就是生产资料归属的法律用语。从经济学文献看，早在20世纪50年代末，孙冶方在论述社会主义的商品货币关系时就指出，在按劳分配制度下消费品的所有权，同未来共产主义社会中消费品仍旧私人所有，这两种"所有"是完全不同性质的。在按劳分配制度下的所有权，……是权利也是法权，实际上是对"所有"的限制，是一种产权。在共产主义社会中消费品的供应已经有了充分保证，因而今天这种产权性质的限制不存在了。事物的充分发展就走到了它的反面，"所有权"有了充分的保障也就无所谓所有权了。持此类观点的同志，大都是长期从事马克思主义、社会主义研究的经济学家。有这类观点的经济学家，比如，于光远还将马克思有关所有权、占有权、使用权、支配权的理论统统称为产权理论。据查，20 世纪 50 年代到 60 年代，政府部门颁发的一些文件中也常常用产权的概念，例如，谈房屋的产权，实际上在讲房屋的所有权。有关完善社会主义市场经济体制的文件中所谓"产权是所有制的核心和主要内容"的说法，在我看来，是将产权等同于所有权的意义上来论述的。

上述两种产权理论，其内涵有很大的区别，一种是市场经济运行中权利的契约关系；另一种是制度分析中财产的法律归属关系。如果仅仅是在对财产权利的意义上来理解，一种是在经济活动中实施经营活动的权利；另一种是对财产的实际拥有的权利。实施财产经营的行使者，未必是财产的实际拥有者；而财产的实际拥有者又未必能够对财产实施有效的经营。在我看来，在由集权计划经济向现代市场经济转型过程中，仅就马克思的所有制理论已不能完全说明经济运行中的某些新问题。一旦社会、团体以及个人对财产的所有权得到了国家大法的有效保护，有了一个这样的既定的社会制度条件，财产的所有权有了充分的保障，也就无所谓所有权了。理论工作者还在长篇大论所有权，还有实际意义吗？因此要大胆吸收现代产权理论中的科学成分，构建符合中国国情的所有制/产权理论，强化对所有权在市场经济运行中的利益实现的研究。对政治经济学基础理论研究来说，对马克思的所有制理论和现代产权理论加以整合，是一件非常艰苦的探索工作。因为马克思的所有制理论，主要研究社会经济形态发生变迁的历史趋势，或者说是研究人类社会制度变革的规律。这一点就连现代产权理论的创始人诺斯也承认：在详细描述长期变迁的各种现存理论中，马克思的分析框架是最有说服力的。而现代产权理论却是在既定的社会制度下，基于如何提高效率而研究社会经济组织的契约结构，包括在交易成本分析的基础上建立有效的产权制度和各种组织。前者回答人类社会经济制度为什么会发生变革，后者回答一种社会经济制度内部如何变得更加协调。但根据目前我国由计划经济向现代市场经济转型实践来看，不同所有制之间要界定生产资料的归属性质，维护所有者权益；在混合所有制内也要界定市场交易中的经营性产权①，上述两种理解都可以存在，可以解释不同的经济现象。但是，产权不能离开对市场交易成本的界定，而如何把握市场交易成本，这在中国市场发育还不是很成熟的现状下，除套用现有的理论作理性的说明外，还需要动态地结合实践中出现的许多新问题，包括经济的、社会的、人文的、意识形态的甚至还有道德的各种因素，以对交易成本有越来越成熟的把握。

完善社会主义市场经济体制的文件中提出有关"产权是所有制的核心和主要内容"的命题，其理论背景就是在产权作为财产归属的意义上来理解而提出的；而有关建立"归属清晰、权责明确、保护严格、流转顺畅的现代产权制度"的命题，则是把产权作为在市场经济运行中的契约关系来理解而提出的。不弄清这两个重要命题的理论背景，就很难把它作为统一的思想来指导实践。

三　所有制变革和产权流转中的路径选择

在马克思的经济学中，生产资料所有制关系的变革除了"剥夺者被剥夺"的理解外，是否还有别的理解？这里首先介绍一篇经典作家的文献资料。

1895 年 3 月，恩格斯在他将不久于人世之际，在《卡·马克思〈1848 年到 1850 年的法兰西阶级斗争〉一书导言》中简要地归纳了《共产党宣言》中有关实行"财产公有"的基本观点及其 50 多年来共产主义运动的实践后，极其坦率地说过这样一段话："历史表明我们也曾经错了，我们当时所持的观点只是一个幻想。历史

---

① 十多年前，苏星也有同样的观点，详见《经济日报》1991 年 12 月 7 日。

做的还要更多，它不仅消除了我们当时的迷误，并且还完全改变了无产阶级进行斗争的条件。1848 年的斗争方法，今天在一切方面都已经陈旧了，这一点是值得在这里较仔细地加以研究的。"他还写道："历史表明，我们以及所有和我们有同样想法的人，都是不对的。历史清楚地表明，当时欧洲大陆经济发展的状况还远没有成熟到可以铲除资本主义生产方式的程度；历史用经济革命证明了这一点，这个经济革命自 1849 年起席卷了整个欧洲大陆，在法国、奥地利、匈牙利、波兰以及最近在俄国初次真正确立了大工业，并且把德国变成了一个真正第一流的工业国——这一切都是在资本主义的基础上发生的，因此这个基础在 1848 年还具有很大的扩展能力。"恩格斯还意味深长地说，在 1848 年要以一次简单的突然袭击来达到社会改造，是多么不可能的事情。"就我所读到的研究社会主义的文献资料中，恩格斯的这篇《导言》是对《共产党宣言》发表 50 多年来生产资料变革实践进行反思最为明确的一篇文章，社会制度的变迁离开经济的发展而要以一次突然的袭击来实现，是很不可能的。但长期以来，我们对恩格斯这个思想却并未引起注意，特别是在我国编辑出版的《马克思恩格斯选集》中，选入了马克思的《1848 年到 1850 年的法兰西阶级斗争》的文章，但却拒绝选入恩格斯对这篇文章的导言，似乎让中国读者读了这篇文献，就会贬低革命的历史意义。我曾经撰写过文章"[①]，呼吁有兴趣的研究者都来重新读读这篇历史文献，以对马克思、恩格斯的思想有个全面的了解。

20 世纪 50 年代初，斯大林主持撰写了一部从生产资料的变革讲起的所谓社会主义政治经济学著作，这部著作流传了近半个世纪，我们都学习过。毛泽东在 60 年代初有过一个读这部政治经济学教科书的笔记，笔记中对斯大林的观点有批评，也有赞成，但就所有制问题，毛泽东对斯大林的观点是基本上赞成的，他赞成斯大

---

① 详见《经济导刊》2002 年第 4 期。

林的写法，说：教科书的整个结构是从所有制变革开始，先写资本主义所有制转变为社会主义全民所有制，个体经济所有制变为集体所有制。原则上是对的。他还说：我们写政治经济学，也可以从所有制出发，先写生产资料私有制变革为生产资料公有制，把官僚资本主义私有制和民族资本主义私有制变革为社会主义公有制。把地主土地私有制变为个体农民私有制，再变为社会主义集体所有制。然后再写两种社会主义公有制的矛盾，社会主义集体所有制如何过渡到社会主义全民所有制；同时也要写全民所有制本身的变化，如下放体制、分级管理、企业自治等。①毛泽东的这个经济哲学思想曾经影响了我们党在一个时代的政治经济政策的制定和实施。所谓"穷过渡"就是在这个思想的影响下推行的。应该说，20 多年来我国由集权计划经济向社会主义市场经济转型的实践，已经明明白白地否定了斯大林、毛泽东有关所有制不断过渡的经济哲学观点。当然，学术界有文章直截了当指出，斯大林的所谓社会主义政治经济学不是马克思主义政治经济学的有机组成部分。

把恩格斯晚年的观点和他们早期的观点以及斯大林、毛泽东的观点相比较，我们可以得出这样的一种理论性的判断：生产资料私有制向公有制的转变，或者说资本主义向社会主义的转变，可以有两种途径，一种是社会生产力自然发展的过程，社会主义的因素可以在资本主义内部成长起来；二是以革命的手段来进行剥夺，对资本主义的私有制进行改造。在理论上允许这两种判断存在，拓展了我们认识当今发达市场经济国家内的社会经济组织的性质和原社会主义为什么要向市场经济转型的思路。

在由集权计划经济向现代市场经济转型的过程中，垄断资产分散化、个人财产社会化，即发展股份制经济，是一个必然的趋势。如何实现垄断资产分散化？如何将个人资产社会化？即产权流转问

---

① 详见毛泽东政治经济学读书笔记的小册子，《经济学动态》2004 年第 3 期中有对毛泽东有关经济哲学思想的介绍。

题，这在不同的转型国家中则选择了不同的路径。

俄罗斯解决这个问题的基本方法是对原由国家垄断的国有资产直接实行民营化。20 世纪 90 年代初，叶利钦接受了以新古典经济学为理论依据的政策建议，实施了"休克疗法"，在 1992 年 1 月 2 日，除某些食品、能源和服务的价格仍然由国家来确定外，放开了 80% 的批发价格和 90% 的零售价格，允许建立各种小企业，允许公民自由从事贸易活动。实施这些措施的结果，的确比较快地扭转了长期存在的商品短缺的现象，但是，在价格和贸易自由化后，由于政府继续对许多企业进行补贴，这样就推动了持久的通货膨胀，消费品价格以 1354% 的速度上升。宏观经济日益恶化，全国经济严重衰退，但是政府仍然加快民营化为目标，于 1992 年 6 月 1 日国会通过了有关国有企业民营化的方案，方案的核心内容是：从 1993 年 1 月到 1994 年 6 月，用 18 个月的时间将国家所有权分散给大部分的大企业。把大部分的股份以低价出售给企业的职工和管理者，把一小部分出售给企业外的投资者。每个公民都得到可以兑换成多种多样企业股票的价值 1 万卢布的凭证。到 1994 年，实行民营化的许多企业中，所有权基本上被企业的经理和管理人员所拥有。旁观者曾长期困惑，俄罗斯转轨的设计师为什么不顾宏观经济恶化的实际状况，偏要把民营化的速度放在首位？经过长期观察，我们才明白：俄罗斯转轨的设计师们担心的主要问题是，如果拖延民营化的实际进展，要等到法律制度完全建立后再实行民营化，就有可能导致反复，造成共产主义制度的死灰复燃。因此，他们认为，民营化的实现速度要比如何实现民营化更为重要，主张必须快速进行民营化，能多快就多快！谁是民营化最初的所有者，这一点并不重要，"市场"会很快把资产重新分配到能够有效利用资产的新的所有者手中，从而形成一个新的强有力的政治力量，这股新的强有力的政治力量，是实行自由市场经济的社会基础，他们会更积极地进一步推进更为广泛、更为彻底的转轨计划。因此，俄罗斯转轨的设计师设计的国有资产产权重新配置的方案，重要的不在于民营化最初能不能成功，而是要通过民营化尽快创立一股有利于市场经济的政治力量，形成新的财产所有者。就实际情况来看，在俄罗斯，这股新的政治力量，其中多数都是由共产党的官员们演变而成的。原先由他们掌管的国有财产，现在以"改革"的名义，通过各种途径把原国有资产转化为个人私产。俄罗斯国有产权民营化的主持者丘拜斯有一段精彩说明："他们绝对正在盗窃一切财富。不可能阻滞他们，就让他们盗窃并拥有财产吧！他们将会变成盗窃来的财产的所有者和体面的管理者。"在"先所有后交易"的产权流转的理论中充满了掠夺等超经济的掠夺行为。

中国对这个问题的解决却走了另外的一条路：首先发展民营经济①，为打破国家垄断国民经济的状况创造竞争环境。改革开放的二十多年来，民营经济的发展逐步地得到政策的支持和制度的保护，得到了很大的发展。2002 年，民营经济在国内生产总值中所占比重约为 48.5%；外商和港澳台投资企业在国内生产总值中所占比重约为 15%（其中在第二产业增加值中贡献 13 个百分点，在其他产业的增加值中贡献 2 个百分点）；广义的民营经济的增加值占国内生产总值的比重大约占 64%。从 1981 年到 2002 年，民间投资年平均增长 25%。2002 年不包含外资的民间投资达到 1.7 万亿元，同比增长 22.4%，占全社会投资的比重约为 40.3%。2002 年全社会就业总数为 7.374 亿人，其中国有单位就业人员 7163 万人，占全社会的 9.7%，民营经济（含农业劳动力）就业占到全社会 90.3%；如果不包括农业劳动力（3.66 亿），民营经济吸纳的就业量为 3.09 亿（其中乡镇企业就业人员为 1.33 亿），占全社会就业总量的 42%；民营经济在第二、三产业的就业比重达到 84%，民营经济在城镇中的就业比重已经超过 70%。民营经济上缴税收比重也在不断升高，到 2002 年年底已接近 37%；2002 年广义民营经

---

① 对民营经济的理解有广义和狭义之分，广义的民营经济是对除国有和国有控股企业以外的多种所有制经济的统称，包括个体工商户、私营企业、集体企业、港澳台投资企业和外商投资企业。狭义的民营经济则不包含港澳台投资企业和外商投资企业。

济的税收增长率为 148% ，全社会税收平均增长率为 12.1% 。民营企业中的个体私营企业的税收增长率从 1995 年以来连续 8 年超过 50% 。民营经济对繁荣市场也作出了很大的贡献，从 1990 年到 2002 年，民营经济中的个体私营经济实现的社会消费品零售总额年均增长 25.6% ，同期全社会的消费品零售总额的增长率为 14.2% 。1999 年以来，民营经济中的个体私营经济完成的社会消费品零售总额已经基本占到全社会消费品零售总额的 50% 左右。①民营经济是千千万万老百姓通过自主创业而从事的经济事业，是发展生产力、解放生产力的经济，已经成为国民经济的基础和社会主义市场经济的重要组成部分，成为促进社会生产力发展的重要力量。

我国也对国有经济进行了改造，但就对国有企业进行改革的具体措施来说，中国和俄罗斯大体上差不多。我们不能因为俄罗斯明确地提出了民营化问题，就回避中国与俄罗斯国有企业改革的比较。对照两国有关对国有企业进行改革的文件，无论是实行股份制改造还是对国有财产所有权进行转移，无论是实行租赁还是对财产经营权进行过渡，大体上都差不多。但从实施的绩效来看，却相去甚远。问题的症结，主要发生在国有产权重新配置的目标确定上，俄罗斯国有产权重新配置的目的是扶植新的财产所有者；中国则是为了调整国有资产的布局，打破国有经济对国民经济的垄断，改造国有资产的管理制度，建立现代企业制度。但从结果来看，都在配置市场经济的微观基础，应该说是殊途同归。

四　财产所有权的宪法保护和产权的有效控制

新宪法的第十二条规定：社会主义的公共财产神圣不可侵犯；新宪法第十三条同时又规定：国家保护公民的合法收入、储蓄、房

---

① 以上数据详见全国政协副主席、全国工商联主席黄孟复在 2003 年年底"中国民营经济发展形势研讨会"上的演讲报告材料。

屋和其他合法财产的所有权。依法受到保护的公民对财产的占有，使经济上的占有也就成为事实上的所有，这是市场经济正常运行的微观基础。

由集权计划经济向市场经济的转型，需要将由国家垄断的一些国有资产通过各种有效的改革分散化，但也不可避免地会随着市场经济的发展而将个人资产社会化，其最有效的途径就是发展混合所有制，建立各种形式的股份公司。依法保护了私有资本的所有权，混合所有制中的法人产权也就得到了有效的保护。

产权，实际上是财产所有者和经营者之间的一种契约关系，公司的财产所有权为所有者拥有，而管理权为经营者所拥有，它们之间有着一种利益分配的契约关系。但随着公司规模的扩大，所有者似乎却很难约束经营者的管理行为，经营者的自利行为变得日益严重，公司股东对财产的所有权，实际上旁落到了非财产所有者的手中，即出现了所谓"内部人控制"的现象。这是转型国家普遍存在的一个经济现象，在市场经济发达的国家中也比较普遍存在。因此，公司的财产所有者如何强化对经营管理者的控制，而经营管理者又如何加强对公司经济运行的控制，这就出现了公司资产所有者与人力资本所有者对公司的权力如何配置的新问题，即控制权问题。控制权，它既涉及在市场经济运行过程中对财产所有权的实现，同时也涉及法人产权经济利益的保护。控制权从经济运行的实际过程中将财产所有权和产权的经济利益的实现统一了起来。因而，控制权也就成了所有权和产权理论研究的一个新问题。

但是在现有文献资料中[1]有两种不同的理解。

一种是将权力配置的重点放在如何建立一个维护财产所有者利益的公司内部治理结构上。我国经济转型中比较注重这种机制的建立。党的有关国有企业改革和发展的文件都明确指出：公司制是现

---

① 刘磊、万迪在《企业中核心控制权与一般控制权》（《中国工业经济》2004年第2期）中作了简要叙述。

代企业制度的一种有效组织形式。公司法人治理结构是公司制的核心。要明确股东会、董事会、监事会和经理层的职责，形成各负其责、协调运转、有效制衡的公司法人治理结构。所有者对企业拥有最终控制权。董事会要维护出资人权益，对股东会负责。董事会对公司的发展目标和重大经营活动作出决策，聘任经营者，并对经营者的业绩进行考核和评价。发挥监事会对企业财务和对董事、经营者行为的监督作用。

公司的法人结构是企业产权制度的重要内容，这套组织管理体系由公司的股东会、董事会、监事会组成。其中股东会作为权力机构，将自己的资产交给董事会托管，董事会作为决策机构行使全部法人财产权，经理受雇于董事会，在董事会授权的范围内经营管理，监事作为监督机构对公司的各项活动实行内部监督。公司治理结构有利于实现企业的经营决策的科学化、民主化和专业化。在这里，股东大会是公司的最高权力机构，股东通过股东大会，选举和约束董事会，对重大决策进行表决，以维护自身利益；董事会是由股东大会选举产生的公司决策和管理机构，对公司资产的运作与增值负责，承担资产风险，并对经理人员进行监督。董事会的核心作用是保证公司经营管理符合股东利益，使公司法人治理结构有效运行；监事会作为监督机构对公司的各项活动实行内部监督；经理人员组成公司的执行机构，直接受控于董事会，同时对自己的经营成果负责。在法人治理结构中，公司的原始所有权、法人的经营产权既相互分离又相互联系，形成制约机制，统一于公司整体之中。但实践证明，在这种权力体系的配置结构中，虽然是对财产所有权经济利益实现的一种控制，但"内部人控制"的问题还是很难有效解决。

另一种是将权力配置的重点放在如何建立一个让经营管理者向所有者角色转换的契约机制上。在最近的二三十年来，在发达市场经济的国家都比较多地试行以股票、期权为主体的薪酬制度，探索一种新的激励和约束机制，发展有股权制衡能力的大股东，达到少数"人格化"的大股东对公司实施有效的控制，鼓励经理人员克服对公司经营中的短期行为，能够让经理人员更多地关注公司的长期持续发展，解决资产所有者与经营者之间的代理问题，并实现剩余索取权和控制权的对应。美国称为管理层收购（Management Buy Out，MBO），我国通常称为经理人员"控大股"，在某些地方也叫"贴身经营"。经理人员在公司中持一部分的股份，让对公司经营活动具有控制权的经理与公司有资本纽带。有文献将这种权力的配置称作"企业家的股权革命"，一些国有企业的拍卖，为原有的企业经营管理者收购提供了实际机会；一些上市公司非流通股的存在，为公司老总低价收买，提供了预期；现代的人力资本理论的普及，同样为这场权力的配置提供了理论上的支持。进入企业的人力资本大致分为专业技能、经理层的管理知识和能力以及企业家才能，充分动员企业里各种人力资本，是有效利用企业财务资本的前提，也是保持企业竞争力和生产力的中心问题。

　　但就我国具体国情而言，我们在现有的国有企业中，有多少企业领导人和经营者是属于真正意义上的企业家？有多少企业的领导人在企业发展过程中发挥了真正的企业家职能？这些所谓企业家的人力资本价值应该如何实现？都是相当模糊的问题。就实践经验看，关键问题是经理人如何取得股份。一些地方提出不能让经理白白分企业的股权，而是必须买。如果没有足够的钱，就通过融资，让经理先对公司负一个债务，将来靠分红所得还贷，真正获得相应的股权。事实上，由于管理制度上的不健全，漏洞相当多，原经营管理人员暗箱操作，变相私分国有财产，侵犯所有权利益，成为一个新的社会政治问题。类似管理人员持大股的权力配置，在俄罗斯还是比较普遍，他们称为"经理多数所有权"，在民营化的进程中，公司的经理人员都认为，"企业必须有一个所有者"，而这个所有者，理所当然就是董事会的董事，事实上却培植了一批新的权贵阶层。

　　与上述两种权力配置相关，无疑还有劳动者持股权利的保护问题。就一般情况来说，如果是经理成为公司的大股东，那么劳动者的持股权利，难免会受到管理者股权的侵害，从而使职工所有权的利益受到损失。这里就涉及第三种权力配置，即职工持股会在公司治理中的地位问题。在国有企业的产权多元化格局中，职工一旦把资本投入公司，便可通过所持股份对公司资产拥有终极所有权，由此而形成的职工持股会在法人治理结构中也就会有特殊的作用。职工持股会代表参加公司股东大会，在股东大会上用"手"投票的方式约束经营管理者的行为，甚至重新选择经营者；由于职工持股会代表还可以进入董事会，持股职工可以直接参与董事会的决策；职工持股代表也可以进入监事会，行使对公司的专职监督权。由于职工代表在生产经营第一线，对企业经营各方面的实际情况比较了解，因而能对公司董事、总经理和企业的各种经营行为进行有效的监督，避免了外部股东因信息不对称所导致的监督困难，这使监事会的职权真正落到实处。在实践中，由于原来的内部职工持股比较分散，职工持股会也可能难以在公司治理中发挥更大作用，这就涉及自身如何运作的问题，比如，职工持股资金来源和比例问题、公司股票发行程序问题等。职工持股会在上述两种权力结构中能保证财产所有权利益的最大化，也可以约束经营管理者的经营效益。但这基本上还处于试点和理论的探讨中，国家对职工持股会的性质和法律地位，也没有一个明确的意见。

经济上的控制权，是要维护所有者、经营者、劳动者的经济利益的实现。作为经济利益实现的体制设计，按照现代市场经济的运作，无疑会逐步形成一种比较有效的机制和法律保障。但是，控制权在目前现代市场经济体制还很不健全的情况下，也会变相地被纳入行政管理的渠道，从而也会有另外一种体制的设计方式，比如，人事管理制度以及国家利益部门化，部门利益法制化后的各种"暗箱操作"。我们需要的是对前者的深入研究，因为这是完善社会主义市场经济体制的需要。

（原载《宁波市市委党校学报》2004 年第 5 期）

转型经济研究的现状和理论问题[*]

东欧剧变、苏联解体，这使以按"主义"划分体制为主要研究方法的比较经济学在世界范围内进入了一个相对沉寂的状态。但是，制度变迁的现实，却也促使这门学科能尽快"跨越"传统的研究方法，对变迁中的经济体制进行动态的研究，即转型经济，在世界范围内逐渐成为一门新的学科。

以中国、俄罗斯，还有东欧的原社会主义国家为案例，说明由计划经济向市场经济过渡中的各种经济问题，着重研究这个体制变迁曾是一个什么样的起点、将要建立的新体制又是一个什么样的模式，特别是在体制变迁中经历了什么样的具体道路等问题，就是本文中所讲转型经济问题。

一 转型经济研究的现状和文献介绍

（一）有关理论基础的文献

转型经济的研究，涉及马克思生产关系的变革理论、新制度经济学的制度变迁理论和发展经济学，以及如何评价新古典经济学等经济学中最基本的理论，但最直接的是有关比较经济学的理论。

就文献记载，传统意义上的比较经济学，通常是将世界上现有

---

　　* 本文的主要内容曾发表在《китай и оссия：развитие экономических реформ》（москва наука 2003）一书中，后又在"Вестник С. – Петербургскогоуниверситета"，2003，выпуск 4 转载。

的经济制度划分为资本主义、法西斯主义、社会主义和共产主义而进行研究。库普曼在 1968 年发表过一篇论文——《论经济体制的描述与比较：理论与方法的研究》，认为比较经济学要"以对具有特殊的经济功能的组织安排的比较为开端"，而不能是"主义"的比较，对按"主义"划分体制进行比较提出了质疑。埃冈·纽伯格、威廉·达菲合著的《比较经济体制》① 是 20 世纪 80 年代初介绍到中国的一部有关进行经济体制比较的学术著作，它把经济体制解释为在生产、消费和分配三个基本领域作出经济决策的一种机制，由决策、信息和动力结构三个部分构成，这给中国的研究者提供了一个比较简洁的进行经济体制比较研究的方法即决策方法或 DIM 研究。同期介绍引入的著作还有阿兰·G. 格鲁奇的《比较经济制度》② 和维克拉夫·赫尔索夫斯基的《经济体制分析和比较》③ 等。但从总体上来说，"主义"的比较仍然是这门学科最基本的研究方法。

20 世纪 80 年代末，东欧剧变、苏联解体，作为以"主义"比较为主要研究对象的比较经济学面临着新的挑战。首先，这种研究对象的变异，使以"主义"为基本研究方法的比较经济学是否还会存在成为首要问题。其次，传统的比较经济学，虽然也研究经济体制，但基本上是横向对几个体制进行静态比较，而没有纵向地对一个体制的变迁进行过动态的比较研究。所以，以中国、俄罗斯，还有东欧的原社会主义国家为案例，说明由计划经济向市场经济过渡中的各种经济问题，即转型经济，可以说是比较经济学的新分支。布茨卡林《过渡经济学》（1995）、斯蒂格利茨《社会主义向何处

---

① ［美］埃冈·纽伯格、威廉·达菲：《比较经济体制》，商务印书馆 1984 年版
② ［美］阿兰·G. 格鲁奇：《比较经济制度》中国社会科学出版社 1987 年版。
③ ［美］维克拉夫·赫尔索夫斯基：《经济体制分析和比较》，经济科学出版社 1988 年版。

去》（1998）①、青木昌彦《比较制度分析》（1999）②、热诺尔·罗兰《转型与经济学》（2002）③ 等著作，还有中国学者出版的有关对转型问题的研究，都可以看作在新的条件下比较经济学的新成果。

（二）有关研究观点的评介

把"激进"和"渐进"作为主要内容来对体制变迁进行纵向研究的代表著作是斯蒂格利茨的《改革向何处去？论十年转轨》④的文章，文章对中国与俄罗斯转轨按"渐进"和"激进"以及其结果作了对比，着重分析了俄罗斯"激进"失败的原因：首先，是对"市场经济最基本的概念理解错误"，美国模式的教科书很大程度上仅仅是依赖新古典主义的一种学派，而没有涉及其他学派，然而恰恰是其他学派的观点可能会对转轨阶段的国家有更深刻的解释。其次，混淆了手段和结果，比如，将私有化或公开资本账户看作成功的标志而不是手段。建立市场经济不是最重要的，更重要的是居民生活水平的提高和建立实现可持续的、平等的和民主发展的基础。最后，采纳经济学家建议的政治程序出了问题，即决策错误。斯蒂格利茨在其他的不少文章和著作中都赞扬中国改革"渐进"的成绩。当然，他对所谓"社会主义市场经济"的模式是否能最终成功，也有自己的判断。

杨小凯等学者在《经济改革和宪政转轨》⑤ 中与斯蒂格利茨持完全相反的看法：经济转轨的核心是宪政制度的转变，文章激烈地批评了那种把"渐进"和"激进"作为评价中国、俄罗斯改革成败的观点，认为赞成"渐进"改革模式的经济学家缺乏宪政思考，只看到不同转轨方式的短期经济效果就轻易地下了结论，不能以中

---

① ［美］约瑟夫·E. 斯蒂格利茨：《社会主义向何处去》，吉林人民出版社 1998 年版。

② ［日］青木昌彦：《比较制度分析》，中国发展出版社 1999 年版。

③ ［比］热诺尔·罗兰：《转型与经济学》，北京大学出版社 2002 年版。

④ 参见 http//club. cat898. com。

⑤ 同上。

国"渐进"的改革业绩去否定俄罗斯"激进"改革的失败，因为建立新的游戏规则的长期利益与短期效果往往并不一致。从这一意义上说，对俄国与东欧的改革成效的认定需要重新考虑，不能因为短期的挫折而认定改革的失败，或者认定它们不如中国改革成功。现在许多东欧国家的经济已经走出改革的震荡，步入增长时期，而且增长速度很快。与法国大革命和美国内战经历的震荡相比，其震荡的时期要短得多。另一方面，中国的经济增长速度被高估了。因此，他们认为，对两个国家改革成效的认定，一是要考虑长期因素，二是要重新计算实际已经取得的绩效。如果考虑到长期因素，现行改革制造的长期宪政转轨的成本可能超过了在短期内已取得的收益。因此，要对中国现在改革的成就重新评价。

波兰经济学家格泽戈尔兹·W. 科勒德克在《从休克到治疗》的著作中，从另一个角度对"激进"和"渐进"的选择作了分析。其中有三个观点值得重视。一是认为如果政治改革进程不是很深入，那么经济发展是有限的。通常，向市场经济转轨的过程，是和向议会民主、公民社会的政治转变联系在一起的。二是认为"激进"和"渐进"的选择，主要发生在三个领域：（1）经济自由化和宏观经济的稳定方面，要看货币和金融的稳定程度。在这个领域，到底是实行"激进"，还是"渐进"？如果转轨之前经济的控制程度很高，转轨初期出现了金融的不稳定，那么实行"激进"的方式就可达到经济的自由化。（2）结构改革和制度变革方面，包括民营化、公司治理结构，则必须采用"渐进"的改革方法，因为这项改革所需要的时间长，花费的财政和社会成本高。在这个问题上不能采取"激进"的改革。（3）产业的微观结构重组方面，要注入新的投资，要关闭旧工厂、要对劳动力重新进行调配和再培训、要提高行业的竞争能力、要吸收流动资本等，这些改革措施都需要时间，在这个问题上，也不能采取"激进"的方法。所以，不能简单地说，可以在"渐进"和"激进"这两种方法上作出"转轨"的选择。除了经济自由化和宏观经济稳定可以选择外，结构改革和微观结构重组都不能采取"激进"的方法。三是提出了一个新理论判断，以一个时期经济增长的快慢来判断转轨策略选择的得失，是否科学？认为，从长时段看，制度改革是经济发展的必要前提。但是，也经常出现在某一时段中体制转轨缓慢，但增长迅速；或者体制转轨迅速，但经济却大幅度下降的情况。我们还未必能看清转型与增长两者之间的清晰联系。所以，他明确地提出，在对中国和俄罗斯"转轨"的比较研究中，不要太看重一时经济是增长还是衰退并对此进行褒贬。①

德国经济学家何梦笔在《大国体制转轨理论分析范式》的文章中，提出了关于政府竞争的研究思路，认为"政府竞争"概念对于大国经济体制转轨有着重要的理论意义，中国和俄罗斯两国存在着巨大的空间（或地区）差异，全国统一的经济转轨政策将会引发各地区政治经济不同的反应，而这种反馈差异又将促使各地区逐渐形成不同的转轨路径。在转轨过程中，各地不同的制度安排，也会引起相互趋异的结构变迁，从而使地方利益逐渐形成并日益强化，中国与俄罗斯都出现了地方政府作为产权主体的"地方产权制度"现象；中央的货币政策对解决财政矛盾有重要作用，中央—地方政权之间围绕税基和财政收入再分配也存在着复杂的讨价还价现象；这种竞争促使地方精英不断参与政治决策，形成许多新的政治团体。因此，必须用一种全新的观念来确立经济体制转轨政策，有效的转轨政策应该为政府竞争创造一种能够操作的政策框架。

清华大学教授丁学良在《俄罗斯现象》一文中强调了转轨社会中的立法和司法问题。20世纪80年代初期，曾有过一种"大政

---

① ［波兰］格泽戈尔兹·W. 科勒德克：《从休克到治疗——后社会主义转轨的政治经济》，上海远东出版社2000年版，第94页。

府""小政府"的转轨理论①。丁学良认为,这种理论不适合东方国家,他指出:俄罗斯转轨的初期,西方主流学派强调,要实现转轨,一定要把原来的那个无所不包的全权国家搞散架。但实践证明,把国家机器搞散架的代价是非常沉重的。把原有的国家机器搞散架,并不一定就能获得有实质公民权的民主政体。转轨国家需要的是国家机器的重新构建,通过立法,把政府的资源进行重新配置。传统体制下最小最弱的部分恰恰是在转轨中最需要强化的部分即司法和执法。

最近几年,学术界也出版过不少著作,俄罗斯莫斯科大学经济系的 A・B. 布斯卡林教授于 1994 年已经出版了《过渡经济学》,同时作为经济学教科书公开发行。该书提供了俄罗斯转型的大量实践材料和问题。当然,国内也有以"转型经济学"为题目出版的著作,比如,盛洪主编的《中国的过渡经济学》,对中国经济改革的方方面面进行了理论探索,但停留在对"渐进""激进"的比较研究上;再如,林毅夫等的《中国的奇迹:发展战略与经济改革》,对中国改革的成果,与俄罗斯相比,用"奇迹"来加以总结,但这实际上也就终结了对"转型"的比较研究。

转型经济学是否是一门独立的经济学学科,还处在艰难的探索中,到目前为止,体系、范畴等都没有初步形成。但是,我还是赞成这样一种研究方法,要综合马克思生产关系变革理论、新制度经济学体制变迁理论、发展经济学、比较经济学等学科中最新的研究成果,对有关国家转轨的实践进程进行动态的追踪研究,仔细分析不同国家的不同的历史进程。从中找出:(1) 转轨是从哪儿起点的?研究具体国情;(2) 要转到哪儿去?寻找适合本国国情的市场经济模式;(3) 转轨的路子该怎么走?探索符合本国国情的转轨策略。动态的追踪的比较研究,应该说是这门新兴学科的生命力之所在。

---

① 这种理论的主要依据是英美国家与社会的历史经验,英美国家的法律及其宪法传统的基本模式。在英美国家,最基本的制度设计就是考虑如何限制政府的权力,他们一般把国家和社会看成一种对立的关系。

二　经济转轨及其国际比较中的主要理论问题

中国的"转轨",就其内在所包含的事实来说,与俄罗斯的"转轨"的确不同:俄罗斯的"转轨"包括两层含义:一是在国家政体上由共产党的一党极权执政转向多党的议会制;二是由集权的计划经济体制转向市场经济体制,而这一层又包括两个阶段:一个是叶利钦时期的自由市场经济体制;另一个是普京时期的可调控的市场经济或社会市场经济体制。但在中国的"转轨",目前基本上还限于经济领域,一是指由集权的计划经济体制转向现代市场经济或称社会主义市场经济体制;二是指由落后的农业国转向现代的工业国,因此,体制转型和经济发展是我国"转轨"的主要含义。

转轨是一个体制推陈出新的过程,也是一种发展的战略工具。一个国家的社会转轨,涉及政治、经济、文化等全方位的理论问题,但我认为,就经济来说,最重要的有三条:一是国有产权的重新配置和新的企业制度建设;二是政府管理职能转变和宏观调控机制完善;三是社会保障体系和社会安全网建设。

在对这三个重要的理论问题作出阐述前,有三个前提性的问题需要说明。

一是如何看待中国和俄罗斯两个大国国情的基本差异?改革前的俄罗斯主要是一个工业化的国家,农村居民的比例为26%,农业在 GNP 中比重为 17% 左右,工业和建筑业的比重为 45%—50%。按照经济发展的总体水平和人均指标,俄罗斯属于人均不低于 5000 美元的发达国家,所谓的社会主义福利涵盖着社会的方方面面。但中国当时还是一个农业国,农业人口超过 80%,农业创造的 GNP 为 35% 以上。其发展水平,还属于人均不超过 250 美元的贫穷的发展中国家,所谓的社会主义福利仅仅是城市居民在低水平上享受。在经济的集权和管理水平上,还有文化传统、民族因素等方面也都有比较大的差距。这种极大的基本国情差异,难免会造成中国和俄罗斯在转轨进程和路径选择上的某些差距。

二是苏联共产党为什么丧失了执政党的地位？苏联共产党在它执政的 70 多年里，虽然使落后的俄国跻身于强国之列，但长期以来却没有使人民的生活得到改善。这是苏联共产党丧失执政地位的根本原因。

三是怎样看待苏联转轨前的社会性质？在斯大林倡导下，苏联实行了不少革命措施，比如，消灭剥削阶级和私有制，实现国有化和集体化，采取集权的计划经济体制，实施了普遍低水平的福利制度等。过去，我们通常认为这就是社会主义。邓小平同志提出要研究"什么是社会主义"，这里包含着对苏联这样一种"社会主义"的质疑。按照马克思规定的共产主义的根本目的来看，社会主义是要为实现人的全面自由发展提供丰富的物质基础。社会主义革命以后采取的所有措施都应当服务于这一根本宗旨，其他的各种政策方针都应当为实现这一目标服务。国有化、工业化、集体化、计划经济等都是达到目的的手段。从这个观点看，苏联的所作所为是背离这一目的的。人要生存，要发展，这是基本的人权要求，也是社会主义理应给予保障的每一个人的天然权利，斯大林所倡导的阶级斗争理论背离了这一宗旨。苏联实行的所谓社会主义制度，并不是马克思主义者所追求的科学社会主义。俄国的一些学者把这种社会主义叫作"变形的社会主义""扭曲的社会主义"。

（一）重要理论问题之一：国有产权重新配置和企业制度建设

打破国有资产对国民经济的垄断，对国有资产重新配置，是由集权计划经济向现代市场经济转轨的首要任务。

俄罗斯解决这个问题的基本方法是对国有产权直接实行民营化。20 世纪 90 年代初，俄罗斯在推进国有企业的"改革"中，采纳了少数西方经济学家的意见[1]。这些经济学家在帮助俄罗斯政府设计的"经济改革方案"中，始终坚持两个最基本的论点：一是

---

[1]　约瑟夫·R. 布拉西等：《克里姆林宫的经济民营化》，上海远东出版社 1999 年版。

在市场经济中，个人有权利建立公司、管理公司、从中获利以及清盘关闭公司；有权决定公司生产什么、购买什么、销售什么以及同谁进行业务往来；要求任何形式的财产都应该具有自由的经济活动的权利。二是在市场经济中，公司要想有动力参与竞争，制造消费者想买的商品以及满足消费的需求，就必须追逐利润。强调政府对经济不能过多干预。叶利钦接受了这种以新古典经济学为理论依据的政策建议，并以此实施了"休克疗法"，用很短的时间放开价格，给公民建立企业生产产品的自由，减少财政赤字，政府不再对企业进行补贴，建立稳定的可兑换的货币，抑制通货膨胀，简化法律和税收制度，发展小企业，剥离国家的所有商业和工业企业，向民营化迈进。实施这些措施的结果，的确比较快地扭转了长期存在的商品短缺的现象。但是，在价格和贸易自由化后，由于政府继续对许多企业进行补贴，这样就推动了持久的通货膨胀，宏观经济日益恶化，全国经济严重衰退。但是政府仍以加快民营化为目标，国会于 1992 年 6 月 11 日通过了有关国有企业民营化的方案，方案的核心内容是：从 1993 年 1 月到 1994 年 6 月，用 18 个月的时间将国家所有权分散给大部分的大企业。把大部分的股份以低价出售给企业的职工和管理者，把一小部分售给企业外的投资者。每个公民都得到可以兑换成多种多样企业股票的价值 1 万卢布的凭证。到 1994 年，实行民营化的许多企业中，所有权被经理和管理人员所拥有。

　　中国对这个问题的解决却走了另外的一条路：首先发展非国有经济，为打破国有经济垄断状况创造外部的竞争环境。改革开放的二十多年来，民营经济的发展逐步地得到政策的支持和制度的保障。民营经济是千千万万老百姓通过自主创业而从事的经济事业，是发展生产力、解放生产力的经济，已经成为国民经济的基础和社会主义市场经济的重要组成部分，成为促进社会生产力发展的重要力量。

　　我国也对国有经济进行了改造，但就对国有企业进行改革的具体措施来说，中国和俄罗斯大体上差不多。我们不能因为俄罗斯明确地提出了民营化问题，就回避中国与俄罗斯国有企业改革的比较，对照两国有关对国有企业进行改革的文件，无论是实行股份制改造而对国有财产所有权进行转移，还是实行租赁而对财产经营权进行让渡，大体上都差不多。但从实施的绩效来看，却相去甚远。问题的症结，主要发生在国有产权重新配置的目标确定上。俄罗斯国有产权重新配置的目的是扶植新的财产所有者，中国则是为了调整国有资产的布局，打破国有经济对国民经济的垄断，改造国有资产的管理制度，建立现代企业制度。但从结果来看，中国、俄罗斯都有配置市场经济的微观基础，这对转轨来说，应该说是殊途同归。

对俄罗斯改革方案的设计者来说，民营化的速度，是一个重要问题。对俄罗斯转轨的设计者来说，他们不是不懂与民营化相联系地放开价格、清理资产负债表、创建资本市场、建立法律框架以及确保契约和竞争等市场运行中的常识问题，他们所担心的问题是相关法律制度的建立会拖延民营化的实际进展，甚至导致反复，造成集权的经济制度和集权的政治制度的死灰复燃。所以，他们认为，民营化的实现速度要比如何实现民营化更为重要，从而主张必须快速进行民营化，能多快就多快！谁是民营化最初的所有者，这一点并不重要，"市场"会很快把资产重新分配到能够有效利用资产的新的所有者手中，从而形成一个新的强有力的政治力量，而这股力量，将是实行自由市场经济的社会基础，他们会更积极地进一步推进更为广泛、更为彻底的转轨计划。因此，俄罗斯转轨的设计师设计的国有资产产权重新配置的方案，重要的不在于民营化最初能不能成功，而是要通过民营化尽快创立一股有利于市场经济的政治力量，配置新的财产所有者。就实际情况来看，在俄罗斯，这股新的政治力量，其中多数都是由共产党的官员们演变而成的。原先由他们掌管的国有财产，现在以"改革"的名义，通过各种途径把原国有资产转化为他们的个人私产。

俄罗斯国有企业民营化，提供我们深入思考的问题，主要集中在两点：

一是如何建立严格的公司法人治理结构？据统计，俄罗斯职工所拥有的公司股票比世界上任何国家职工所拥有的都要多，但他们的权利却很小。公司的实际控制权完全掌握在董事长、经理的手里。董事长、经理还继续保持着集权计划经济下的思维方式，他们为了保持自己的控制权，极力排斥外部投资者。由于内部人的控制，民营化后的企业很难进行重组。企业的资金不足，就靠削减生产，解雇职工，然后依靠政府的补贴、贷款和拖欠债务来继续生存。对传统的国有企业，不按现代企业制度进行改造，这样的"公司"只能是"城头变换大王旗"，实质内容并没有什么变化。曾经参与过俄罗斯国有企业民营化的美国经济学家评论说：对内部控制权的依赖是俄罗斯国有企业改革的致命错误。这个教训说明：建立科学的公司法人治理结构，确定符合国情的多元股权结构，是非常重要的问题。

俄罗斯搞过"职工多数所有权"，这在中国，类似"职工内部股"；俄罗斯搞过"经理多数所有权"，这在中国，可以参照经理"控大股"的措施。俄罗斯也非常注意"外部投资人多数所有权"，这在中国，可以参照资产的"重组"问题。但就如何建立现代企业制度，却有很大差别。我国有关国有企业改革和发展的文件，都明确指出：公司是现代企业制度的一种有效组织形式。公司法人治理结构是公司制的核心。要明确股东会、董事会、监事会和经理层的职责，形成各负其责、协调运转、有效制衡的公司法人治理结构。俄罗斯的国有企业改革，缺乏对现代企业制度的理解，没有形成严格的公司法人治理结构。

二是如何让一部分国有资产"有序退出"？俄罗斯在国有资产产权重新配置中，一些国有资产"无序退出"，造成了经济上的混乱，同时还引发了社会各阶层尖锐的利益矛盾。我国吸取了这个教训。提出了"有进有退"的基本思路，对"有序退出"作出了比较周密的部署。首先，明确地规定了国有经济"退出"的领域，除涉及国家安全的行业，自然垄断的行业，提供重要公共产品和服务的行业，以及支柱产业和高新技术产业中的重要骨干企业外，其他行业和领域，可以通过资产重组和结构调整、集中力量加强重点的同时，加快非国有经济的进入，以便提高国有经济的整体素质，增强国有经济的控制力和竞争力。其次，在实施"退出"中，明确规定"退出"要从实际出发，无论采取哪种"退出"的形式，都必须听取职工意见，规范操作，注重实效。再次，加快社会保障体系建设，依法扩大养老、失业、医疗等社会保障的覆盖范围，强化社会保险费的征缴，包括变现部分国有资产、合理调整财政支出结构等，开拓新的筹资渠道，充实社会保障资金。完善下岗职工基本生活保障、失业保险和城市居民最低生活保障制度，搞好这三条保障线的相互衔接，把保障下岗职工和失业人员基本生活的政策措施落到实处。完善促进下岗职工再就业的优惠政策。最后，还特别强调了稳定的宏观经济环境和政府在国有经济布局调整中的重要作用。

这两条教训，对我国国有企业改革的成败非常重要。

（二）重要理论问题之二：政府职能转变和宏观调控机制改革

"一定要把原来的那个国家机器搞散架"，这是俄罗斯"转轨"的一种理论。俄罗斯一些转轨的思想家认为：俄罗斯文化不具备能使经济增长和保障世界福利标准的潜力，因此要用猛烈的措施，不惜一切代价，打破原有的社会结构和制度，消除俄罗斯的文化和传统。他们也料到，采取这样的措施，会使"生产的降幅达到40%，甚至更多"，也会"爆发动乱、暴动和各种冲突、饥饿、病疫、社会文化崩溃、民族地区冲突、知识潜力全面衰落以及其他许多反面的、具有毁灭性后果的事件"，但这一切是转轨应付出的代价。"只有这些急剧的硬性的措施也许能够在不远的将来把俄罗斯引向现代的文明社会和文明市场"。从这一点来看，俄罗斯经济衰退，可以说是他们的转轨思想家自身的史学观所带来的结果。

"一定要建立一个小政府"，这是俄罗斯有关这方面的又一个理论。他们认为，大政府便意味着无效率，小政府意味着高效率。美国经济学家杰弗里·萨克斯在1993年认为，中央计划官僚机构一旦退出原位，市场马上就会繁盛起来。在转轨形成后要扭转经济萎缩、实现经济复苏和增长，其最简捷的路径是采取各种措施，减少政府对经济事务的干预，以建立一个小政府。但事实上，转轨中建立的新政府，面临着许多新问题，就一般情况而言，可能会在短期内削减国防和补贴，但在人力资本和基础设施方面的开支，却会急剧上升，特别是失业、人口老龄化等问题，使对社会保障的需求迅猛增长，形成了一项特别的负担，政府的公共财政开支发生了巨大的变化。如果通过简单地削减政府支出而达到政府规模缩小，不仅损害目前的消费和生活水平，而且不利于增长及未来的生活水平的提高。实践说明，转轨国家的政府，在精简机构的同时，面临主要任务的首先是改善分配政策和提高投资效率，转变政府职能。

　　在推进经济体制转轨的同时也要进行政治体制转轨。但我们要看到，从政治体制转轨的顺序看，它涉及国家政治生活的诸多方面，如党的领导方式的转变问题、党政关系问题、民主问题、法治问题、中央与地方的关系问题、人民代表大会制度的完善问题、司法改革问题等。但政府职能的转变则不同，虽然它也属于政治体制改革的范畴，却又有其特殊性，它属于行政转轨的范畴。所以，政府职能转变既是经济转轨的关键，又是推进政治体制转轨的起点。

　　政府职能转变的目标是依法治国，而其中依法行政是关键。依法行政也称行政法治，实施法治，最重要的是行政权必须受法律的约束，行政权也必须在法律允许的范围内行使。政府的责任主要是维护社会公正和公共安全，维护公民和法人的合法权利。在经济活动中，政府通过宏观调控，公正执法和提供公共品的服务，来最大限度地减少经济发展的成本和风险；公民的权利也必须在法律范围内活动，同时，履行法定义务。行政审批制度是传统管理模式下政府履行职能的基本方式，审批范围广、环节多、效率低；审批几乎不受法律的制约，审批的自由裁定权很大。市场准入的前置审批，给人力资源的进入和流动设置了重重障碍，大大削弱了市场配置资源的效率；不负责任的项目行政审批，对社会造成了严重的浪费，政府也因此承担了对社会的无限责任，并由此付出了昂贵的代价。

这也为官员寻租、腐败提供了"温床"。因此，改革行政审批制度，推进行政体制改革，加快国家体制的创新，重新建立起与社会主义市场经济相适应的行政审批制度，是转变政府职能的关键。只有政府职能得到了转变，建立了符合现代市场经济运行的新体制，才能谈得上如何运用财政政策、货币政策以及产业政策、收入政策等。

（三）重要理论问题之三：社会保障体系完善和社会安全网建设

凡实行转轨，都必须对原有的国有经济垄断布局进行调整和结构改革，都必须对原来的收入分配平均主义制度进行调整，都必须使产业、金融、财政等方面的宏观调控逐步适应现代市场经济运行的需要，而这一切都会引起社会经济利益的新矛盾，从而引发出一些社会问题甚至社会动荡，诸如通货膨胀（紧缩）的压力、失业和再就业、城市职工退休和养老、农村人口养老和保险、文化教育医疗、地下经济等城乡社会诸多问题。如何实现社会的健康转轨？这不仅需要建立完善的市场经济的运行机制，同时还需要完善的社会保障体制并重构新的社会安全网，由具有社会保障、社会服务和社会救助功能的正规和非正规部门或组织构成社会保护伞，维护与经济发展水平相适应的社会公平。

由于国情和转轨策略的选择不同，由此引发的社会问题及其带来的社会震荡也有显著的差异。就一般而言，转轨期间，随着经济结构调整的深化、管理机构精简，企业停产甚至破产，都成为一种正常的经济现象。这使得过去以企业或机构为基础的社会保障失去了根基。另外，原社会主义国家的养老金，一般都由公共财政负担，但随着时间的推移，这些国家大都进入了老龄社会，而且人均寿命也在延长，这使得公共财政的压力越来越大，社会保障的赤字变成了中央财政的赤字。在转轨过程中，如果缺乏经济增长作后盾，税收制度不健全，中央财政状况就更加恶化，常规的社会保障项目也就成了无源之水，这使得原来社会保障水平低但还算比较稳定的社会保障制度遭到了破坏。俄罗斯经济严重衰退和剧烈的社会动荡，使原来的社会保障体系遭到了完全的破坏，由此付出了沉重的代价。因此，改革和完善社会保障体系成为规避市场转轨风险的安全网和有序推进转轨的保障。

转轨期间社会保障制度的改革和完善主要应该在社会保障筹资方式、财务管理、运行监督制度等方面寻找新的思路，将集权计划经济下的企业保障转为现代市场经济下的社会保障。但俄罗斯似乎在这方面还毫无建树。而我国经济转轨过程中保障供给却包含着更加复杂的难题，整个保障体系面临着更加沉重的财务危机。我国的社会保障水平比俄罗斯低，转轨期间中央财政收入与国内总产值的比重逐年下降，财政用于社会保障的开支与其他方面，如基础建设设施、文化教育等形成了尖锐的矛盾。值得注意的是，我国集权计划经济时代存在着城镇职工保护过度和乡村人口保护不足的差别，过去在企业保障下的工人，曾经获得过"从摇篮到坟墓"式的全方位生活保障及福利待遇。突然的失业不仅使他们的主要收入来源中断，家庭生活状况迅速下滑，过去的社会保障也都丢失了。因此在城镇社会保障危机引发的社会矛盾远比乡村尖锐，失业者直接面对的就是政府，城市大规模的失业难免引发集中的社会冲突或社会动荡。但困扰我国的社会保障制度的核心问题是资金严重不足，加上中国即将面临的人口老龄化问题，社会保障任务十分繁重。在集权计划经济的低工资下，国有企事业职工所积累的养老金，曾经被政府用作了不断扩大生产的投资，它物化在了现有的国有资产之中。将养老金的受益基准制转向供款基准制，将现收现付制转向基金积累制，那些在旧制度下没有养老金个人账户积累的退休职工和在职职工，理所当然要向政府索取其养老、退休金的权益。这项权益实质上就是政府背负的隐性养老保险债务。将一部分国有资产变现为社会保障资金，实际上是将国有企业职工在国有资产中的一份劳动积累返还给他们，但还没有找到返还的有效途径和机制。目前最严重的问题是养老金的隐性债务。因为现有在职职工为自己缴付积累的养老基金，已经全部支付给现在已离、退休的职工了。现收现付的养老金制度有很大的隐患。

三　对俄罗斯、中国经济转轨现状的评估

（一）普京实施可控制的市场经济，已构建了市场经济的基本框架

普京执政后，调整了转轨的基本思路。在他所公开了的一系列文件和法律草案中，大体上勾画出了俄罗斯转轨所要达到的市场经济目标模式的基本框架①。

普京吸取过去的教训，强调要加强国家的作用和政府建设。普京对国家在经济中的作用作了明确的界定：国家调节经济的实质是保护一切所有制形式的积极性，保障经济自由，保障市场的有效运转，保障全国经济活动的统一条件，建立全国统一开放的市场经济。地方政权的任何限制经济自由的行为都要追究法律责任。国家对经济工作，要少一些行政干预，多一些经营自由、生产自由、贸易自由、投资自由。普京在 2000 年 8 月的国情咨文中严格界定国家调控的范围，强调国家在经济中作用是：保护产权、保障平等的竞争条件；减低税负拉平税率、改革金融体系；实行现实的社会政策，优先发展卫生、教育和文化；加强立法，保障优越的投资和经营环境。放弃对经济的过多干预，并提高调控的效率。他还把保护私有产权看作建立有效的经济体制和良好经营环境的根本条件。

同时，采取措施加强国家政权建设。在行政机构方面，国家政权和管理结构的合理化，加强反腐败斗争；改革国家人事干部政策；创造条件建立真正的公民社会，实行权利均等；加强司法的作用和权威；改善中央与联邦主体的关系，特别是财政金融关系；全面严厉打击犯罪活动。在巩固联邦国家方面，首先建立了七个联邦区，每个联邦区由总统任命总统全权代表，帮助有效地解决本区的

---

①　参见李新《新世纪俄罗斯经济改革战略评述》，http：//www. rus. org. cn。

问题，缩减地方联邦公务员机构，加强总统对地区的垂直管理结构，提高政权机构的工作效率。他的顾问班子在有关政策建议中，把彻底提高居民的生活水平、降低社会不平等、保护和扩大俄罗斯的文化价值观、恢复国家在世界上的经济和政治作用作为政府的长期社会经济政策主要目标。

可以看出，这是一种国家可控制的市场经济的模式，或者说是一种社会市场经济的模式。相对于叶利钦的完全的自由市场经济模式是一个很大的转变。普京批评了前一时期激进民主派模仿美国自由市场经济模式给国民经济造成的巨大损失，指出 20 世纪 90 年代的经验雄辩地证明，将外国课本上的抽象模式和公式照搬到我国，就无法顺利地推进改革。机械照抄别国的经验也是没用的。每个国家，包括俄罗斯，都必须寻找自己的改革之路，只有将市场和民主的普遍原则与俄罗斯的现实有机地结合起来，我们才会有一个光明的未来，应该继承和发扬俄罗斯的文化传统。普京还批评了"休克疗法"，他指出：俄罗斯在激进改革中已经精疲力竭，民族的忍耐力、生存能力和建设能力已处于枯竭的边缘，社会简直要崩溃，现在只能采用渐进的、逐步的和审慎的方法。要保证社会稳定，不使俄罗斯人民的生活恶化。

普京政府同时又提出了一系列刺激经济增长、实现经济现代化的宏观政策，比如改革金融体系，达到中期金融稳定；加强国有资产的管理，完善国家在股份公司管理机构的利益代表制度；坚定地保护民营化的成果，多种所有制形式和经济形式并存，公平竞争，优胜劣汰；促进经济结构变革。国家财政从对亏损企业的支持转向发展基础设施，保障劳动力的流动，支持新兴部门（首先是创新和信息产业）的发展，鼓励企业和自然垄断企业重组和改革。经济结构改革的目标应当是民营化。创造条件使俄罗斯融入世界经济一体化进程。遵循互利互让的原则，鼓励俄罗斯商品、服务和劳动力进入国际市场的同时有效保护国内市场，建立联邦出口扶持机构，为俄罗斯企业的出口实行担保，开放对经济发展具有战略性意义的国际资源。尽快结束俄罗斯加入 WTO 的谈判。严厉打击影子经济，肃清经济和金融领域的有组织犯罪活动。

笔者认为，普京政府在加强国家的作用和刺激经济增长的宏观政策措施方面，最为重要的还有两条：

一是改革联邦中央与地方的关系。叶利钦为了在与国家杜马的斗争中寻求地方政权的支持，曾与各自治共和国的总统和州的行政长官单独达成协议，总统允许地方做他们喜欢做的事，但在总统需要的时候，地方鼎力相助。结果是无限的地区主权威胁到联邦国家的统一。普京上台后，明确提出要在俄罗斯建立一个"单一的法制和经济空间"，因此，他把全俄划分成 7 个大联邦区，委任驻联邦区的总统代表，最终建立以总统为核心的国家垂直权力体系。

二是打击金融寡头。普京执政后曾明确宣布：以 2000 年为线，国家不追究寡头们的原罪，但不允许寡头介入国家政治生活。中央税警也开始清查俄罗斯新贵们近些年来在海外购置的不动产，所涉国家包括地中海沿岸的西班牙、法国、希腊、塞浦路斯和马耳他。政府惩治金融寡头的行动，多少能赢得人民群众的支持。

由于普京的新政，俄罗斯从 1999 年开始，经济出现了转机。当年，GDP 的增长达到 3.2%，2000 年 GDP 增长 7.7%，国民经济各部门基本上已经恢复并超过了 1998 年金融危机以前的水平。连续几年，经济都保持在 6% 左右的增长速度。世界银行 2003 年 9 月发表的《2004 年全球经济展望》报告中指出，俄罗斯已经成为带动独联体经济增长的火车头，俄内需增长已经成为推动本国及地区经济发展的最强大动力。居民的收入也有了较大的增长，有一组经济数字表明：2000—2002 年俄罗斯居民的实际收入与上年相比分别增长了 11.9%、8.5% 和 8.8%，多年来拖欠的工资和养老金全部补发到位，退休金大幅提高，居民消费和储蓄同步增长，失业率下降。据全俄民意调查中心统计资料，与 1998 年相比，感到"难以生活"的人由 45% 下降至 21%；觉得生活"还算不错"的人由 5% 增加到 25%；认为自己对生活泰然处之的人由 24% 上升至

44%。民众普遍认为普京就任总统以来，生活状况确实在好转。

当然，俄罗斯经济恢复，有两个外在的条件，其一是国际上石油价格的不断攀升，使俄罗斯石油、天然气和原材料的生产大幅度增加，并由于美国处处表现的攻击性大大刺激了俄罗斯的军事装备的出口。其二是1998年发生的金融危机，由于卢布大幅贬值，大大提升了本国产品的竞争能力，抑制了外国产品的进口，从而刺激了对本国产品的需求，促进了民族工业恢复生机。

尽管国际上已经承认俄罗斯是一个市场经济国家，但是，俄罗斯经济发展中还潜藏着许多隐患，比如两极严重分化；黑手党与大大小小的官僚勾结，偷逃税款，牟取暴利；经济结构的调整还任重道远。2002年，俄罗斯科学院经济研究所所长阿巴尔金教授说：我们的市场经济与西方的市场经济有区别，我们距离建成真正的、人道的、民主的混合的社会市场经济这一转轨目标还很远，至少还要经过15年的时间①。尽管如此，但俄罗斯毕竟已经走上了复苏的道路，社会趋向稳定、经济持续增长、居民生活改善，这无疑也给中国提供了某些需要重新思考的问题和值得借鉴的经验教训。

（二）中国坚持向现代市场经济转化，已步入实质性的制度创新阶段

追溯到20世纪70年代末，我国朝着市场经济体制的转型在风风雨雨中已经走过了20多年的路途，已经不可逆转地在进行着实质性的制度创新，由传统的集权计划经济体制朝着现代市场经济过渡。

什么样的经济算作市场经济？② 我们的认识还在不断深化，特

---

① 参见《经济学动态》2003年第1期。

② 综合研究资料，美国提出判定市场经济国家的标准有六项：货币可自由兑换；劳资双方可进行工资谈判；自由设立合资企业或外资企业；政府减少对生产的控制程度；政府减少对资源配置、企业生产和商品价格的干预。欧盟提出判定市场经济国家的标准有五项：市场经济决定价格、成本、投资；企业有符合国际财会标准的基础会计账簿；企业生产成本与金融待遇不受前非市场经济体制的扭曲；企业有向国外转移利润或资本的自由，有决定出口价格和出口数量的自由，有开展商业活动的自由；确保破产法及资产法适用于企业；汇率变化由市场供求决定。

别是这几年国际反倾销的措施，使我们对市场化进程有了数量化的理解，包括：政府行为规范化水准；经济主体自由化水准；贸易环境公平化水准；生产要素市场化水准；金融参数合理化水准等。[①]按照这些数量化的标准测算，我国经济的市场化进程已经取得了相当的进展，但从总体来讲，我国市场经济的成熟程度还不是很高，需要从量的角度加以判断。南开大学陈宗胜教授在 1999 年年初出版的《中国经济体制市场化进程研究》[②]，在对市场化的含义及市场化的特征研究界定的基础上，从体制构成、产业结构、地区布局等角度，从整体上对全国总的市场化程度进行了多角度测算，认为中国的总体市场化 20 世纪末已经达到 60% 左右。北京师范大学李晓西教授在《2003 中国市场经济发展报告》[③] 中，根据新的资料，从政府、企业、生产要素、贸易环境和金融参数五个方面，从定量分析的角度，进一步测算了 2001 年我国市场化的发展程度近似为 69%，反映了中国市场经济程度超过了市场经济的临界水平（60%）。这说明我国距离现代市场经济的发展程度还有一定差距，特别是目前我国深层很多棘手的问题，都属于市场经济发展还很不充分、市场经济体制还很不完善造成的，在我看来，主要问题是：

（1）要素市场体系发展的不均衡性。商品市场、劳动力市场和资本市场三个市场的市场化程度差异极大。在商品市场，商品价格市场化程度较高。在资本市场，包括证券市场、货币市场、保险市场和银行等，其市场化程度在中国至今发育缓慢和功能残缺不全，资本市场的政府管制和行政干预，直接阻碍市场机制的引入，并使资本市场处于低效或无效运行状态，因此资本市场的市场化程度最低。

（2）市场微观竞争机制的不对称性。十年来，多种所有制经

---

① 李晓西的《2003 年中国市场经济发展报告》对此作了比较简练的归纳，详见 http://www. people. com. cn。

② 陈宗胜等：《中国经济体制市场化进程研究》，上海人民出版社 1999 年版。

③ 李晓西等：《2003 年中国市场经济发展报告》，http：//www. people. com. cn。

济得到了共同发展，奠定了市场经济体制产权多元化的微观基础和不同产权主体之间的竞争机制。但是，综观多种经济成分发展的格局，民营经济和国有经济的经济地位还很不平等，竞争机制还很不对等，民营经济的进一步发展还面临着许多新问题，比如企业扩张的资金"瓶颈"；国有经济布局调整的进程迟缓，某些行业还处在寡头的垄断中；国有企业的法人治理结构也还很不健全。

（3）政府宏观管理职能转换还很不到位，国家利益部门化、部门利益法制化的潜在危险是当前深化体制转型的障碍。我们注意到，时至今日，虽然对行政审批制度正在逐步进行改革，但无论是治理"紧缩"，还是调控"过热"，所谓项目的上上下下，其手段都带有行政审批的色彩，似乎成了某些政府官员玩经济的筹码。同时也为官员"寻租"和腐败继续提供了"温床"。

决策层虽然为解除现有体制的"瓶颈"，指出了新的出路，但是，完善我国现行市场经济体制，不能不注意到当前的新环境。首先，我国经济还处在持续高速增长的条件下，但却伴随着收入分配差距的扩大。在勤奋劳动基础上出现的收入差别，是正常的；在不同生产要素及其贡献基础上产生的收入差别也是合理的。但由于政策漏洞或权力资本而产生的收入差别，则是社会所不能容忍的。目前，城乡、城市居民之间收入分配差距的扩大，对统筹城乡发展、统筹区域发展、统筹经济社会发展、统筹人与自然和谐发展，以及社会保障制度的健全和完善，提出了更高和很紧迫的要求，我们要注意因收入差别过大而引发的社会矛盾。其次，我国经济还处在产业结构升级和国有企业改革深化的过程中，伴随着失业、下岗人员的继续增多，就业面临来自城乡的双重压力。就国有企业改革来说，深层还潜藏着尖锐的矛盾，特别是某些官员的"暗箱操作"。最后，我国已正式成为 WTO 的成员，在新的经济环境下，一些难度较大的问题，比如，国有经济布局调整和国有企业改革、国有银行经营效率和风险控制、社会保障制度和安全网建设、农民农业农村发展、私营经济的发展等一些重大问题，将在外力的推动下取得突破。但是，WTO 的原则是自由经济，WTO 中有发达富裕的国家，期望他们不从转轨国家中谋取经济利益，那是太天真了。在国际交往中，利益就是一切，没有利益就没有一切。判断加入 WTO 利弊的标尺，当然要看它是否有力地维护本国的经济主权和保护本国经济利益，但归根结底，是我们政府工作做得如何。

完善现行的市场经济体制，还会有深层的难题。首先，物质文明、政治文明和精神文明需要协调发展。因此，实施政治文明是完善我国现行的市场经济体制的保证。所谓的政治文明，实际上是指，要实施一种用先进文化的理念去处理社会各阶层社会经济关系的法律规则体系，保障政治、经济、文化和社会活动能够依法运行；通过法律，来约束政府对经济活动的任意干预，约束经济人的行为，其中包括产权界定和保护，合同和法律的执行，维护市场竞争。实行文明的政治，建设法治的国家，是中国市场化改革发展的必然逻辑。其次，权力腐败是当前社会非常关注的大事，直接影响到现代经济体制的完善。改革开放以来，我国开始形成了利益主体的多元化，各个利益主体都希望通过各种方式去获取有限的资源，除了资本、劳动、技术等多种生产要素外，某些掌握市场准入权的部门和官员，搞权钱交易，权力开始成为资本，出现了权力腐败。当然，权力腐败是世界各国都很难杜绝的问题，特别在转型国家中，更是如此，但这不能成为姑息养奸的理由，应该尽快建立健全与我国现行的市场经济体制相适应的教育、制度、监督并重的惩治和预防腐败体系，要特别警惕"一把手"犯罪所反映出的体制缺陷。

近百年的历史证明，市场经济对一个国家来说，搞不好，也可能是一个毁灭的机制。我国现在已经建立的市场经济的体制到底面临着一个什么样的发展方向？这是需要冷静评估的严肃问题。就世界范围来说，有两种市场经济，一种是良性的，另一种恶性的。我们需要研究到底什么是良性的市场经济？什么是恶性的市场经济？什么样的市场经济形态容易走向良性的市场经济？什么样的市场经济形态容易走向恶性的市场经济？它演变过程会受到什么因素的影响？除了公司结构、产权结构、市场结构、分配制度、政治制度等因素外，还有一些什么因素？我认为，我国的现行市场经济体制还处在一个十字路口，虽然完善我国现行的市场经济体制，是要将现行的市场经济体制发展为一种良性的市场经济，但对许多别的因素如果考虑不足，也不排除会演变成恶性的市场经济。对出现恶性化趋势可能性的研究，是一种超前的研究。但作为一种理论研究的假设前提，可能会形成一整套防范措施。

比如，如何评估现行资源控制的权力结构？在我看来，现行的权力结构，更多地表现为一种代表部门利益的权力结构，不同权力部门都在试图控制生产过程和生产领域的资源，形成分散化的利益格局，并通过政策设计，将部门利益法制化，某些能够从国有企业获得利益的权力部门是不愿意看到国有企业的深化改革。国家利益部门化，部门利益法制化，这种情况，造就了一代新的既得利益者集团。现行的权力结构是否会成为完善现行经济体制一种障碍。

再比如，如何评估现行的资源分配体制？在我看来，现行的资源分配体制，还很不适应市场经济的要求。财政资金的分配，银行贷款的分配，在很大程度上是在传统的集权计划经济体制中兜圈子。微观竞争机制的不对称，就是由此而产生的。现行的资源分配体制，如果不下大力气进行改革，是否也会成为社会动荡的导火索？

就目前来看，俄罗斯和中国还都处在转轨的实践过程中，这是一个长期的历史过程。所以，还不能说目前中国或者是俄罗斯已经建立了成熟的市场经济机制。判断什么是、什么不是市场经济的标准，应该是动态的，而决定哪个国家是、哪个国家不是市场经济，最终，这将又是由历史而不是由经济学家和政策制定者来决定。

（原载《开放导报》2004 年第 6 期）

俄罗斯与中国:市场化进程的比较与评估

俄罗斯已构建了国家可调控的市场经济的基本框架。

普京执政后,调整了转轨的基本思路。在所公开了的一系列文件和法律草案中,大体上勾画出了俄罗斯转轨所要达到的市场经济目标模式即国家可调控的市场经济,或社会市场经济,我将普京的转轨思路概括为"普京新政"。

在我们这些外国学者看来,普京新政最为吸引人们关注的措施有三点:一是继续推进政治民主,但加强总统对地区的垂直管理;二是保卫民营化成果,但打击不守法的金融寡头。我们从最近发生的"尤科斯风波",看到普京新政进一步强化了国家对经济的管理,强力打击了不守法的金融寡头;三是致力于提高居民的生活水平,保护和扩大俄罗斯的文化价值观,把恢复国家在世界上的经济和政治作用作为政府的长期社会经济政策主要目标。普京新政实施的国家可调控的市场经济的模式,相对于叶利钦的完全的自由市场经济模式是一个很大的转变。由于普京新政,俄罗斯从1999年开始,经济连续几年都保持在6%左右的增长速度。世界银行2003年9月发表的《2004年全球经济展望》报告中指出,俄罗斯已经成为带动独联体经济增长的火车头,俄内需增长已经成为推动地区经济发展的最强大动力。为国际投资创造了比较好的环境。面对着俄罗斯这一经济增长的势头,国际组织已认可俄罗斯是一个完成了转型的市场经济国家。

但就我们旁观者来说,俄罗斯经济发展中还潜藏着一些隐患。2002年秋天,我去俄罗斯科学院经济研究所访问,阿巴尔金教授对我说：我们的市场经济与西方的市场经济有区别，我们距离建成真正的、人道的、民主的、混合的社会市场经济这一转轨目标还很远，至少还要经过15年的时间。但俄罗斯毕竟已经走上了复苏的道路，经济持续增长、居民生活改善、社会趋向稳定。我们为此而感到由衷的高兴。俄罗斯民族是一个伟大的民族，是一个极富文化底蕴的民族，俄罗斯国家的转轨、俄罗斯民族的选择、俄罗斯人民的奋斗，无疑给中国提供了某些需要重新思考的问题和值得借鉴的经验教训。

中国已步入实质性的现代市场经济制度的创新阶段。

从20世纪70年代末开始，我国朝着市场经济体制转型。但对什么样的经济就算作市场经济，我们的认识还在不断深化，特别是这几年国际反倾销的措施，使我们对市场化进程有了数量化的理解，包括政府行为规范化水准；经济主体自由化水准；贸易环境公平化水准；生产要素市场化水准；金融参数合理化水准等。尽管我国经济的市场化进程已经取得了相当的进展，但从总体来讲，我国市场经济的成熟程度还不是很高，特别在经济深层很多棘手的问题，都属于市场经济发展还很不充分造成的。

主要问题是：（1）要素市场体系的发展还很不均衡，商品市场、劳动力市场和资本市场三个市场的市场化程度差异极大；（2）市场微观竞争机制还很不完善，民营经济的进一步发展还面临着许多新问题，国有企业的改革也还有很多难点。国有企业的法人治理结构很不健全，有效的激励机制没有建立。实践中，委托者所有权缺位，代理者侵犯所有权利益的现象不断产生，即所谓"内部人控制"的问题，是国有企业改革面临着新的难点。同时，我们注意到，如何建立新的激励机制，也还没有解决。最近的二三十年来，在发达市场经济的国家中被称为管理层收购（MBO），在国内也有实施案例，通常称为经理人员"控大股"，但是经理人员如何取得股份？由于现行管理制度不健全，"暗箱操作"的案件时有发生，成为一个新的问题。另外，劳动者持股权利的保护也还没有明确的法律地位。总之，中国市场经济微观基础的配置，还处在艰苦的探索中；（3）政府宏观管理职能转换还很不到位，国家利益部门化、部门利益法制化、法制执行行政化的潜在危险，是当前中国体制转型的障碍。行政审批的改革还没有深入下去。无论是治理"通货紧缩"以拉动经济增长，还是调控"经济过热"以防通货膨胀，其手段都仍然带有比较多的行政色彩。项目的上上下下，为某些官员"寻租"和以权谋私的腐败提供了"温床"。一个是"市场微观的产权改革和企业发展"；另一个是"政府宏观管理体制改革和职能转换"，这是两条必须协调而并行的双轨。

近百年的历史证明，就世界范围来说，有良性的市场经济，也有恶性的市场经济。我们在努力完善现行的市场经济体制，使市场经济朝着良性的方向发展。但我们还是需要研究，究竟是一些什么因素在影响着演变的方向？如何防止转型逆转？如何防止转型变形？类似产权结构、公司结构、市场结构、分配制度、行政机构和制度等因素外，还有一些什么因素？我认为，我国的现行市场经济体制还处在一个十字路口，比如，现行资源控制的权力结构和资源分配的管理体制就还存在着不少隐患，如果不下大力气进行改革，会成为社会动荡的导火索。

俄罗斯和中国还都处在转轨的实践历史过程中。还不能说，中国或者俄罗斯，就已经是成熟的市场经济国家。判断什么是市场经济的标准，是动态的，决定哪个国家是、哪个国家不是市场经济，这最终，又将由历史，而不是由经济学家和政策制定者来决定。

（原载《学习时报》2004 年 10 月 12 日）

坚持邓小平市场经济理论，
构建中国经济学新体系[*]

我国正处在由集权的计划经济体制向社会主义市场经济体制过渡和由落后的农业国向现代的工业国转变的经济转型时期。实践中出现的许多复杂的经济问题都需要给予理论的回答，但很难。有关马克思主义理论研究和工程建设中的经济学学科建设，属于理论的价值判断范围，面对实践中出现的复杂问题，想要在一个完整的理论框架内回答"应该怎么办！"的问题，我敢斗胆说，这个理论体系还没有而且短期内也很难形成。不成熟的实践，就不会产生成熟的理论体系。但是，只要我们按照邓小平理论去深入研究，实事求是地面对实践，分清是技术操作问题还是思想理论问题，我想，问题还是不难解决的。这里，我想就一些最基本的理论问题，谈谈自己的意见。在我看来，这些基本理论问题都属于构建中国的经济学新体系的基本配件。

一 关于邓小平理论在中国经济学新体系中的地位

邓小平理论是当代在中国发展着的马克思主义。没有邓小平理论，就没有我们今天建设有中国特色社会主义的伟大历史创举。邓小平理论给中国带来了富强，给中国民众带来了机会选择，也给经

* 本文是由 11 月 27 日《山东社会科学》杂志在中央党校举办的"胜利杯"马克思主义理论研究和建设工程座谈会上的发言材料修改而成。

济学带来了繁荣的春天。就经济学学科建设来说，最重要的有四点。

首先，社会主义初级阶段理论。

社会主义初级阶段理论是在总结我国社会主义经济建设经验和教训的基础上，由邓小平最终肯定的。1980 年 4 月，邓小平在会见外宾时谈到了我国社会主义建设的教训，他指出，现在我们正在总结建国三十年的教训，总体来说，第一，不要离开现实和超越阶段采取一些"左"的办法，这样是搞不成社会主义的。我们过去就是吃"左"的亏。第二，不管你搞什么，一定要有利于发展生产力。发展生产力要讲究经济效果。……要研究一下，为什么好多非洲国家搞社会主义越搞越穷。不能因为有社会主义的名字就光荣、就好。1981 年，在邓小平主持下制定的《关于建国以来党的若干历史问题的决议》中提出："我们的社会主义制度还是处在初级的阶段。"1982 年 9 月，党的十二大又一次指出："我国的社会主义社会现在还处在初级发展阶段，物质文明还不发达。"1986 年 9 月，党的十二届六中全会有关精神文明建设的决议中再次强调："我国还处在社会主义的初级阶段。"针对某些具体问题，提出了社会主义初级阶段理论的基本思想。但社会主义初级阶段作为一个比较完整的理论体系正式提出，是在 1987 年 12 月党的十三大前后。邓小平在党的十三大召开前夕指出，我们党的十三大要阐述中国社会主义是处在一个什么阶段，就是处在初级阶段，是初级阶段的社会主义。社会主义本身是共产主义的初级阶段，而我们中国又处在社会主义的初级阶段，就是不发达的阶段。一切要从这个实际出发，根据这个实际来制订规划。党的十三大按照邓小平的思想，第一次系统地论述了社会主义初级阶段的理论。党的十三大结束后，邓小平充分肯定了党的十三大，指出：十三大的一个重要特点就是阐述了中国社会主义初级阶段的理论。在这以后，邓小平严格按照社会主义初级阶段理论，继续批判过去，展望未来。他在 1988 年 6 月说，"文化大革命"中国吃了苦头。中国吃苦头不只这十年,这以前,从 1957 年下半年开始,我们就犯了"左"的错误。总的来说,就是对外封闭,对内以阶级斗争为纲,忽视发展生产力,制定的政策超越了社会主义的初级阶段。1992 年年初,他在南方重要谈话中有针对性地再次指出,我们搞社会主义才几十年,还处在初级阶段。巩固和发展社会主义制度,还需要一个很长的历史阶段,需要我们几代人、十几代人,甚至几十代人坚持不懈地努力奋斗,决不能掉以轻心。社会主义初级阶段理论,给我们建设有中国特色社会主义树起了的鲜明路标。

其次,"社会主义也可以搞市场经济"的理论。

邓小平坚持实事求是的原则,科学地总结了世界各国经济发展的经验,以极大的理论勇气向传统理论挑战,在马克思主义发展史上第一次提出:"社会主义也可以搞市场经济。"1979 年 11 月 26 日,邓小平在会见美国《不列颠百科全书》副总编辑吉布里时说,说市场经济只限于资本主义社会、资本主义的市场经济,这肯定是不正确的。社会主义为什么不可以搞市场经济。市场经济,在封建社会时期就有了萌芽。社会主义也可以搞市场经济。1985 年 10 月在回答美国企业家代表团团长格隆瓦尔德关于社会主义和市场经济的关系的提问时说:问题是用什么办法更有利于社会生产力的发展,过去我们搞计划经济,这当然是一个好办法,但多年的经验表明,光用这个办法会束缚生产力的发展,应该把计划经济和市场经济结合起来,这样就能进一步解放生产力,加速生产力的发展。1991 年 12 月在上海、1992 年初在南方视察时,邓小平有针对性地指出:不要以为搞点市场经济就是资本主义道路,没那回事。计划经济不等于社会主义,资本主义也有计划;市场经济不等于资本主义,社会主义也有市场。计划和市场都是经济手段。市场多一点还是计划多一点,不是社会主义与资本主义的本质区别。在社会主义市场理论的确立中,邓小平的这三次讲话最为经典,他从中国社会生产力还很不发达、国家综合实力还很不强、人民生活水平还很不高的实际情况出发,既坚持两三代人已经作出的走社会主义道路的历史选择，又通过市场经济机制来焕发社会主义的活力。但是应该注意，社会主义市场经济作为一个完整的概念，并不是说市场经济仍然具有姓"社"姓"资"的属性，它只不过是对在社会主义条件下发展市场经济这种说法的一种简单表述。正是在这个意义上，邓小平强调说：社会主义的市场经济方法上基本上和资本主义社会相似。如果把邓小平关于"社会主义也可以搞市场经济"的理论转换成要分清市场经济是姓"社"姓"资"的争论，这显然是一种思想上的倒退。邓小平关于"社会主义也可以搞市场经济"的理论以生产力为标准，挑战传统思维方式，形成了中国经济转型的总体思路。

再次，围绕"发展是硬道理"的思想，提出了符合中国国情的有关所有制结构调整、收入分配体制改革、宏观调控目标确立、对外经济开放、借鉴市场经济方法等一系列思想，从而为"科学发展观"的提出奠定了经济理论基础。

最后，经济体制和政治体制的关系。邓小平指出了我国现行政治体制的主要弊端是官僚主义现象、权力过分集中的现象、家长制现象、干部领导职务终身制现象和形形色色的特权现象，不惩治腐败，特别是党内的高层的腐败现象，确实有失败的危险。邓小平把政治体制改革作为改革向前推进的一个标志，按照民主化和法制化紧密结合的要求，建设社会主义民主政治和法制国家，以利于在新的政治体制下保持国家政局稳定，增进人民的团结，改善人民的生活，持续发展生产力。

邓小平理论是我们构建中国的经济学新体系所必须遵循的指导思想和主要内容。上述四条，也可以说是纠正某些偏差必须遵守的"底线"，如果突破这个底线，将会给意识形态带来新的混乱。邓小平理论是中国逐步融入世界经济的开放时代的产物，把邓小平理论说成是"中学"、暗喻为"山沟里的马克思主义"，是毫无道理的。[1]

二　关于对所有制和产权的理解

所有制和产权问题，一直是经济转型实践中的难点，当然也是经济学理论研究非常关注的热点。

马克思经济学中的所有制理论，主要有不同的两种观点：一种是以斯大林为代表，把马克思原来意义上的"所有"和"占有"混为一谈，将所有制理论归结为"所有"并作为社会主义生产关系中独立的一项，即在财产归属的意义上来说明社会主义生产关系。这在一个时期是主流观点，是一种超经济的分析方法，如果再把它延伸到经济建设的实践作为指导思想，难免会带来严重的危害。另一种观点，主要在国内外学术界，把所有制看作生产关系的总和。20世纪60年代初，苏联经济学界就有了类似的观点。70年代初，中国学者在总结传统公有制教训时，孙冶方教授指出：不能在生产关系的组成部分即生产、交换、分配之外去独立研究所有制，生产关系的全部内容也就是所有制形式或财产形式的全部经济内容。还指出：我们不能简单地从文字的标榜上，比如说生产资料的所有或占有形式来判断社会性质，实现了国家"占有"，未必就是实现了社会主义的公有制，而必须从生产、交换、分配的各个环节来进行具体的分析。随着人们对传统集权计划经济弊病认识的深化，学界逐步赞同在生产关系的总和上来把握所有制。

但是，所有制作为经济学的一个重要范畴，不是说不需要对它进行独立的研究。事实上，经典作家对所有制范畴也做过相当深入的研究，阐述了在不同社会形态下，对生产资料所有、占有、支配

---

[1]　杨承训：《中国经济学的发展方向》（实施马克思主义理论研究和建设工程），《人民日报》2004年11月25日。

和使用的一般原理。最近几年，学术界逐渐有了研究宪政经济的文献，有的文献在考察了古罗马的先占论、洛克的劳动财产论、卢梭的社会契约论、黑格尔的个体自由意志论，还有布坎南的现代契约主义的一些思想①，引申出了宪法和财产的关系。作为学术研究，无疑应该掌握方方面面的资料和思想，但是在我看来，有关文献提供的思想资料，远不如马克思 1843 年对生产资料所有制中的"所有""占有"的表述深刻。② 研究对生产资料的"占有"或者说"所有"，是无论如何不能离开特定社会的法律规定即宪政、法律问题而谈的。

马克思的所有制理论，是研究经济转型的一个重要的理论工具，它从根本上回答了集权的计划经济体制在生产力和生产关系的矛盾运动中怎样成了社会生产力发展的障碍？为什么应该由现代市场经济体制去取代集权的计划经济体制？严格地把握马克思有关所有制理论的基本理论，第一，我们从现实经济运行中的生产、交换、流通、分配各个环节的系统研究中，真正理解所有制结构变化的必然性和现存不同所有制经济成分的性质；第二，只有从宪政的意义上理解经济学中的"所有"与"占有"的不同含义，只有对生产资料从"占有"的意义上具有合法的宪法保障，通过宪法保护公民对财产的所有权，才能成为真正维护经济长期发展的潜在动力。

但是，我认为，在由集权计划经济向现代市场经济转型过程中，仅靠马克思的所有制理论已不能完全说明经济运行中的某些新

---

① 唐任伍、王宏新：《宪政经济：中国经济改革与宪政转型的制度选择》，《管理世界》2004 年第 2 期。

② 马克思在 1843 年研究古罗马私有产权时说过："私有财产的权利是任意使用和支配的权利，是随心所欲地处理什物的权利……私有财产的真正基础，即占有，是一个事实，是不可解释的事实，而不是权利。只是由于社会赋予实际占有以法律的规定，实际占有才具有合法的性质，才具有私有财产的性质。"就我所读到的文献资料，这一段论述也许是马克思最早对所有、占有、支配和使用之间的经济关系的精彩论述，其最重要的思想是：只有有了真正的法律规定，这才使对生产资料的占有具有合法占有的性质。没有法律依据的占有，实际上就是一种剥夺。

问题。一旦社会、团体以及个人对财产的所有权得到了国家大法的有效保护,有了一个这样的既定的社会制度条件,财产的所有权有了充分的保障,也就无所谓所有权了。理论工作者还在长篇大论所有权,还有实际意义吗?因此,在对马克思所有制理论进行研究的同时,学界对现代产权理论的研究也成为"热点"。但在正常的学术研究中,对其理解还是也很不一致的,一种观点认为,现代产权理论是西方经济学家在对传统的微观经济学即新古典经济学进行批判的思考中逐步形成的,认为经济学的主要任务就是分析产权界定,但产权理论的提出者,并没有给产权下过一个明确的定义,通常所理解的产权含义,既不同于体现生产条件最终关系的所有权,又不同于企业日常决策的经营权,而是指那种企业财产在市场交易中所具有的使用权、支配权、转让权、剩余索取权等多种内涵的权利,要实现对多种经济物品进行选择的权利,又取决于交易双方对边际收益的比较。因此,产权实际上是一种契约关系,是使用权、收益权、转让权等多种权利的组合,或者说是一种多种权利的结构。另一种观点认为,产权就是所有权,它是某个主体拥有作为财产的某个客体(即拥有对某个客体的所有)所得到的法律上的承认和保护,它实际上就是生产资料归属的法律用语。

上述两种产权理论,其内涵有很大的区别,一种是市场经济运行中权利的契约关系;另一种是制度分析中财产的法律归属关系。如果仅仅是在财产权利的意义上来理解,一种是在经济活动中实施经营活动的权利;另一种是对财产的实际拥有的权利。实施财产经营的行使者,未必是财产的实际拥有者,而财产的实际拥有者又未必能够对财产实施有效的经营。因此要大胆吸收现代产权理论中的科学成分,构建符合中国国情的所有制/产权理论,强化对所有权在市场经济运行中的利益实现的研究。

对经济学基础理论研究来说,对马克思的所有制理论和现代产权理论加以整合,是一件非常艰苦的探索工作。因为马克思的所有制理论,主要研究社会经济形态发生变迁的历史趋势和人类社会制度变革的规律。而现代产权理论却是在既定的社会制度下，基于如何提高效率而研究社会经济组织的契约结构，包括在交易成本分析的基础上建立有效的产权制度和各种组织。前者回答人类社会经济制度为什么会发生变革，后者回答一种社会经济制度内部如何变得更加协调。根据目前我国由计划经济向现代市场经济转型的实践来看，不同所有制之间要界定生产资料的归属性质，维护所有者权益，在混合所有制内也要界定市场交易中的经营性产权①，所以，上述两种理解都可以存在，可以用来解释不同的经济现象。但是，产权不能离开对市场交易成本的界定，而如何把握市场交易成本，这在中国市场发育还不是很成熟的现状下，除套用现有的理论作理性的说明外，还需要动态地结合实践中出现的许多新问题，包括经济的、社会的、人文的、意识形态的甚至还有道德的等各种因素，以对交易成本有越来越成熟的把握。完善社会主义市场经济体制的文件中提出有关"产权是所有制的核心和主要内容"的命题，就是将产权作财产归属意义上的理解而提出的。而有关建立"归属清晰、权责明确、保护严格、流转顺畅的现代产权制度"的命题，则是把产权作为在市场经济运行中的契约关系来理解而提出的。不弄清这两个重要命题的理论背景，就很难把它作为统一的思想来指导实践。

　　但是，对公有制实现形式的探索，还需要实践经验的积累，我们还没有找到公有制实现的有效形式。但是我们在探索中，无论如何也不能忘记马克思有关"重新建立个人所有制"的论述无论是所谓的"社会所有制"，还是"公众所有制"，都需要"在协作和土地及靠劳动本身生产资料的共同占有的基础上"才能实现，因为这是物质基础条件。股份制经济作为一种财产的组织形式，它能够使个人财产社会化，同时又能使垄断财产分散化。在各类股份制经济中就业的工人，他们不但是劳动者，同时也以股东的身份成为

---

　　① 10多年前，苏星也有同样的观点，详见《经济日报》1991年12月7日。

公司生产资料的所有者。他们和公司的管理者在协作和对生产资料的共同占有的基础上，正在"重建劳动者个人所有制"。我们都看到，在现实的市场经济条件下，某些生产资料和生活资料的界限是很难划分得清楚的，一栋房屋，可以作公司办公用地，也可以作生活住宅；一笔资金，可以购买各种生活用品，也可以进行投资，成为可以增值的生产资料即资本。节余的生活资料更可以以货币形式来进行投资。随着"智力经济"的发展，人力资本和物质资本在社会生产力的发展和科学技术的进步中，所起的作用也将越来越重要。"劳动者个人所有制"更成为一个现实问题。

　　与此同时，只要国家还存在，国家要行使职能，国家所有制也就是一种不可取代的财产组织形式。任何市场化趋向的改革，都不会让国有制消亡，就连中国古代皇帝都知道实行"盐铁官营"。但国家所有制和公有制并不是等同的概念。对现有的国有企业进行改革，目标是如何提高效率。这里就涉及有关产权的实现问题，应该有一套合理的制度设计，一种是将权力配置的重点放在如何建立一个维护财产所有者利益的公司内部治理结构上；另一种是将权力配置的重点放在如何建立一个对经营管理者约束与激励的契约机制上。与上述两种权力配置相关，无疑还有劳动者持股权利的保护问题。这些都应该实事求是地去进行探索，把这些非常实际的经济问题当作商业炒作是解决不了任何实质问题的。

三　关于对价值和劳动价值理论的理解

　　对价值和劳动价值理论的理解，是马克思主义经济学的一个最为基本的理论问题。

　　什么是价值？仅中华人民共和国成立 50 年来，就这个题目所写的著作、论文，何止数百万言，其中固然有不少精辟的见解，但相当数量的论说是在寻章摘句，在进行着无聊的概念争论。但是，围绕着"什么是价值"的争论，我们总可以看到实践中所出现的问题。理论家在对"什么是价值"的看法中,总是表达着自己对现实经济问题的理解和追求。但对价值概念的理解,依然有很大的争论。但很遗憾,最近有关价值和劳动价值理论的讨论中,一个很重要的问题却没有引起学界的关注。

恩格斯1883年在《政治经济学批判大纲》中说:"价值是生产费用对效用的关系。价值首先是用来解决某种物品是否应该生产的问题,即这种物品的效用是否能抵偿生产费用的问题。只有这个问题解决之后才谈得上运用价值来交换的问题。如果两种物品的生产费用相等,那么效用就是确定它们的比较价值的决定因素。"接着还说:在未来社会中,"价值这个概念实际上就会愈来愈只用于解决生产的问题,而这也是它真正的活动范围",但是学术界对此却常有不同的意见。苏联编的《马克思恩格斯全集》对涉及这段话的文章加了一个注解,说那时的恩格斯才23岁,很不成熟,还没有脱离道德的观念,受到人道主义的束缚。这引发了国内学术界长期以来对恩格斯的这个观点持否定态度,认为恩格斯讲这段话时,"还留有明显的空想社会主义的痕迹和以道德为标准的分析方法"。断言说,恩格斯的这段话不能提供科学的价值定义。中国学界跟着苏联的观点跑,其实对恩格斯的武断批评是很不恰当的。事实上,恩格斯在1895年逝世前亲自再版有关著作时,依然说:有关价值是有用效果和劳动花费的衡量的观点,"我在1844年时已经说过了。可是,读者可以看到,这一见解的科学论证只是由于马克思的《资本论》方才成为可能"。

"价值是生产费用对效用的关系",涵盖了当今市场经济运行中许许多多问题,包括微观的、宏观的诸多方面。在集权计划经济的时代背景下,孙冶方曾冒着政治生命的危险,主张用"价值是生产费用对效用的关系"来改造传统的政治经济学,在《经济研究》1959年第9期,孙冶方发表了《论价值》一文,全面阐述了恩格斯有关"价值是费用和效用的关系"的观点①,强调要以最小的劳动耗费取得最大的经济效果为红线来重新撰写我们自己的政治经济学。如果在孙冶方的那个时代,强调"价值是生产费用对效用的关系",还需要去区分交换价值和价值决定的不同含义,那么在当今市场经济的条件下,把价值归结为费用和效用的关系,似乎就成为不需要论证的常识问题了。

　　谈到劳动价值理论,自然也是马克思经济学理论中一个重要的基础理论。马克思在对资本主义社会中劳动者与资本家这样一种对立的矛盾关系的批判中,创建了劳动价值理论。强调商品的价值是由劳动者的劳动所创造,商品价值是人类一般劳动的凝结。在劳动价值论基础上创立了剩余价值论,马克思从价值到剩余价值,从剩余价值到利润,从利润到平均利润、生产价格的分析,合乎逻辑地分析了雇佣工人即劳动者是创造价值的主体,他们的劳动才是价值的源泉。而资本家则作为剥削者并不参与劳动过程,只是单纯凭借资本的所有权,不劳而获地拥有工人创造的剩余价值。资本家不是劳动者,资本家在经济过程中体力与脑力的耗费,不过要进行剥削亲自花费必要气力。他还说,"工人自己创办的合作工厂,它们提供了一个实例,说明资本家作为生产上的职能执行者对工人来说已经成为多余的了,就像在资本家看来,土地所有者的职能对资产阶级的生产是多余的一样"。但是,我们都知道,要成就一个科学的理论,就一般来说,应该有三个条件:一是事实依据或者说假设前提;二是科学方法或者说研究模型;三是科学的逻辑或者说严密的推理。劳动价值理论的事实依据或者说假设前提有两个:一是资本家作为资本所有者和管理者是多余的!二是劳动者都是无产者。但人类社会经济发展的历史证明:生产资料作为一种稀缺的资源,由

---

　　①　关于此文章检索,除孙冶方教授就"价值是费用和效用的关系"撰写过长篇文章外,张卓元、冒天启也曾编写过类似文章,比如《关于价值概念的几问题》(《经济科学》1981年第3期)、《关于价值范畴》(《经济研究丛刊》)、《社会主义再生产、所有制、商品价值问题》(1982年)。

于生产资料本身就是劳动的产物，是劳动的产品，也是商品，所有者本身客观上就存在着对生产资料的所有权，并且是一种排他的私有权。具有一定劳动能力的劳动者，并不等于他同时就会拥有一定的生产资料，他的劳动力只能与别人拥有的生产资料相结合，才能开始劳动生产过程。当然也有另外一种情况，具有生产资料却劳动力不足，同样也不能开始劳动生产过程。劳动力是商品，但在生产资料作为一种稀缺的资源，人们对其所有权的要求是天经地义的事情，作为资产要素所有者即资本所有者资本家就并非是多余的。联系当今我国市场经济运行的实际情况，在农村，随着农业产业化的推进，农民不仅有了 50 年不变的土地使用权，一部分还开始从事第二、第三产业；在城市，随着现代企业制度的建立和一些企业的改组改制，一部分工人持有了企业的股份，有产者大量增加；还有一大批年轻、知识层次高、掌握高新技术的管理技术人员，活跃在高科技的民营企业和外商投资企业中。这些新的社会阶层中的广大人员，对推动科技进步，活跃城乡市场，优化资源配置，扩大就业门路，满足人民多样化的需求，促进国民经济的发展发挥了重要作用。劳动者的多数正在逐步成为有产者这是无可辩驳的事实。劳动价值理论借以立论的事实依据即假设前提已经发生了根本的变化，难道这个理论还有存在的适用性吗？难道还需要我们在马克思的著作中寻章摘句而发现马克思劳动价值理论的不周全吗？难道还需要我们用变化了的经济事实刁难经典作家在特定经济条件下的论述吗？用语录来论证"创新"，更不是科学的研究方法。承认已经存在的经济事实就足够了。马克思的劳动价值理论就是马克思的劳动价值理论，要"深化"，想添进去什么新思想，这是不可能的。说"社会主义社会的劳动价值理论"，这是一个"莫须有"的经济学命题。

四　关于对市场经济运行的研究和借鉴外国市场经济理论的理解

注重对市场经济运行问题的研究，这不是一个难题。我们已经具备市场经济的常识和积累了解决具体经济问题的经验。但我们正处在由集权计划经济向市场经济转型的关键时期，面临着许多新问题、新情况，因此，我们还是需要明确，在构建中国经济学新体系中，需要从中国的实际出发，大胆借鉴一些符合中国国情的成熟的市场经济理论，简单化地排斥、批判，提倡一种什么"土生土长"的理论，这不是科学的态度。这里试举几例：

关于新制度经济学

新制度经济学家诺斯写道："在详细描述长期变迁的各种现存理论中，马克思的分析框架是最有说服力的，这恰恰是因为它包括了新古典分析框架所遗漏的所有因素：制度、产权、国家和意识形态。"应该说，马克思的制度演化理论，对新制度经济学具有重大影响，它们有共同点，在某些方面甚至可以互相补充，比如，在分析方法上，二者都注重逻辑分析与历史分析的结合，马克思认为：制度变迁的历史就是生产力与生产关系或生产方式矛盾运动的历史，只有通过考察这一历史过程，才能科学地解释制度变迁。诺斯等也注重对经济史和制度演变史的考察，以论证其理论假说，尽管有时所使用的历史材料是例证性的，但也属于历史分析方法。在对待意识形态的作用上，二者都重视意识形态在制度稳定和变迁中的作用，认为不能脱离意识形态来分析制度变迁，而且都认为意识形态具有群体性：马克思的"群体"以阶级为主，同时具有地理环境、宗教等方面的含义；诺斯等人则主要从地理环境、文化等方面解释意识形态的形成。在对待制度变迁评价的标准上，马克思坚持生产力标准，将此标准具体化，如劳动生产率、工资利润率，就是成本与收益标准即交易成本；同样，新制度经济学的交易成本标准，也可以包含在生产力标准中。因为，评价制度变迁是否有效，不仅要考察它是否促进了生产力发展，还要考察人们为实施变迁和在新制度下活动所要支付的代价。在研究制度变迁的动力问题上，马克思从生产力与经济制度的矛盾运动和变迁主体两个方面解释制度变迁的动力，并分析了两种动力的相互作用。新制度经济学虽然只从制度变迁主体的动机来解释变迁的动力，没有涉及制度与经济发展、技术进步的矛盾运动。但他们提出了"相对价格的变化是制度变迁的原因"的观点，再深入一步就能揭示出制度变迁的内动力。

所以，科学地吸取新制度经济学中某些观点，可以丰富马克思主义的制度变迁理论。但是，我们也必须看到它们之间的差异，比如，马克思生产关系变革理论是在研究不同经济制度的更替；新制度经济学是在既定经济制度下研究如何让现存制度更有效率。此外，两种理论都对制度进行了均衡与非均衡分析，以解释制度的稳定与变迁，但二者对均衡有不同的理解：马克思经济学是制度与生产力的协调，是制度框架内各主体之间利益关系的协调，属于宏观均衡；新制度经济学中，却仅仅是微观市场的均衡。①

关于欧洲的第三条道路的思想

当代欧洲著名左翼思想家安东尼·吉登斯在 20 世纪 90 年代末有一部很重要的著作《第三条道路：社会民主主义的复兴》，书中说："150 年以前，马克思写道：一个幽灵在欧洲游荡，这就是社会主义或者共产主义的幽灵。这一点在今天看来仍然是正确的，……我们不能简单地放弃推动他们前进的那些价值和理想，因为这些价值和理想中有一些是为我们的社会和经济发展所要创造的美好生活必不可少的。目前我们所面临的挑战，就是如何在社会主义经济规划已经失信的地方使这些价值再现其意义"。书中还分析了社

---

① 参见黄少安《制度变迁理论与中国经济制度变迁》，载胡家勇主编《转型经济学》，安徽人民出版社 2003 年版。

会主义计划经济失败的原因,说:"社会主义的计划经济理论从来都是很不完备的,这些理论低估了资本主义在创新、适应以及不断提高生产力方面的能力。社会主义也未能把握市场作为一种向买卖双方提供基本信息的机制的重要意义。"作者认为,随着社会主义作为一种计划经济管理理论的衰亡,左和右之间的主要界限已经消失,我们应该研究在什么程度上以及以什么方式来对资本主义进行管理和规制,比如,政府可以同市民社会中的机构结成伙伴关系,采取共同行动来推动社会的复兴和发展,这种伙伴关系的经济基础就是新的混合经济。这是一种"粉红色"的思想。资产阶级的思想家能够在社会主义处于低潮的时期继续借鉴马克思的思想,改善对资本主义的管理,我们为什么不能由此得到启发,比如,在"新的混合经济"基础上协调国家与市民社会的关系,让政府多一些责任,给民众多一些权利,在最大限度地利用市场机制的同时,扩大政府对人力资本的投资,开发人的潜能,逐步实现机会平等;发展社会投资型的国家结构,提高"第三部门"的地位;超越"大政府""小政府"的流行说法,建设功能型的新政府等,这对中国处在转型期的政府职能转换是很有借鉴意义的,特别应该指出的是,类似思想对新自由主义才具有更强的批判力。[1]

发展经济学提供了解决我国二元经济结构的有益思路,就连外国学者也承认中国学者是发展经济学的奠基者,为什么要在中国的经济学新体系的构建中却要莫名其妙地首先对其加以排斥?[2]

还有,任何一个经济关系,都会有一种数量关系,理论经济学的发展走向数理化,是一个方向。近些年来,计量在经济学研究中

---

① 参见周弘《福利国家向何处去》,《中国社会科学》2004 年第 1 期。文章对所谓的"第三条道路"从更深的层次上作了归纳,意指:把欧洲的传统价值观念与现实的政策主张地结合起来,借助欧洲联盟层面上的自由市场经济来调动民族福利国家的制度改革,同时又通过民族福利国家层面上的社会要求来阻止欧洲联盟层面上的"市场社会化"发展,从而形成一种"市场社会"和"福利国家"之间的"第三种社会模式"。

② 杨承训:《中国经济学的发展方向》(实施马克思主义理论研究和建设工程),《人民日报》2004 年 11 月 25 日。

得到了很大的发展，科学的计量研究即以科学的经济理论为指导和经济事实为依据，给予科学的数理模型计算，展现了复杂的经济关系，这是很令人可喜的想象。目前学界有好几代学者都活跃在一线，它们的研究方法在很大程度上都受制于时代。就像我们已过"耳顺"之年的学者，要想再用数学模型去表达自己的经济学思想，已经是不大可能的事情了，但既然还要继续吃学术研究这碗饭，就应该不断学习，应该做到能看得懂这些著作，同时能分清优劣、正确与错误，而不能是凡看不懂，就拍桌子、摔帽子，说这是故弄玄虚，把简单问题复杂化。独此一家的学术研究方法的时代，早就一去不复返了。

五　关于对马克思、恩格斯经典文献原创思想的理解

搞马克思主义理论研究和建设工程，当然要认真学习马克思、恩格斯的原著，但我们要注意完整、全面地学习、理解，特别是搞专业的人，更要注意经典作家的原创思想，要纠正过去那种按照自己的观点对经典作家的原著目录进行筛选的做法。

这里我想提及一篇在马克思思想发展史上有过争议的文献。1850 年前后，马克思、恩格斯以《资本论》经济学思想为基础，以《共产党宣言》为主要代表纲领，编辑了《新莱茵报》，宣传阶级斗争理论和无产阶级专政的学说。《新莱茵报》办到 1849 年 5 月 19 日停刊。后来，马克思又于 1850 年编辑出版了《新莱茵报：政治经济评论》，撰写长篇的连载三篇：《1848 年 6 月失败》《1849 年 6 月 13 日》《1849 年 6 月 13 日的后果》，后来出版单行本时又增加了恩格斯的一篇《1850 年普选权的废除》，共四篇，以"1848 年到 1850 年的法兰西阶级斗争"为书名发行。但是，恩格斯在他不久于人世之际，于 1985 年 3 月给这本小册子的再次发行，写下了《卡尔·马克思〈1848 年到 1850 年的法兰西阶级斗争〉一书导言》，恩格斯在这篇导言中，反思了《共产党宣言》发表近 50 年

的无产阶级革命实践。我想就有关论述摘录如下:

> 历史表明我们也曾经错了,我们当时所持的观点只是一个幻想。历史做的还要更多,它不仅消除了我们当时迷误,并且还完全改变了无产阶级进行斗争的条件。1848 年的斗争方法,今天在一切方面都已经陈旧了,这一点是值得仔细研究的。

> 以往的一切革命,都是归结于某一阶级的统治由另一阶级的统治所替换;但是,以往的一切统治阶级,对被统治的人民群众而言,都只是区区少数。这样,一个统治的少数被推翻了,另一个少数又起而掌握国家政权并依照自己的利益改造国家制度。……如果把每一个个别场合的具体内容撇开不谈,那么这一切革命的共同形态就在于:它们都是少数人的革命。造成一种假象,仿佛这个少数人是代表全体人民的。

> 历史表明,我们以及所有和我们有同样想法的人,都是不对的。历史清楚地表明,当时欧洲大陆经济发展的状况还远没有成熟到可以铲除资本主义生产方式的程度;历史用经济革命证明了这一点,这个经济革命自 1849 年起席卷了整个欧洲大陆,在法国、奥地利、匈牙利、波兰以及最近在俄国初次真正确立了大工业,并且把德国变成了一个真正第一流的工业国。这一切都是在资本主义的基础这发生的,因此,这个基础在 1848 年还具有很大的扩展能力。

> 在 1848 年要以一次简单的突然袭击来达到社会改造,是多么不可能的事情。

> 有效地利用普选权,无产阶级的一种崭新的斗争方式就开始被采用,并且迅速获得进一步的发展。

恩格斯这里所说"我们当时所持的观点只是一个幻想""曾经错了""已经陈旧了""值得仔细研究"等,就是指《共产党宣言》中的一些观点。在我们党编选的《马克思恩格斯选集》中,选入了马克思《1848 至 1850 年法兰西阶级斗争》的文章，但拒绝选入恩格斯 50 年后对这篇文章的《导言》。这就很难让老百姓能够系统地去理解经典作家思想的发展过程。把恩格斯晚年的观点和他们早期的观点以及斯大林、毛泽东的观点相比较，我们可以得出这样一种理论性的判断：资本主义向社会主义的转变，可以有两种途径，一种是社会生产力自然发展的过程，社会主义的因素可以在资本主义内部成长起来，特别是资本主义的物质基础还具有很大的扩展能力的历史条件下，更应关注这种理论的思考；另一种是以革命的手段来进行剥夺，对资本主义的私有制进行改造。在理论上允许这两种判断存在，拓展了我们认识当今发达市场经济国家内的社会经济组织的性质和原社会主义为什么要向市场经济转型的思路。当今实践证明，第一种理论判断更具有事实依据。社会主义可以自然而然地在资本主义内部得到发展，这是恩格斯晚年一个很重要的思想。

如果我们把恩格斯晚年的思想和邓小平的理论联系起来思考，更凸显了马克思主义经典作家的"务实""求实"的精神。

（原载《山东社会科学》2005 年第 1 期）

在冶方身边重读《资本论》

茶座聊天，求得一个坦诚，一个真诚。在回忆性的题目下聊天，注定就是一些陈芝麻烂谷子的琐碎事。但如同孙冶方很是看重刘鹗《老残游记》中所说的那样：眼前的路，都是过去的路生出来的；你走两步，回头看看，一定不会错了。我也就围绕着定下的题目拣其要者写下去了！

一

大学选择什么样的专业，在很大程度上将会决定一个人一生的生活轨迹。我不爱经济学，但却端着经济学研究的饭碗折腾了大半辈子。

我经历了"大跃进"，也苦熬过"大饥荒"，年轻时身体搞得很坏，高三选报大学志愿时，体检的结果，居然不符合报考工科条件，不得不临时改报了个经济学专业。1961 年 9 月，进了大学的经济系。适逢贯彻"高教六十条"，高校开始整顿对被"大跃进"搞乱了的教学秩序，加强专业基础。大一时期《资本论》是必修内容。给我们讲《资本论》的老师，有着很高的教学水平，凭借他对马克思《资本论》写作思路的理解，带着我们在《资本论》浩瀚的海洋中漫游。那时，我还不足 20 岁，但好读书、好琢磨，常常是饥肠辘辘地整天泡在图书馆，沉浸在《资本论》经济学范畴及其严密的逻辑演绎中。现在翻开我的《资本论》一书，书眉、空白处写满了我在 20 世纪 60 年代初阅读时的体会，也算无愧"认真"二字。但那时，我缺乏社会阅历，《资本论》究竟讲了些什么，尽管记住了"劳动二重性""剥夺者被剥夺"等条条，但将《资本论》与社会现实相比较，总觉得不甚了了。

20世纪70年代末，经历了中国社会近十年的"大动荡"，我有机会在孙冶方身边工作和学习。冶方最得意的理论是他的价值理论，自称是他整个思想体系的基础。他向批判者调侃说：你们若能批倒我的价值论，别的观点也就摧枯拉朽地倒了。1959年8月，他在青岛写了《论价值》一文，发表在1959年第9期《经济研究》上。在这篇文章中，冶方提出：要改造流行的经济学教科书，应该按《资本论》的顺序来编写经济学教科书，但价值概念应贯穿于各篇章，并为此设计了纲要。我用很长时间细细品味了这篇文章，渐渐尝出了经济学的科学味道。在当时的政治环境下，冶方长篇大论"价值是费用和效用的关系"的理论，强调政治经济学要以最小的劳动耗费取得最大的经济效果为红线，而不要将经济学政治化，这帮助我改变了学习《资本论》的方法：不要在建设时期去人为地界定《资本论》的社会属性甚至赋予它另外的政治含义，而是要在社会化大生产的意义上，研究资本背后的价值含义。有了这样的理解，马克思的《资本论》实际上成了新时期的《价值论》。这样，我以一个新的视角读书，在一个新的高度，重新把握了马克思《资本论》在人类经济思想发展史上的地位。我觉得，一个搞经济学研究的人，如若能够从社会大生产的意义上挖掘《资本论》深层的思想，经济学的思维都会有一种豁然开朗的感觉。

孙冶方作为经济学研究的领导者，很关注经济学研究对政治意识形态的相对独立性。1957年11月12日，他直接给中央写了请示报告，建议经济研究所归中国科学院、国家计委、国家经委、国家统计局四方面领导，意在避开意识形态部门的干预。后经书记处和国务院常务会议讨论批准，经济研究所归科学院和国家计委双重领导，这为经济研究能密切联系实际提供了组织保证。而冶方作为经济学研究的工作者，又非常注意基本功。1961 年 11 月 7 日，他给一位同志的信中说：经济研究的基本功应包括读书和调查研究两个方面，二者不可偏废。读书，不仅要读经典著作，而且要读资产阶级、修正主义著作，读现代作者的著作；调查研究不仅要注意典型调查，而且要注意综合性资料的搜集。

从社会化大生产的意义上学习《资本论》，这无疑是叛逆那个时代主流的经济学治学之道。

二

用最小的劳动消耗取得最大的有用效果，费用与效用的比较即价值，是贯穿经济学研究的红线。

李嘉图的《政治经济学及赋税原理》早在 1817 年出版。1821 年，这部书的第三版更广为流行，再版后的书中写道：国家财富的增加可以通过两种方式：一种是用更多的投入来维持生产性的劳动……另一种是不增加任何劳动量，而使等量劳动的生产效率增大……这两种增加财富的方法中，第二种方法自然是更可取的。当时，有一位匿名作者按照李嘉图的这个思想写了一本《国民困难的原因及其解决办法》的小册子，其中说道：一个国家只有在劳动 6 小时而不是劳动 12 小时的时候，才是真正富裕的，财富就是可以自由支配的时间。马克思看到了这本书，对这个思想极为赞赏，说："这不失为一个精彩的命题。"同时，还把李嘉图的上述说法概括为：在尽量少的劳动时间里创造出尽量丰富的物质财富。马克思特别强调说：这在一切社会形态中都是适用的。

时间过了 100 多年，孙冶方把这个朴素的经济思想，用中国化了的经济学语言作了广泛宣传。他在多篇文章中都讲：要用最小的劳动消耗去取得最大的有用效果。人类生活的好坏，从根本上说，取决于劳动效率的高低。要以更少的劳动投入获得更多的有用产品；或者说，要减少生产每一单位产品所需要的劳动量。用简单的数学公式表示，就是：产品/劳动时间。如何扩大分子，以求更多的有用效果？如何缩小分母，以求更少的劳动耗能？这是一切经济问题的秘密。有用效果，作为具体的实物，是使用价值，由具体劳动形成；劳动消耗，作为社会必要劳动，是价值，由抽象劳动形成。回答一定的劳动时间内生产了多少产品，这是劳动生产率问题。但如果把上述公式倒过来，即劳动时间/产品，回答单位产品中包含有多少劳动时间即劳动耗费，这是如何用最小的劳动耗费取得最大的有用效果。"最小最大"，实际上是一个把个别的、局部的劳动还原为大多数的、社会平均的劳动耗费的经济运行过程。经济学要研究并解决存在于生产、流通、分配和消费各个领域中的商品二重性和生产商品劳动二重性的矛盾，产品价值和使用价值的矛盾，生产产品的抽象劳动和具体劳动的矛盾，从而提高劳动生产效率。效率与价值，是同一个问题的两个方面，效率即价值，价值即效率。"最小最大"即效率，是经济学研究的灵魂；"最小最大"即价值，是经济学著作的红线。

从孙冶方"最小最大"的思路，马克思在《资本论》中所揭露的资本家能以最少的生产资料投入获取最大限度剩余价值的各种途径，都可以还原为人类如何以最小的劳动耗费取得最大有用效果的秘诀。搞社会主义经济建设也应如此。现在看，这几乎是经济学的 A、B、C。但正是这些 A、B、C，却在那个不可思议的年代，给孙冶方带来了牢狱之灾。

三

"最小最大"是任何形态的社会化大生产所必须遵循的共性问题，但《资本论》将这一共性寓于对资本主义经济的个性分析中。

经济学研究就是要抠概念，而抠概念就要系统地读文献，这是孙冶方的治学品格。我跟着冶方的思路，把价值概念细细地抠了一遍。恩格斯于 1843 年在《政治经济学批判大纲》中批驳了李嘉图与萨伊的价值论。李嘉图认为：价值是由生产费用决定的。恩格斯批驳说：如果生产费用决定价值，那岂不是说生产水平越低、投入的生产费用越多，价值就越大吗？李嘉图回答说：无用劳动是没有结果的，也是没有效用的。萨伊认为：物品的价值是由效用决定的。恩格斯反驳说：如果效用决定价值，那岂不是说生活品的价值要比奢侈品的价值高吗？萨伊回答说：不，黄金的价值决不会低于小麦的价值，因为生产黄金的费用要高。恩格斯挖苦他们两人说，你们的价值理论实际上都回答了对方。因此，恩格斯说："价值是生产费用对效用的关系。价值首先是用来解决某种物品是否应该生产的问题，即这种物品的效用是否能抵偿生产费用的问题。只有这个问题解决之后才谈得上运用价值来交换的问题。如果两种物品的生产费用相等，那么效用就是确定它们的比较价值的决定因素。"恩格斯接着还说：在未来社会中，"价值这个概念实际上就会愈来愈只用于解决生产的问题，而这也是它真正的活动范围"。

但是在中国学界，却把价值概念搞得很混乱。苏联编的《马克思恩格斯全集》对恩格斯的上述论述加了一个注，说那时的恩格斯才23岁，很不成熟，还没有脱离道德的观念，受到人道主义的束缚。这引发了国内学术界长期对恩格斯的这个观点持否定态度。1961年6月19日《光明日报》撰文批评恩格斯的这个观点，说：当时马克思主义还没有建成，这还属于人道主义的观点；1980年《经济研究》第8期也有文章说，恩格斯讲这段话时，"还留有明显的空想社会主义的痕迹和以道德为标准的分析方法"。认为恩格斯的《大纲》不能提供科学的价值定义。中国学界跟着苏联的武断说法跑，对恩格斯的武断批评是很不恰当的。而今，中国学界对恩格斯本人的坦诚说明，却作出了非常偏颇的理解。恩格斯在1884年与俄国叶·埃·帕普利茨谈及《大纲》俄文翻译时的确说过："我至今对自己的这第一本社会科学方面的著作还有点自豪，但是我清楚地知道，它现在已经完全陈旧了，不仅缺点很多，而且错误也很多。我担心，它引起的误解会比带来的好处多。"有学者以此为据，把"价值生产费用对效用的关系"说成是一种"异议"。我看，这也许是没有好好系统阅读、认真研究原著才得出的结论吧！

我们细细研究马克思、恩格斯之间长期的通信，就可以看出，马克思对恩格斯有关"价值是生产费用对效用的关系"的观点是十分赞赏的。1868年1月8日，他给恩格斯的信中说：由于我采取了抽象的研究方法，直接的价值规定，在现实社会中，实际作用是很小的，甚至是找不到的。（价值）"通过价格的变动来实现，那么事情就始终像你在《德法年鉴》中已经十分正确地说过的那样。"所谓"十分正确地说过"，就是指恩格斯发表在《德法年鉴》上的《政治经济学批判大纲》中"价值是生产费用对效用的关系"的说法。恩格斯在1895年逝世前半年再版《反杜林论》时，重申说：（价值是生产费用对效用的关系）观点"我在1844年已经说过了。但是，可以看到，这一见解的科学论证，只是由于马克思的《资本论》方才成为可能"。所以，恩格斯的"价值是生产费用对效用的关系"与马克思的《资本论》是完全相通的。

孙冶方由"生产费用对效用的关系"得出"最小最大"的价值理论，为我们当今对现实经济问题的理论思考留下了极为广阔的思维空间。而孙冶方也是在费用对效用的比较中，构筑了特定历史时期一个独具特色的经济学思想体系，反叛了那个窒息人类思维的只算政治账的所谓经济学教科书。

四

"无流通论"在中国的社会根源是封建的自然经济关系。

孙冶方一再强调：《资本论》第二卷中所论述的许多问题，只要剔除资本主义的特殊属性，作为社会化大生产的规定，对社会主义经济依然适用，比如，消费资料、生产资料的流通以及储备，银行以及信用制度的发展等。生产中的"最小最大"与流通中的加速资金周转，以最少的垫支资金取得最大的有用效果具有相同的意义，因为等量资金的周转速度不同，获得的有用效果也是不等的。因此，在我们帮他整理《社会主义经济论》时，冶方特别要求我们抽出时间，要反复阅读《资本论》第二卷的第一、第二两篇，作为写《社会主义经济论》（流通篇）的准备。

冶方自己也反复阅读了《资本论》第二卷，在他的日记中有不少对第二卷的学习体会。1977 年 4 月的一篇日记中写道："读《资本论》二卷二篇十七章《剩余价值的流通》（1948 年版，第256 页），必要的欲望不先满足，任何物都是不能蓄积的。人类愿望的巨流在求享受。"——这句话也是"农业为基础"这一真理的论证。紧接上句："是故，随便在什么时候，社会的财富之量，比较起来，都是微小的。生产与消费，形成一个永久的循环。在莫大额的年生产与年消费中，这一小撮的现实的蓄积，算不了什么；但人们主要注意的，仍不是巨量的生产力，仅仅是这一撮的蓄积。这一撮的蓄积，竟在少数人手中，转化成为一种占夺的工具，使其所有者，可以在大量劳动每年反复的生产物中，占夺去一部分。也就因此，对于这少数人，这种工具就变成异常重要的了。"1977 年 4月的又一篇日记中写道："读《资本论》二篇十三章《生产时间》。由于农业的生产时间长于劳动时间甚多，固定资金闲搁的时间也长。所以，美国每一农业劳动所装备的固定资产远远高于重工业。"（老版本的原著翻译，读起来不是很顺，但冶方喜欢读老版本，或自己直接翻译——作者注）假定生产中年剩余价值量相等，但由于周转期间的差别，也会引起年剩余价值率的差别，特别是对简单再生产与扩大再生产的划分，直接涉及建设的经济效果和企业管理制度的改革。斯大林的教科书中主张"无流通论"，它把社会共同占有生产资料的社会主义全民所有制经济看作一个大工厂，把工厂之间的社会分工同工厂内部的技术分工等同化，在理论上混淆"交换"与"分配"，把"配给"当作分配并且代替了"交换"，从而取消了流通。孙冶方提出，改革的最终结果就是要解散当时权力很大的物资部。

再生产只能有两种正常的情况：或者是再生产按原有的规模进行；或者是发生剩余价值的资本化，即积累。冶方正是由此提出了企业扩权的理论，而这对集权计划经济是大逆不道的。当然，我们也看到，三次产业的分析方法已经大大超出了两大部类的理论框架。还有，当今市场经济中瞬息万变的各种形式，也远远超出了马克思那时所面临的商品流通，但在社会大生产的意义上，把握《资本论》深层的思想，使当今我们在吸收各种流派的市场经济学的分析方法时，会更具理论的判断性。

五

经济学研究，需要良好的社会环境。冶方在 1981 年 5 月 4 日的日记中写道：在学术研究中区分政治错误与学术、思想问题的界限，此话现已为大家所接受，我也欣赏过。但是仔细一想，把政治、思想、学术（或科学）三者并列提，这对不对？如承认是对的，那就承认政治可以是无思想或非思想的，可以是不学无术或非科学的，而思想和科学则是超政治的。问题出在何谓"政治问题"，根据一般含义，"成了政治问题"即是"违反党纪国法的问题"，这是对政治的曲解。冶方非常喜欢刘鹗的《老残游记》。1981 年 5 月 12 日，他在日记中写道："我把许多时间花在《老残游记》上了。这次重读此书，一是为的寻找一句著者的名言：'眼前的路，都是过去的路生出来的；你走两步，回头看看，一定不会错了。'但记得刘鹗此书中还有一句名言，是说：清官而瘟，比贪官还坏。因为瘟官是以为清白，不贪赃，所以做起'瘟'事来，更有恃无恐。（在刘鹗《老残游记》中完整的句子是：赃官可恨，人人知之，清官尤可恨，人多不知。盖赃官自知有病，不敢公然为非；清官则自以为不要钱，何所不可？刚愎自用，小则杀人，大则误国，吾人亲目所见，不知凡几矣。'瘟官'应为'瘟刚'。——

作者注）这同我们的思想不解放者比打砸抢分子更难对付是一个道理。因为他们所执行的是没有'四人帮'的'四人帮'的'左'倾路线，甚至是以反'右'的面目出现的。"我非常欣赏冶方在日记中的表白，那时没有"博客"，其实，公开了的日记，是最为真实的思想。冶方晚年，以自己的亲身体会，反对"以言治罪"的文化专制主义，因为专制剥夺了科学家最基本的生存权；同时，也以辛辣的笔调批评那种闻风起哄的"风派"，因为"风派"助纣为虐，下手更狠，因此尤为可憎。

依照孙冶方的《价值论》、按《资本论》的体系撰写《社会主义经济论》，是抛弃斯大林经济学教科书的有益尝试，也是要为改革传统计划经济体制提供一个理论框架。20世纪60年代初冶方就开始组织撰写，其间几易其稿，但由于一次又一次的政治斗争而全都搁浅；"文化大革命"初期被投入牢狱，囹圄七年，他用默忆的特殊写作方法，对书稿的22章183节，坚持每月一次，打了85遍腹稿；出狱后，立即将书稿追忆写在了5个笔记本上。后来，他将这5个笔记本留给了我，是一份十分珍贵的纪念品。冶方曾对我说，你替我起草文章，可以发挥，但不能超出价值规律内因论和商品生产外因论，超出了这个，就不是孙冶方了。因此，在一个时期，我非常严格地按照冶方的本意，重新学习《资本论》，并以新的体会思考《社会主义经济论》。《社会主义经济论》按照《资本论》的叙述层次，以全民所有制的产品为出发点，以最小的劳动耗费取得最大的有用效果为贯穿全书的红线，把费用对效用的比较即价值范畴贯穿于各章节，分析生产过程、流通过程、社会再生产总过程，从而揭示社会主义经济的内在运行规律。这种"过程法"，即对经济运行过程的研究，无疑要比"政策汇编法""规律排队法"高明得多，其中的价值规律内因论，标志着理论经济学在特定历史条件下的一种进步。但随着实践的变化，我也渐渐意识到了这个体系中的商品生产外因论，有着很难剔除也很难修正的理论局限性。我记得，有关马克思、恩格斯的思想，20世纪80年代初，冶方曾几次表示："看来，我这一辈子是不大可能把《社会主义经济论》写出来了。"他也曾对我说："有机会去苏联看看，看看那里发生了什么变化，我们的这一套是从他们那里搬过来的。"《马克思恩格斯全集》要好好读，那是你的看家本领；如果能到经济管理部门工作一段时间更好。这些指点，无疑对我的治学有很深的影响。但也可以看出，冶方晚年对《社会主义经济论》的理论框架和体系，也有了重新思考的意向。20世纪80年代初期的一个时期，冶方明显放慢了《社会主义经济论》大纲整理的进度，转而去调查和研究当时紧迫的经济发展和改革的具体问题，甚至还介入了文艺、电影的争论。

　　在集权计划经济的时代，从社会化大生产的意义上研究资本背后的价值含义，把《资本论》还原为《价值论》，树立对费用与效用进行比较的经济理念，是一个叛逆那个历史时代主流的进步。当今，我们处在由集权计划经济向现代市场经济转变的新时代，费用与效用比较的理念已经成为从事经济学研究的常识，但同时，也为最充分地吸纳人类一切先进的经济学思想提供了广阔的思维空间，这又是顺应这个时代历史发展的一种先进文化的理念。

　　重读《资本论》是一个很大的研究课题，寥寥数语，有点言犹未尽之感。但这是茶座聊天，也就只好作罢。还是《老残游记》的那句话：你走两步，回头看看，一定不会错了。

（原载《经济学家茶座》2005年第4期）

转型国家不同制度安排与价值取向

——中俄转型理论与实践的比较 *

中国与俄罗斯，都曾实施过大体相同的计划经济体制，但在 20 世纪末向市场经济的转型中，却有着不同的转型策略和基本进程，根本原因是两个国家对转型的最终目标定位上，有着不同的制度安排。

一 俄罗斯经济转型的制度安排

20 世纪 80 年代末 90 年代初，俄罗斯在转型起点就有了明确的制度选择：一是要在国家政体上由共产党一党执政转向多党议会制；二是要在经济体制上由集权计划经济转向市场经济。这样的制度安排，显然是要彻底抛弃斯大林的所谓社会主义模式，建立一个全新的社会制度。

斯大林从 1926 年开始，领导苏联进入了以工业化为主要内容的建设时期，并逐步建立了集权计划经济体制。这个体制的主要特征：一是用超经济的手段排挤非公有制经济，让公有制经济特别是国家所有制经济在国民经济中取得绝对的垄断地位。据苏联 1937 年的统计资料，公有制经济在工业总产值中占 99.8%，在农业总

* 本文系提交中国社会科学院与德国阿登纳基金会于 2007 年 8 月在北京联合举办的"中德对话：社会市场经济和谐发展"国际研讨会的论文。会议对论文提出的问题进行了热烈讨论，作者根据会议讨论和评论对文章进行了修改，在此对会议主办方和评论者表示深深的感谢。

产值中占 98.5%，在商品零售总额中占 100%。斯大林正是依据这些资料，宣布苏联在这一年已建成了社会主义。二是用行政权力下达经济计划指标并管理经济，最高权力机关是苏共中央，由国家计委和经委负责计划制订、实施和检查，产供销和资金一律按行政系统安排。这种带有强烈权力色彩的集权计划经济，在一个时期的确也发挥了某种效应：从 1927 年开始实施第一个五年计划，集中国家财力、物力、人力，建立了现代工业体系。这和同期资本主义国家正在经历着的世界性大危机形成了鲜明的对照。①

　　但是，这种集权计划经济体制所内含的矛盾也在慢慢膨胀，高速发展的工业和日益衰退的农业以及潜在的工人和农民的矛盾日趋尖锐。进入 20 世纪 50 年代，矛盾日益显形，国家通过行政权力对农产品实行高征购、低价格的政策，使苏联农业一直处于停滞不前甚至衰退的状况。另外，经济结构畸形发展，为抵御外国敌对势力的包围并长期进行军备竞赛，政府集中投资发展国防工业体系，使得消费品工业极为落后，人民日常需要的生活用品得不到满足。集权的计划经济体制附以极权的政治体制，培植了一个权贵官僚主义阶层，这个阶层与广大人民群众的矛盾日趋尖锐，在体制内累积、积聚了深刻的多重经济、社会和政治矛盾。

　　从 20 世纪 80 年代中期起，戈尔巴乔夫领导苏联进行改革。当时以"加速"为目标，优先发展机器制造业，但实际效果却是加剧了工业与农业及食品工业的矛盾。② 当时，我在苏联莫斯科大学等高等院校访问研究，他们对"市场社会主义"继续进行批判，"短缺经济学"被看作是异物，就连"竞争"概念也仍被排斥在讲坛之外。1987 年 6 月，原苏共制定了《企业法》，调整国家与企业

　　① Российская экономическая академия 1995：《Общая экономическая теория》издатель ство《промомедиа》москва（俄罗斯经济科学院：《经济学理论原理》，莫斯科普诺莫－麦迪亚出版社 1995 年版）。

　　② A. B. Бузгалин 1994：　《переходная экономика》издательство《белорусский дом печати》（A. B. 普茨卡林：《过渡经济学》，白俄罗斯出版社 1994 年版）。

的利润分配办法；1988 年 6 月，转向政治体制改革；1990 年 5 月，开始向市场经济过渡，当时有以渐进为特色的"政府方案"，有以激进为特色的"500 天计划"，也有以"500 天计划"为基础的"总统方案"，但都突出了价格自由化和国有企业股份制改造的思想。伴随着政治纷争与社会动乱，苏联经济日渐衰退和混乱，1991年 12 月，直接导致了苏联的解体。

在短短的几夜间，旧体制轰然解体，原因是多方面的，但归根结底是一个发展问题，老百姓往往是从比较中作选择。正如邓小平所说：如果发展比别的国家慢，"老百姓一比较就有问题了"。这从根本上点破了东欧剧变、苏联解体的经济、社会、政治等多种原因，但俄罗斯向市场经济转型，也经历了一个痛苦的过程。

市场经济的微观基础需要有多元主体的竞争机制，要打破原集权计划经济体制中国有资产对国民经济的垄断局面，重新配置国有产权和建立新的企业制度。20 世纪 90 年代初，叶利钦实施了"休克疗法"，在 1992 年 1 月 2 日，放开了 80% 的批发价格和 90% 的零售价格，允许建立各种小企业，允许公民自由从事贸易活动。尽管这些措施比较快地扭转了商品短缺，但却同时推动了恶性的通货膨胀，宏观经济恶化，经济严重衰退。然而，政府仍以加快私有化的速度为目标。1992 年 6 月 11 日国会通过了有关国有企业私有化的方案，用 18 个月的时间将国家所有权分散给大部分的大企业，把大部分的股份以低价出售给企业的职工和管理者，把一小部分售给企业外的投资者。到 1994 年，实行私有化的许多企业中，财产的所有权基本上被经理和管理人员所拥有。这种"先所有、后交易"的产权改革，事实上是培育了一个新的财产所有者阶层。

市场经济的运行当然也需要政府的作用，但当时俄罗斯思想界普遍认为：俄罗斯现有文化不具备使经济增长和保障世界福利标准的潜力，因此，"一定要把原来的那个国家机器搞散架"。莫斯科历史档案学院院长尤·阿法纳西耶夫说："这种体制不应当修补！它有三大支柱：苏联作为一个中央集权的国家，非市场经济的国家社会主义，还有党的垄断。应当逐步的，不流血地拆除这三根支柱。"① 因此，俄罗斯转型的定位在一开始就很明确：要将原有的国家政体、国体彻底摧毁，重新建立一个新的国家体制和政府机构。俄罗斯一些思想家还认为，新政府必须是一个小政府，减少政府对经济事务的干预；而要扭转经济萎缩、实现经济复苏和增长，最简捷的路径就是缩小政府职能。因此，他们新建立的政府，不但"小"，而且也忽视了政府自身的政策目标。叶利钦建立的新政府面对市场经济，在一段时间内无所作为，价格就像一匹脱缰的野马，肆意攀升，恶性通货膨胀将老百姓的储蓄几乎洗劫一空。

　　俄罗斯的这种转型，对现存的社会经济造成了很大的破坏。俄罗斯媒体对此也毫不隐讳，他们承认：俄罗斯没有通过转型而优化经济结构，反而使国内生产总值在 20 世纪 90 年代初下降近一半，在现代科技、民用产品的研发、生产和销售等方面，几乎被排除出世界竞争市场，俄罗斯面临着沦为世界二流甚至三流国家的危险。新生的权贵阶层与广大社会民众也出现了新的矛盾。美国经济学家斯蒂格利茨（1998）批评了俄罗斯的转型，认为是简单地照搬了美国教科书中新古典经济学一种学派的理论，过分迷信市场经济的功能。但杨小凯教授认为，经济转型的核心是宪政制度的转变，而建立新的游戏规则的长期利益与短期效果往往并不一致，要考虑长期因素。②

　　普京执政后，调整了转型的基本思路，寻求市场经济运行与公正理念结合的途径，发挥能源在国际国内市场上的经济效应。同时，强调并严格界定了政府在经济中的作用：政府不对经济做过多干预，但要保护产权、保障平等的竞争条件；要减低税负、统一税率，改革金融体系；要实行现实的社会政策，优先发展卫生、教育和文化；要加强立法，保障良好的投资和经营环境。普京把保护私有产权看作建立有效经济体制和良好经营环境的根本条件，从而逐

---

　　① 详见《社会科学报》2007 年 4 月 19 日。
　　② 详见杨小凯等著《经济改革和宪政转轨》，1999 年 11 月，由李利民译（http：bbs. cenet. org. cn）。

步建立了一种国家可控制的市场经济或者说是符合俄罗斯地域价值观的社会市场经济。这相对于叶利钦的完全自由市场经济是一个很大的转变。另外，普京政府比较叶利钦时期，还采取了两条硬措施：一是改革联邦中央与地方的关系，强化中央对地方的控制；二是注重公正，打击金融寡头。政府惩治金融寡头的行动，赢得了人民群众的支持。

在新的经济模式下，从 1999 年开始，俄罗斯的经济出现了转机，连续多年都保持了经济稳定增长的势头。2006 年，世界银行发表了有关转型国家经济增长的报告，报告说：俄罗斯的经济增长符合穷人的利益。媒体据此评论说[1]：俄罗斯从 1999 年至 2006 年，年均增长速度约 6%，经济总量增加了 70%，而居民货币收入年均增速达 10%—12%。8 年间，俄罗斯的人均实际工资和人均实际收入的增长速度比人均国内生产总值的增长速度高出 2 倍。俄罗斯联邦和各联邦主体、地方政府，将 1/3 的财政支出，用于保健医疗、教育事业、居民住房、人口增长、困难救济等社会公共领域，从而建立和维持了一套比较完善的社会福利体系，让退休、失业、学生、儿童等弱势人群，分享到了经济增长的成果。随着经济增长，俄罗斯最低生活标准由俄罗斯各联邦主体制定，但每一季度都进行调整，用于评估居民生活水平以及作为制定补助金、补偿金及其他社保支付的款项。[2] 民选的官员，拼命讨好选民，除免费医疗、免费教育之外，俄罗斯政府补贴、救济项目，共有几百项之多。这种情势下，在经济恢复了的俄罗斯，要想当穷人，还不容易做到呢！这样的评论，当然未免有点过分，因为俄罗斯还有很多深层次的社会矛盾。但不能否认，俄罗斯转型的社会经济效果，已渐渐显现，这是无论如何也不能否认的。

---

[1]　详见凤凰财经述评（http：www.kdnet.net）。
[2]　俄罗斯科学院经济研究所沙洛京教授提供的一份有关俄罗斯贫困水平的资料中指出，按俄罗斯当年汇率计算，1999 年人均每月 32.4 美元的底线，到 2006 年已经提高到 107.2 美元。

二　中国经济转型的目标定位

中国曾照搬了苏联集权计划经济体制模式，并涂上了更多的中国传统自然经济的色彩。20世纪50年代中后期，"左"的错误思想开始抬头，决策层似乎淡忘了曾引导"中国人民站起来了"的新民主主义理论，不仅定位中国已经基本上建成了社会主义制度，而且还把两条道路、两个阶级的斗争作为新社会的主要矛盾，坚持以阶级斗争为纲，构架"一大二公"的所有制基础；实行"大体平均"的分配原则；长期对外封闭；把指令性计划指标作为社会资源配置的基础，统一生产，统一分配，统购统销，票证消费。这是一种计划的社会主义模式。在这种体制下，尽管也集中全国的物力、财力干了几件大的工程，但官僚主义膨胀、家长制横行，一个接着一个的政治运动，使中国丢掉了20多年经济发展的最好时期，人民群众长期生活在票证、定量供应的最低生活水平线上。

经过"文化大革命"浩劫的中国人民，从20世纪70年代末开始了对中国式的集权计划经济体制的改革。

改革的第一阶段，重点是在农村。1978年12月，党的十一届三中全会支持来自实践的经验，克服各种阻力，使完善后的家庭联产承包责任制得到普遍发展。同时，大幅度提高农副产品收购价格，1979—1984年大约提高了54%，农民从中收益颇丰，使中国20世纪80年代初的农业获得了迅速发展，初步解决了温饱问题。乡镇企业的蓬勃发展，不仅开辟了国家财政收入的新来源，而且还安排了农村大量剩余劳动力，闯出了中国农业现代化和农村城市化的新路子。1984年10月党的十二届三中全会后，改革的重点转移至城市，这主要是国有企业。增强国有企业活力，成为以城市为重点的整个经济体制改革的中心环节。现在回头重新认识这一时期的改革，一个明显的特点是突出了"包"字：在国家与企业的关系上，以调整利润分配为主线，相继实行了生产经营责任制、利改税和承包制；与企业改革相配套，中央和地方财政"分灶吃饭"，实际上也是"包"字当头。相比之下，价格体制改革则由以"调"为主不失时机地转入以"放"为主，逐步放开了生活消费品价格。但对生产资料的价格在一个时期内仍实行"双轨"制，这种价格体制对生产固然有刺激作用，但少数手中掌握物资分配权的官员，按计划价买进，再按市场价倒出，"价差"为某些不法分子提供了腐败的条件。

1989 年的政治风波后，市场化改革曾一度中断。1992 年年初，市场化改革的总设计师邓小平发表了重要的南方谈话，指出：改革开放迈不开步子，不敢闯，说来说去就是怕资本主义的东西多了，走了资本主义道路。要害是姓"资"还是姓"社"的问题。判断的标准，应该主要看是否有利于发展社会主义社会的生产力，是否有利于增强社会主义国家的综合国力，是否有利于提高人民的生活水平。三个有利于的提出，扫除了市场化改革道路上的障碍。

1992 年 10 月，党的十四大确定了我国经济转型的目标是建立社会主义市场经济体制，对什么是社会主义市场经济体制也作出了大体描述，其中有两点最重要：一是力求通过价格信号对企业的销售、供应和生产进行导向；二是国家通过经济政策、经济法规以及各类经济参数对市场进行调节，弥补市场的缺陷。[①] 1993 年 11 月，党的十四届三中全会进一步明确了社会主义市场经济体制的基本框架，彻底打破了社会主义与私有制不相容的传统观念，把非公有制与社会主义初级阶段的基本制度联系了起来。但是，我们不能不看到，在传统观念的影响下，对什么是社会主义市场经济，实际上还有另外的看法，最流行的观点是，强调我们搞的市场经济是一种具

---

① 美国经济学家斯蒂格利茨认为：市场社会主义面临着两个关键性的问题，一个是获得确定价格需要的信息；二是经理缺乏激励。当企业赚得利润时，厂商不能获得回报，但当企业发生亏损时，政府又必须来弥补。他说：这种市场经济的模式既缺乏资本主义中的市场激励结构，同时也缺乏传统社会主义中的经济控制机制。他也指出，中国在农业的生产责任制中获得了成功，提高了农业的劳动生产率，但在其他方面的改革还是有争议的。详见斯蒂格利茨《经济学》（下册），中国人民大学出版社 1998 年版，第 379—381 页。

有社会主义性质的市场经济。他们把这里的"社会主义"作为定语来对待，认为社会主义市场经济就是具有社会主义性质的市场经济。这就再次将社会主义市场经济的研究拉向了计划和市场是手段还是社会制度的僵死框框中！实际上，就经济的一般运行来说，正如邓小平所说社会主义市场经济方法基本上和资本主义相似。因此，我们在发展社会主义市场经济的问题上，完全可以大胆地吸收和借鉴当今世界各国包括资本主义发达国家的一切反映现代社会化生产规律的先进经营和管理方法。

社会主义市场经济体制能不能最终建立，或者说社会主义市场经济体制能不能在社会主义基本制度下发挥作用，从根本上说，取决于是否能按市场经济的一般原则对国有企业进行改革和非公有制经济的发展。1978 年，在我国国内生产总值的结构中，公有制经济占 99.1%，非公有制经济占 0.9%，而在公有制经济中，国有经济占 56.2%，集体经济占 42.9%。党的十五大依据改革开放以来的实践经验，加快从战略上调整国有经济的布局，给国有经济改革和所有制结构调整进一步提出了明确的原则，这主要有：继续努力寻找能够促进生产力发展的公有制实现的新形式，公有制经济不仅包括国有经济和集体经济，同时还包括在混合所有制经济中的国有经济和集体经济成分；公有制经济的主体地位，主要表现在公有资产在社会总资产中占优势，国有经济控制着国民经济的命脉，对国民经济发展起主导作用；而国民经济的主导作用，主要体现在控制力上；要从战略上调整国有经济的布局，对国有企业实施战略性的改组，除通过市场组建以资本为纽带形成的大企业集团外，还可以采取改组、联合、兼并、租赁、出售和股份合作制等形式，加快放开搞活国有小企业，也即通常所说"抓大放小"；支持、鼓励和帮助城乡多种形式集体经济的发展，劳动者的劳动联合和资本联合为主是集体经济发展的新形式；健全财产法律制度，依法保护各类企业的合法权益和公平竞争，并对它们进行监督管理。

中国市场化改革是根据实践经验，一步步摸索推进的，俗称

"摸着石头过河"。从20世纪70年代末算起，我们用四年多时间取消了农村的人民公社制度，逐步建立了家庭联产承包责任制和双层经营的管理体制；用10多年时间消除了计划定价并逐步形成了以市场定价为基础的价格形成机制；用20多年的时间发展多元市场竞争主体，并推动国有资产存量调整，培植市场竞争机制。统计显示，截至2006年年底，我国非公有制（不包括港澳台）注册企业3130.4万户（含个体工商户），占全国企业总数的95.7%；非公有制经济从业人员23780.4万人，占全国城镇就业人数的84.0%；非公有制经济城镇固定资产投资总量58265.9亿元，占全社会城镇固定资产投资总额的62.3%；非公有经济（不包括规模以下私营企业及个体工商户）实现工业增加值3.93万亿元，占全国工业增加值总额的49.3%；在全国40个传统工业行业中，私营经济已在27个行业中经济比重超过50%，在轻工纺织、普通机械、建筑、运输、商贸服务等行业已占70%以上；非公有制经济（不包括外商投资企业）实现社会消费品零售额33523.6亿元，占全国社会消费品零售总额的43.9%；非公有制经济（不包括港澳台及国有控股企业的非国有部分）共缴纳税收总额12666.84亿元，占全国税收总额（不包括关税、耕地占用税和契税）的33.6%。就经济总量而言，2006年，非公经济所创造的国内生产总值已占全国国内生产总值的65%左右。[①] 非公经济对社会经济发展的贡献虽然越来越大，但还属于粗放的数量增长；另一方面，公有制经济在质量上却得到了提高，控制着国民经济的命脉并在先进行业中居主导地位，依然是国家财政收入的主要来源。多层次的法律、法规、规章和规范性文件，在法律层面上奠定了市场主体混合的、多元的竞争机制，就使得国家集权控制全社会经济运行的格局发生了根本性的变化，这主要是：国家不再对企业经营承担无限责任，企业也不能再吃国家的"大锅饭"，国有企业已逐步成为法人实体；个人对社会

---

① 详见《中国统计年鉴（2007）》。

成果的分配，不仅劳动者以社会必要劳动即劳动贡献来衡量，而且各种生产要素也有偿参与社会价值的创造、实现和分配；农村不再是城市工业化资金积累的来源，而是全力发展城乡商品关系，提高农业生产率和农产品商品率，加快农业现代化的建设；中央和地方政府，在统一的国家政权组织内，一级政府，一级事务，各自有了独立的财政收支权限；随着多元市场主体的逐步形成，劳动力、资本、土地、技术和信息等生产要素的市场体系也逐步建立并完善；利率、汇率、税制也适应国内外市场的需要而逐步市场化。这种状况表明：社会主义市场经济的基础已初步奠定，要想让集权计划经济体制复归，已是完全不可能的事了。

但是，我们仍处在由集权计划经济体制向现代市场经济转变的漫长过程中。近百年的历史以及俄罗斯转型的实践说明：市场经济对一个国家来说，是一个提高效率的机制，但搞不好，也可能是一个让社会毁灭的机制。就世界范围来说，有两种市场经济，一种是良性的，一种恶性的。[①] 我认为，我国的现行市场经济体制还处在一个十字路口，比如现行的权力结构，还更多的是代表着部门利益甚至地区利益，不同权力部门都在试图控制生产过程和生产领域的资源，形成分散化的利益格局，并通过政策设计，将部门利益法制化。国家利益部门化，部门利益法制化，这种情况造就了一代新的

[①]　20 世纪 90 年代初，国内外经济学界曾就第二次世界大战以来世界上"成功"的市场经济运行特点进行了比较研究，提出了三种模式：一是美国的消费者导向型市场经济模式，注重消费者利益，国家通过政府对商品和劳务的采购来扩大市场，通过货币政策对经济运行发生影响。二是法国和日本的行政导向型市场经济模式，依靠经济计划、产业政策对市场运行进行协调。三是德国的社会市场经济模式，在通过经济计划协调市场的同时，注重社会公正。实行社会市场经济的还有北欧的一些国家，如瑞典等。与世界成熟的市场经济模式来比较，社会主义市场经济模式还处在探索中。在这之前，国际上就有经济学家对社会主义市场经济模式进行过研究。20 世纪 30 年代，在有关社会主义经济的论战中，奥斯卡·兰格提出了"竞争的社会主义"模式。而南斯拉夫提出的"个人自治的社会主义"，对东欧国家的经济转型有很大的影响。在西欧的社会民主党中，他们为了达到财富更公平的分配和社会平等的目标，也主张把市场经济和社会主义结合起来，他们特别注重财富和收入的再分配，要求建立社会福利的国家。这对我们构建社会主义市场经济模式，还是很有借鉴意义的。详见马洪主编《什么是社会主义市场经济》一书附录，中国发展出版社 1993 年版，第 367—388 页。

既得利益者集团；而现行的资源分配体制，也还很不适应市场经济的要求。财政资金的分配以及银行贷款，没有完全摆脱集权计划经济体制的影响，微观竞争机制的不对称，就是由此而产生的。处在垄断性行业中的国有独资企业，其所占有的资源、所获得的利润，浓缩了中国当今现行资源控制和分配结构的现状。

三 经济转型与有效的社会政策：关注民生

中国有过 50 多年的社会主义实践，但社会主义在不同时期有着不同的内容，有着不同的变化。

邓小平是我国市场化改革的总设计师。1980 年 4 月，他在会见外宾时指出，要研究一下，为什么好多非洲国家搞社会主义越搞越穷。不能因为有社会主义的名字就光荣，就好。他还多次讲：中国还处在社会主义的初级阶段，一切要从这个实际出发。党的十三大按照邓小平的思想，系统地论述了社会主义初级阶段的理论，这个理论包括两层含义：第一，我国已经是社会主义社会，我们必须坚持而不能离开社会主义。第二，我们的社会主义社会还处在初级阶段。我们必须从这个实际出发，而不能超越这个阶段。后来，邓小平又指出，巩固和发展社会主义制度，还需要一个很长的历史阶段，需要我们几代人、十几代人，甚至几十代人坚持不懈地努力奋斗，绝不能掉以轻心。社会主义初级阶段理论为制定政策提供了客观依据。

邓小平按照"社会主义也可以搞市场经济"的思想，推进市场化改革，把市场作为社会资源配置的基础，国家调控市场，市场引导企业，发展多种经济成分，坚持公有制为主体；实行多种分配方式，坚持按劳分配为主体；实行对外开放。先让一部分人通过勤劳致富先富裕起来，然后达到共同富裕，引领中国开创了探索市场社会主义新模式的实践。江泽民一代领导人执政后，正式确立了社会主义市场经济的改革目标，在强调党要代表广大人民群众利益的同时，根据劳动者大多数已逐步成为有产者的事实，允许私营企业主和民营企业老板中的先进分子加入共产党。同时强调说：共产主义的实现是一个漫长的历史过程，不要对遥远的未来作具体的设想和描绘，应该扎扎实实地搞好眼前的各项工作。①

市场化改革虽然使国家综合实力增强，人民群众物质生活水平提高，但也出现了一些新问题，主要表现在：

一是权力资本扩张。首先是贪污、受贿、腐败问题。中国搞市场经济的起步点是着眼于经济发展，尽快改变居民贫穷、国家经济落后的局面，因此忽视了与市场相关的立法建设。市场准入权由政府的官员通过行政审批行使，且又对行政权力缺乏监督与制约，包括立法、制度、舆论的监督，这就给官员的贪污、腐败和受贿提供了可乘之机，官员的权力向资本转化。有研究报告估计，20 世纪 90 年代，贪污腐败造成的经济损失平均每年约达 GDP 的 17%（胡鞍钢，2001）。官员的超常消费和执法犯法引起了民愤。

二是贫富差距在扩大。世界银行对此进行过测算，1980 年我国城乡居民收入的基尼系数为 0.32，到 1984 年下降到 0.26。但这以后持续上升，2001 年达到 0.45，超过了国际上公认的收入分配不平等的警戒线。如果按基尼系数从低到高的顺序排列，中国属于当今世界收入不平等程度很高的国家之一。如果考虑到高收入居民的灰色收入而重新计算基尼系数，肯定将远远高于世界银行计算的

①　江泽民在庆祝建党八十周年大会上的讲话中指出："必须看到，实现共产主义是一个非常漫长的历史过程。过去，我们对这个问题的认识比较肤浅、简单。经过这么多年的实践，现在，我们对这个问题的认识要全面和深刻得多了。我们对社会未来发展的方向可以作出科学上的预见，但未来的事情具体如何发展，应该由未来的实践去回答。我们要坚持正确的前进方向，但不可能也不必要去对遥远的未来作具体的设想和描绘。以往的经验教训已充分说明，这样做很容易陷入不切实际的空想。"江泽民还指出："来自工人、农民、知识分子、军人、干部的党员是党的队伍最基本的组成部分和骨干力量，同时也应该把承认党的纲领和章程、自觉为党的路线和纲领而奋斗、经过长期考验、符合党员条件的社会其他方面的优秀分子吸收到党内来，并通过党这个大熔炉不断提高广大党员的思想政治觉悟，从而不断增强我们党在全社会的影响力和凝聚力。"详见《人民日报》2001 年 7 月 2 日第 1 版。

0.45 的水平。① 还需要指出：1999 年到 2006 年，国家财政收入从 1.5 万亿元增加到近 4 万亿元，但社会福利制度建设却相当滞后，人们被医疗、教育、养老、住房"四座大山"，压得有些喘不过气来。中国经济虽然在高速增长，但穷人却没有分享到经济高速发展的成果。

三是市场秩序混乱。假冒伪劣、信用缺失、行业垄断、管制错乱等，严重地侵犯了消费者权益。

在市场化改革起步时邓小平曾经主张，让一部分人通过劳动先富起来。但那时，他似乎没有预见到劳动致富后的剩余资金一旦转化为资本，资本致富的速度以及由此产生的收入差距会快速扩大。劳动致富与资本发家，原本是两种不同的经济思维方法。邓小平在 1993 年 9 月 16 日曾语重心长地说过：过去，我们讲，先发展起来。现在看，发展起来以后的问题不比不发展时少。富裕起来以后财富怎么分配，解决这个问题比解决发展起来的问题还要困难。要利用各种手段、各种方法、各种方案来解决这些问题。② 邓小平晚年所思考的问题，是很实在的，而这正是社会各个阶层所深深忧虑的问题。

如果说俄罗斯转型的教训是在一个时期过分迷信市场经济，那么中国转型的教训也许是忽视了尽快实施一套有效的社会政策，并

---

① 王小鲁教授对城镇居民收支进行了专项调查和数据分析，根据居民的家用汽车、商品住宅、出境旅游、银行存款分布等实际状况，国家统计数据中对高收入居民的实际收入估计严重偏低。根据推算，2005 年城镇居民人均收入水平至少应当有 1.096 万元，而不是现在公布的 1.05 万元，这就是说，城乡居民收入的总和应当是 13.5 万亿元，而不是公布的 8.7 万亿元。遗漏计算收入大约 1/3。由此推算，城镇最高与最低收入组之间的人均收入差距大约是 31 倍，而不是公布的 9 倍；与此相应，全国 10% 最高收入家庭和 10% 最低收入家庭的人均收入差距是 55 倍，而不是现有统计数据推算的 21 倍。详见王小鲁《我国的灰色收入与居民收入差距》，《比较》第 33 辑。

② 详见《邓小平年谱（1975—1997）》下，中央文献出版社 2004 年版，第 1356—1364 页。

由此构建经济健康转型的社会安全网。① 胡锦涛新一代党的领导，面对经济持续增长和社会矛盾日渐激化的局面，仍然坚持有中国特色社会主义的基本纲领，重申我国仍然处在社会主义初级阶段，因此，继续坚持社会主义也可以搞市场经济的方向，重视市场对资源配置的基础作用，但更加重视政府对市场的导向功能。把政府改革摆在重要位置，明确政府改革的目标是建设公共服务型政府，强化政府的公共服务职能，切实解决公共服务投入不足、覆盖面不广的问题，特别是着力提高公共产品和公共服务的质量，解决关系国计民生的一些社会公共事业，包括加强城乡公共设施建设，发展社会就业、社会保障和教育、科技、文化、卫生、体育等问题。政府面对市场经济，主要是制定公平竞争的规则，发布公共信息等，从而为社会、经济、文化和公众生活提供制度保障、创造良好的制度环境，确保市场竞争的有效性和市场在资源配置中的基础作用。政府职能的新定位，是新时期如何执政的一个全新理念，使实施有效的社会政策有了主体。另外，根据市场经济的要求，加快法律制度的完善，比如，2007 年 10 月 1 日实施的《物权法》，能比较好地维护市场的微观基础。

我们对社会主义初级阶段理论内涵的认识也在不断深入。在长期存在的社会主义初级阶段中，有两项主要任务，除了要进一步解放和发展社会生产力外，还要逐步实现社会公平与正义。人类发展的历史证明：不随着生产力的发展而相应地逐步推进社会公平与正义，就不可能愈益充分地调动全社会的积极性和创造活力，因而也就不可能持久地实现生产力的大发展。② 公平、正义、科学、民

---

① 笔者在 2000 年参与主笔撰写的《经济转型与社会发展》（湖北人民出版社 2000 年版）一书中有一章，专题论述了经济转型与社会安全网问题，其中指出："建立新的社会安全网，不仅是社会稳定的需要，而且还是经济改革成功的一个前提，由具有社会保障、社会服务和社会救助功能的正规和非正规部门或组织构成社会保护伞，维护与经济发展水平相适应的社会公平。"详见该书第 447 页。

② 详见温家宝《关于社会主义初级阶段的历史任务和我国对外政策的几个问题》，新华社 2007 年 2 月 26 日电讯稿。

主、法制、人权、自由、平等、博爱等并非资本主义所独有，而是人类在漫长的历史发展进程中共同追求的价值观和共同创造的文明成果。只是在不同的历史阶段、不同的国家，它的实现形式和途径各不相同，没有统一的模式，这种世界文明的多样性是不以人们主观意志为转移的客观存在。所以，社会主义不仅仅是一种社会制度的安排，它同时也是一种对人类共同追求的价值观和共同创造的文明成果的追求。将人类的共同价值追求和道德成果纳入对处在初级阶段的社会主义的认识，这是思想解放进程中的一个亮点。而这一点，恰恰是我国在一个相当长的社会主义实践中曾忽视的问题，甚至在一个时期还对人类共同追求的价值观和共同创造的文明成果加以排斥。

追根溯源，社会主义一词的初始含义，首先是对社会不公正的反抗和对民主平等的追求，"每个人的自由发展是一切人自由发展的条件"，坚持以人为本，构建和谐社会，关注民生。这使我们对什么是社会主义的认识，提高到了一个新的阶段。按照我们对社会主义理论的新认识，必须关注民生，注重社会政策的有效性，其中包括：

民主问题法制化。没有民主就没有社会主义，就没有社会主义现代化。保证人民充分行使民主选举、民主决策、民主管理、民主监督的权利，完善社会主义民主的具体制度，加快政府职能的转变。要政府多一些责任，给公民多一些权利，让社会多一些监督。

民生问题制度化。民生问题涉及人们的衣食住行，让人民生活得快乐和幸福。但是解决民生问题，要有制度的保障。有了制度，就不会因为政府的更替和领导人的变化而发生变化。

在继续推进市场化改革中，关注民生，重视社会政策的有效性，这是中国在新时期实施社会主义市场经济实践中一个新的亮点。中国与俄罗斯的转型理论和实践说明，集权计划经济体制是不成功的，计划的社会主义模式是失败的。但在向市场经济的转型中，如果过分迷信市场而政府无所作为，会给社会带来灾难；忽视有效的社会政策，也会给社会造成不稳定。实施有效的社会政策，是为经济、社会健康转型构建一个牢固的安全网。社会主义不单单是一种制度安排，其所内含着的公平、正义、民主、人道、自由、平等与社会生产力发展的相互依存，实际上是对人类共同追求的价值观和共同创造的文明成果的一种体现。

参考文献

［波兰］格泽戈尔兹·W. 科勒德克：《从休克到治疗——后社会主义转轨的政治经济》，上海远东出版社 2000 年版。

胡鞍钢：《转型期防治腐败的综合战略与制度设计》，《管理世界》2001 年第 6 期。

李新主编：《转型经济研究》，上海财经大学出版社 2007 年版。

马洪主编：《什么是社会主义市场经济》，中国发展出版社 1993 年版。

冒天启、朱玲主笔：《转型期中国经济关系研究》，湖北人民出版社 1997 年版。

冒天启、朱玲主笔：《经济转型与社会发展》，湖北人民出版社 2000 年版。

吴敬琏：《当代中国经济改革》，上海远东出版社 2003 年版。

［匈］雅诺什·科尔奈：《后社会主义转轨的思索》，吉林人民出版社 2003 年版。

［匈］雅诺什·科尔奈：《社会主义体制——共产主义政治经济学》，中央编译出版社 2007 年版。

［美］约瑟夫·R. 布拉西等著：《克里姆林宫的经济私有化》，上海远东出版社 1999 年版。

［美］约瑟夫·斯蒂格利茨：《社会主义向何处去——经济体制转型的理论与证据》，吉林人民出版社 1998 年版。

［苏］尤里·阿法纳西耶夫编：《别无选择——社会主义的经验教训和未来》，辽宁大学出版社 1989 年版。

张仁德等：《新比较经济学》，人民出版社 2002 年版。

赵人伟、李实、卡尔·李思勤主编：《中国居民收入分配再研究》，中国财政经济出版社 1999 年版。

Е. И. Капустин：《экономический стройсоциализма》издательст во《москваэкономика》（Е. И. 卡布斯金：《社会主义经济制度》，莫斯科经济出版社 1984 年版）。

А. В. Бузгалин:《переходная экономика》издательство《белорусский дом печати》（A. B. 普茨卡林:《过渡经济学》，白俄罗斯出版社 1994 年版）。

Российская экономическая академия:《Общая экономическая теория》издательство《промо－медиамосква》（俄罗斯经济科学院:《经济学理论原理》，莫斯科普诺莫－麦迪亚出版社 1995 年版）。

Китайи россия:《развитии экономических реформ》издатель ство Российская академия наука（中国与俄罗斯:《经济改革的发展》，俄罗斯科学院编，2003 年）。

Китайи россия:《общееи особенное всоциально－экономическом развитии》издательство Российская академия наука（中国与俄罗斯:《社会经济发展的一般性与特殊性》，俄罗斯科学院编，2005 年）。

重新解读孙冶方经济学思想

——纪念孙冶方诞辰 100 周年[*]

孙冶方于 1908 年 10 月 24 日出生在江苏省无锡县玉祁镇的一个小职员家中。他一生著述经天，志之永世，以自己创造性的理论研究，引领了中国一个时代经济学的发展方向；以崇高的道德情操和治学品德，给经济学人树立了做人治学的榜样。

孙冶方经历了革命和建设的不同历史时期。当今，中国社会正处在转型期，经济理论发生了根本性的变化，斯大林的一套经济学思想已被人们所抛弃，马克思经济学连同改革开放中引进的西方经济学也正在中国市场化改革的实践中，为人们所重新认识。有中国特色的社会主义理论立足中国国情，兼容世界人类文化，为创建中国的经济学理论开拓了极为广阔的思维空间。今天我们纪念孙冶方诞辰 100 周年，不是要重复孙冶方在特定历史条件下形成的经济思想和观点，而是要历史地、实事求是地评价孙冶方经济思想和观点对我们当今社会转型所起的作用。同时，我们也要历史地、实事求是地反思孙冶方所处的那个时代，因为在那个特殊的社会政治环境中，严重窒息了经济学的发展。

孙冶方原名薛萼果，1921 年即他 13 岁的那年秋天才进入无锡县立的小学读书，但很早就接受进步思想，1923 年年初加入社会主义青年团，年底经中共上海区委批准正式转为中共党员。1925

---

　　*　本文系作者提交由中国社会科学院经济学部、孙冶方经济科学基金会等单位联合主办的"改革开放 30 年暨孙冶方诞辰百年纪念经济理论研讨会"的文章。

年 11 月，按照上级组织的安排，孙冶方去莫斯科中山大学学习，同去的有 60 多人，其中有张闻天、乌兰夫，还有王明等。在那里经过两年比较系统的马克思主义学习，于 1927 年夏毕业，分配到莫斯科东方劳动者共产主义大学担任政治经济学讲课翻译。1927 年 11 月，东大中国留学生合并到中大，孙冶方也随之返回中大继续担任讲课翻译。从那以后，孙冶方的一生就融入了政治经济学的浩瀚学海之中。

　　孙冶方在 20 世纪三四十年代，深入工厂、农村，以大量的调查材料，就中国社会性质曾写过许多富有卓见的文章，比如《上海纺织厂中的包身制工人》。① 但他最有学术价值与历史意义的文章，大都出自 50 年代中期以后。1956 年 11 月，他联系经济建设中已经出现的问题，深感我国经济管理体制和一些经济政策存在着严重的弊病，写了《把计划和统计放在价值规律的基础上》② 等文章，批评斯大林把价值规律和国民经济计划管理对立起来的观点，指出：国民经济有计划按比例发展必须建立在价值规律的基础上才能实现。同期，他还写了另外一篇文章：《从总产值谈起》③，批判总产值指标妨碍对企业进行科学管理，指出：利润指标是考核企业经营管理好坏的综合指标。1959 年 7 月，他在《论价值》④ 一文中，系统阐述了自己的理论思想和改革主张，逐步形成了以自然经济论为批判对象，以价值规律内因论和商品生产外因论为基础的理论体系，积极倡导经济体制改革。从 1960 年年底开始，组织编写《社会主义经济论》，系统清理阻碍社会主义经济理论发展的各种有害倾向。由于众所周知的原因，1964 年 8 月开始，孙冶方被戴上了"中国经济学界最大的修正主义者"的帽子，受到了全国范围的批判。1968 年 4 月 5 日被捕入狱，直到 1975 年 4 月 10 日出

---

① 孙冶方：《上海纺织厂中的包身制工人》，《华年》1932 年第 24 期（署名孙宝山）。
② 孙冶方：《把计划和统计放在价值规律的基础上》，《经济研究》1956 年第 6 期。
③ 孙冶方：《从总产值谈起》，《统计工作》1957 年第 13 期。
④ 孙冶方：《论价值》，《经济研究》1959 年第 9 期。

狱。七年！孙冶方在一个特殊的环境中，用默忆的方法，对《社会主义经济论》22 章 183 节的内容在脑海中过了 85 遍，坚持每月一次。1972 年 3 月，他以给"外调"人员写材料为名，写了《我与经济学界一些人的争论》① 长篇文章，驳斥了康生、陈伯达一伙政治骗子的谬论。孙冶方每每忆起这段生活时，都说：我要感谢政治经济学，政治经济学救了我的命，我的观点是我的精神支柱！他对接他出狱的军宣队的第一句话是：我一不改志、二不改行、三不改变自己的观点！从这以后，孙冶方几乎是拼命撰写了大量的文章，对经济建设和改革中的紧迫问题，系统发表了自己的观点，同时，还深入清理了斯大林经济思想对中国经济理论界的影响。1982 年 9 月，在党的十二大，孙冶方当选为中共中央顾问委员会委员。1983 年 2 月 22 日下午 5 时，这位拼搏了一生的老共产党员，带着铮铮铁骨，离开了我们，时年 75 岁。

从 1978 年年底开始，我一直在他身边工作、学习，我对他的数百万字经济学文献进行了反复思考和研究，把他的经济学思想归纳为一句话：价值规律内因论和商品生产外因论，这得到了孙冶方的完全认可②，他说：你可以在这个题目下帮我整理材料，但不能越过这条线，否则，就不是孙冶方了。我认为，在这个大题目中最有实践意义和科学价值的成分是价值规律内因论。他在多篇文章中都讲：用最小的劳动消耗去取得最大的有用效果，是搞经济工作的秘密。人类靠劳动生存，生活的好坏，从根本上说取决于劳动效率的高低。经济学就是要以"最小最大"为红线，研究如何以更少的劳动投入获得更多的有用产品，如何减少生产每一单位产品所需要的劳动量，达到提高劳动生产率的目的。孙冶方冒着政治风险，澄清学界对恩格斯价值理论即价值是生产费用对效用的关系的误解、曲解以至诋毁，用"最小最大"总结社会主义建设的教训，

---

① 孙冶方：《我与经济界一些人的争论》，载《孙冶方选集》，山西经济出版社 1984 年版，第 449—501 页。

② 孙冶方：《价值规律内因论和外因论》，《中国社会科学》1980 年第 4 期。

批评在"政治挂帅"下高消耗、低效益的顽症；用"最小最大"判断真假社会主义公有制，批评自然经济论和"大锅饭"的经济体制；用"最小最大"批评苏联政治经济学教科书，重新编写中国的理论经济学，因而使这个古老而朴素的经济学常识在新的历史条件下绽放出了新的理论光彩。

经济学界公认："最小最大"是孙冶方公式。

孙冶方公开声明：价值是生产费用对效用的关系的理论，出自恩格斯。但他对批判者调侃式地说：可以引以为自己安慰的，那就是（我的价值理论在）逻辑上的一贯性和系统性。如果你们能击破我的要害——价值论，那么整个体系也就摧枯拉朽了。[1] 他认为：价值规律是任何社会化大生产都不能取消的自然规律，一再强调，价值并不仅仅是商品经济所特有的范畴，它是社会化大生产的产物，反映着社会化生产过程中的各种社会经济关系，就这一点来说，它对资本主义和共产主义都是共同的。但是在资本主义条件下，价值是通过交换价值表现出来的；而在未来社会中（包括社会主义全民所有制内部），价值却可以通过统计、会计具体地捉摸到。因而在量的意义上，价值就是物化在产品中的社会必要劳动。价值和交换价值是完全不同的两个范畴。孙冶方还认为，价值是生产费用对效用的关系的实现，是以商品或产品的供求平衡为前提。价值由包含在商品中的劳动量决定。但是，在商品经济特别是资本主义商品经济条件下，供求却始终是不平衡的。尽管每一物品或每一定量某种商品中包含着生产它所必需的社会劳动，但如果它的产量供应超过了当时的社会需要，那么一部分社会劳动还是会浪费掉的。因此，效用通过社会必要劳动的形成来最终影响价值的变化，离开了一定使用价值的质和量，就无从谈论"必要"还是"不必要"。在科学技术日益发达的条件下，有些过去看来是废物的产

---

[1]　孙冶方：《我与经济界一些人的争论》，载《孙冶方选集》，山西经济出版社1984年版，第494页。

品，可能变成有用物，新效用的发现会使原来没用的物品变得有用了，把它引入生产过程就会降低产品成本，减少生产费用。社会主义建设效益差、浪费大，就是因为我们缺乏价值观念，不对生产费用和效用进行比较造成的。

孙冶方是价值规律内因论者，他反对斯大林的价值规律外因论。孙冶方用"最小最大"的经济学思想，对斯大林的自然经济论和"大锅饭"体制，进行了尖锐而辛辣的批评，提出的主要改革理论是：

企业扩权理论。[①] 孙冶方强调，国家和企业的关系，并不像斯大林所说的那样，是上层建筑、法律关系，而是一种非常重要的经济关系。国有企业，只是根据它们的活动目的和财产的用途对固定给它们的国家财产行使占有、使用和支配之权，在国有制经济中，占有权以及使用和支配权是一个主体，而所有权则是另一个主体。孙冶方在特定历史条件下针对集权计划经济的弊端，独创地提出了划分国家和企业权限的"杠杠"即资金量的简单再生产和扩大再生产，凡是不要求国家追加投资而在原有资金量范围以内的生产，都是简单再生产；而要求追加新投资而超出了企业原有资金价值量范围，因而是扩大再生产，属于简单再生产范围以内的事是企业应该自己管的"小权"，国家多加干涉，就会管死，束缚企业从事生产经营的积极性和主动性；属于扩大再生产范围以内的事是国家应该抓的"大权"，国家必须严格行使权力，不管或管而不严，就会大乱。孙冶方按照上述"杠杠"，激烈地批评了固定资产管理体制，要求把折旧基金原则上全部交给企业，由企业自主去搞挖潜、革新和改造。

企业利润理论。[②] 孙冶方认为，利润是考核企业经营好坏的综

---

① 孙冶方：《关于全民所有制经济内部的财经体制问题》，载《孙冶方选集》，山西经济出版社 1984 年版，第 240—253 页。

② 孙冶方：《社会主义计划经济管理体制中的利润指标》，载《孙冶方选集》，山西经济出版社 1984 年版，第 359—389 页。

合指标。利润是物质生产部门职工为社会扩大再生产和社会公共需要而创造的一部分物质财富，无论是社会总产品，还是个别企业总产品，成本越低越好，与此相应，利润就会增加。在价格合理的条件下，降低成本和增加利润完全是同义语，它们都是企业技术水平高低、经营管理好坏的综合指标，抓住了利润指标，就如同抓住了"牛鼻子"一样，许多问题就会迎刃而解。孙冶方认为，价格不合理，就会扭曲利润的作用，比如工农产品价格的"剪刀差"，如果国家对农产品收购价格压得过低，按价格计算的国民收入实际上就把农民所创造的价值，算在了工业品价格上。孙冶方尖锐地批评了斯大林通过这种价格"剪刀差"，向农民筹集国家工业化资金的超经济剥夺。不合理的价格，成了价值的"哈哈镜"，使得计划、投资和分配，失去了判断尺度。因此，他极力主张按资金利润率调整不合理的价格。

商品流通理论。[①] 孙冶方认为，流通是社会再生产的物质代谢过程，社会分工使生产实现了专业化，但要使各个生产部门的再生产能正常进行下去，他们必须以产品交换为媒介发生经济联系，实现生产的物质补偿和替换。孙冶方还认为，在社会主义条件下，由于全民所有制外部还存在着商品生产和交换，因此，全民所有制企业之间的产品流通和不同所有制性质企业之间的商品流通同时并存。要使社会主义流通（产品、商品）成为有计划的经济过程，孙冶方认为，我们必须研究流通中的各种具体问题，包括流通渠道、购销形式、网点设置等。孙冶方在提出生产中的"最小最大"的同时，亦主张流通中也要研究以最少的垫支资金取得最大的有用效果的问题，因为等量资金的周转速度不同，获得的有用效果也是不等的。

孙冶方几十年来，以反自然经济论为大旗，揭露了自然经济论

---

① 孙冶方：《流通概论》，载《孙冶方选集》，山西经济出版社 1984 年版，第304—318 页。

对实际工作的影响，他指出：自然经济论没有效益观点，借口政治
账掩盖经济建设中的高消耗；没有经营观点，企业按上级定下来的
指标进行生产，造成产销脱节；没有等价交换观点，把价值看作使
用价值的计量单位，用"剪刀差"向农民征收"贡税"；没有流通
观点，不准生产资料进入流通，用调拨代替了交换；没有资金核算
观点，实行资金供给制，培植了败家子作风；没有固定资产的磨损
观点，人为压低折旧率，迫使企业搞"古董复制"，冻结了技术进
步。孙冶方指出：按照自然经济论办事，就像原始公社首脑指挥生
产一样，企业的一切活动都由集中的计划统一支配，生产什么？生
产多少？生产者和消费者相互供应什么？都统一按实物计划规定。
在我国经济理论界，就一个、两个或者更多一些的观点，就个别
的、局部的观点去批判自然经济论，并不乏其人。但是，还没有哪
位经济学家能像孙冶方这样全面、深入、系统地对自然经济论进行
过批判。1981 年五届人大四次会议的政府工作报告中指出："在经
济工作中，我们应该彻底抛弃自给自足的自然经济观点。"充分肯
定了孙冶方几十年来批判自然经济论的杰出贡献。

　　20 世纪 70 年代末，孙冶方把批判的矛头直接指向了斯大林和
《苏联社会主义经济问题》，酣畅淋漓地揭露和清理了斯大林经济
思想对中国思想界的深重影响。他批判斯大林对生产关系的定义，
认为斯大林的《苏联社会主义经济问题》，在生产关系之外去孤立
地研究所有制是有害的。[①] 所有制是一种财产关系亦即法律用语，
经济学在研究特定社会进行生产和交换并相应进行产品分配的条件
和形式时，应该讲清楚：第一，用哪个阶级所有的生产资料来进行
生产，生产出来的产品又归哪个阶级占有；第二，交换的产品是哪
个阶级生产的又为哪个阶级占有；第三，被分配的产品是哪个阶级
生产又归哪个阶级所占有，从而用什么形式按什么比例分配。因
此，所有制只能从财产的现实形态即生产关系的总和上来把握，从

---

　　① 孙冶方：《论作为政治经济学对象的生产关系》，《经济研究》1979 年第 8 期。

生产、交换、分配的各个环节来进行具体分析。

他还批判斯大林对生产力的定义①，认为斯大林在《联共（布）党史简明教程》中把劳动对象从生产力因素中排除掉是有害的，在《苏联社会主义经济问题》中为了强调生产工具的重要性，对为什么要把劳动对象排除在生产力之外作了辩解，说：没有生产工具是不能生产任何原料的。但人类社会经济发展的历史却告诉我们，任何新型原材料的出现，都意味着社会生产力的伟大变革。

进入20世纪90年代，我们党明确了经济转型的目标是建立社会主义市场经济体制。在市场化改革日益深入的大背景下，我们静下心来重温孙冶方经济思想，我们心情是非常复杂而又极为沉重的。对照当今在发展着的市场化改革中出现的各种新问题；对照当今变化着的经济理论界和不断提出的新观点；对照我们的新宪法和党的各种文件，都远远超出了孙冶方经济理论的基本框架。但是，在20多年前，孙冶方却因为他的理论观点而成为"中国经济学界最大的修正主义者"受到批判以致被投入牢狱，这难免使我们后来者有一种酸痛之感。究其原因，孙冶方对此有过一番分析。20世纪80年代初，他算过一笔账，并非常痛心地说：我们党是很容易犯"左"倾病的。

前面曾经指出：孙冶方的经济理论，可以用价值规律内因论和商品生产外因论总揽起来。他的价值规律内因论，是在对斯大林否认价值规律对全民所有制有调节作用并把计划经济和价值规律对立起来的自然经济论进行批判中确立起来的，但是，他的商品生产外因论却又是继承了斯大林否认全民所有制内部还存在商品货币关系的观点。众所周知，斯大林在《苏联社会主义经济问题》一书中，在否认价值规律对全民所有制还有调节作用的同时，认为社会主义社会尚存在着生产资料公有制的两种形式即国家所有制和集体所有

①　孙冶方：《政治经济学也要研究生产力》（为平心《论生产力问题》一书的"序"），载《孙冶方选集》，山西经济出版社1984年版，第615—629、646—665页。

制时，还需要有商品生产和商品交换。这种分析方法来源于马克思。马克思说过：只有独立的互不依赖的私人劳动的产品，才作为商品互相对立。斯大林扩大了马克思关于商品定义的适用范围，由不同的私有者扩大为不同的所有者。对此，孙冶方还从经济学上作了进一步论证，他指出：等价交换基础上所有权的转移，是商品交换的本质。从这个论断出发，他说：国营企业之间的经济往来在本质上已经不是商品交换的性质了，……因为国营企业都属于一个所有者，属于全体人民，属于全社会，它们之间的交换并不引起所有权的转移问题，而只有核算问题。他接着分析道：由于国营企业还要与集体经济发生往来，个人消费品也作为商品存在，这作为一种外在的因素，使国营企业之间的往来不得不带有一定的商品性。这就是孙冶方非常坚持的商品生产外因论的观点。① 这说明，孙冶方用价值规律内因论批判斯大林的价值规律外因论时，却依然受着斯大林商品生产外因论的困扰。因此，孙冶方经济思想的进步性和局限性兼容在他的总体理论框架中。这真实地反映了一位真诚的经济学家对历史的抗争和历史对他的束缚。

孙冶方是我国经济学界对自然经济论的最早批判者；孙冶方是我国经济学界对传统经济体制实行改革的最早倡导者；孙冶方是我国经济学界创建社会主义经济学新体系的积极探索者；孙冶方是我国学术思想界坚持理论联系实际，为真理而勇于献身的光辉典范。在他从事理论工作的六十个春秋里，尽管饱尝过无数艰辛和曲折，遭受过无数打击和磨难，但始终根据中国国情，在探索真理的崎岖小道上勇敢登攀，从不向各种恶势力屈服。他非常重视实践，经常深入工厂、农村作国情调查，从中提出重大的研究课题，并寻求解决问题的答案，绝不把实践中的材料按政治气候和政策要求简单地加以堆砌和描述；他同时也非常重视理论，敢于从"俄文版的马

---

① 孙冶方：《要用历史观点来认识社会主义社会的商品经济》，《经济研究》1959 年第5 期。

克思主义"中剔出假货，剔出不符合中国国情的"条条"，从中国的国情出发，对舶来品进行检验，弃旧图新，破除各种错误观点，在独立思考中形成自己的经济思想体系。孙冶方无论是从政做官，还是弃官从文，都有着一种强烈的专业精神，不为权，不畏权，独立思考，探求真理。但在学术讨论中，孙冶方却平等待人，虚怀若谷，热情欢迎来自各方面的批评和商榷意见，公开检讨并放弃那些被实践证明是错误的或自己认为应该修正的学术观点。孙冶方在经济科学研究中数十年如一日，历经无数艰辛、曲折、坎坷，对中国经济学在一个历史时期的发展作出了杰出的贡献，这是我们永远都不能忘怀的。

（原载《经济研究》2007 年第 11 期）

转型经济学研究的创新与发展

　　转型经济学研究是 20 世纪 80 年代适应市场化改革的实践需要而在理论经济学研究中出现的一个新领域，学界将其研究范围严格地界定在由计划经济向市场经济转变的历史时段所提出的理论和实践问题。

　　1949 年中华人民共和国成立以来，我国虽然始终坚持了党的领导，但在经济领域的深层，却经历了由计划经济向现代市场经济的巨大转型，这是一场深刻的"换代"。而在同一历史时期，国际范围内的一些原社会主义国家，也几乎都抛弃了集权计划经济，逐步建立了各种不同模式的市场经济新体制。转型经济学研究，它综合了马克思生产关系变革理论、新制度经济学体制变迁理论，以及发展经济学、比较经济学等学科中最新的研究成果，以中国由计划经济向市场经济转变的实践为依据，参照国际转型国家的经验与教训，通过对同一个国家纵向制度变迁的历史进程和不同国家横向制度变迁的经验教训的比较，研究转型的起点在哪儿？弄清不同国家计划经济体制的具体特征；研究转型要转到哪儿去？寻找适合本国国情的市场经济模式；转型的路子该怎么走？探索符合本国国情的转型策略和解决的重要问题。即通常所说：转型的起点在哪儿？转型到哪儿去？转型的目标模式是什么？

一　转型经济研究的对象与方法

（一）经济转型的起点：**30 年集权计划经济体制的得与失**

1949—1979 年，是我国实行集权计划经济的 30 年。这期间，我们虽然有过成功，但也发生过全国性的经济大波动。从统计数据上看，在那 30 年间，我国经济的增长速度并不慢，国民经济年均增长 8.2%，工业增长 11.5%，农业增长 3.1%。这个速度超过了其他亚洲大国，如印度和印度尼西亚。但是，由于我们计划经济国家的统计体系与西方市场经济国家的统计体系不同，它计算的是全部新增加的产品而不是最终消费品，其中难免有很多重复的计算，即通常说的有"水分"。因此，人们实际的感受和统计数据并不一致，邓小平坦诚地说过，从 1958 年到 1978 年整整 20 年里，农民和工人的收入增加很少，生活水平很低，生产力没有多大发展。他还说，现在全世界一百多个国家中，我们的国民收入名列倒数二十几名，算贫穷的国家之一。社会主义有优越性的表现之一是高速度的发展社会生产力。生产力发展的速度比资本主义慢，那就没有优越性。我们太穷了，太落后了，老实说，对不起人民。邓小平的这些判断，实事求是地表达了全国人民的实际感受。因此，从总体上讲，经济效益不太高，或者说低效率的集权计划经济体制，是引发中国放弃它而转向实行市场经济体制的深层原因。

与此相关，还有若干重大经济理论问题，如何弄清它？始终牵制着转型的起步和进程。

一是我们处在一个什么样的社会发展阶段？

毛泽东在 1940 年曾对中国的社会性质进行过分析，提出了新民主主义纲领。经过党的七大，直到中华人民共和国成立以后的国民经济恢复时期，新民主主义理论始终是我们党制定各项经济、政治和社会政策的基础。但在 1953 年后，毛泽东却提出了另外一套社会发展阶段的理论，围绕过渡时期的总路线，他把"从新民主

主义社会到社会主义社会的过渡"修改成了"从资本主义到社会
主义的过渡"。同时，还根据对非社会主义经济成分的改造，提出
了进入社会主义社会的时间表。1956 年当基本上完成了对生产资
料的社会主义改造后，即宣布：社会主义的社会制度在我国已基本
上建立起来了。党的八大，从当时中国社会的基本矛盾出发，明确
提出发展生产力，搞经济建设是主要任务。但毛泽东面对当时国内
外接二连三出现的一些事件，认为，共产主义还面临着挑战，右翼
势力包括知识界，企图要推翻共产党。因此，他抛弃了八大决议，
从 1957 年 5 月开始，在全国范围内部署了一场"反右"的政治运
动，号召在思想战线上要"不断革命"。从那时开始，全国进入了
一个"神经质"的年代，"反右派""大跃进""人民公社"……，
搞了一系列变革生产关系的政治运动。从 1959 年后半年开始，中
国被拖入了空前的全国性的大饥荒时期。党的十三大召开前夕，邓
小平指出，社会主义本身是共产主义的初级阶段，而我们中国又处
在社会主义的初级阶段，就是不发达的阶段。一切要从这个实际出
发，根据这个实际来制订规划。党的十三大按照邓小平的思想，第
一次系统地论述了社会主义初级阶段的理论。同时，还按照社会主
义初级阶段理论，全面阐述了党在这个时期的基本路线，党的十五
大进一步明确了社会主义初级阶段所要完成的主要经济任务，鲜明
地提出，社会主义初级阶段"至少需要一百年时间。"由此，是否
有利于发展生产力，就成为这个历史阶段考虑一切问题的出发点和
检验一切工作的根本标准。今天，把保证实现社会的公平与正义，
也纳入了社会主义初级阶段的内在任务，经济发展就有了新的科学
观保证。[①]

　　二是我们需要什么样的社会主义？

　　我国是在半封建半殖民地的废墟上建设社会主义经济，底子

---

　　① 详见温家宝《关于社会主义初级阶段的历史任务和我国对外政策的几个问题》，新
华社 2007 年 2 月 26 日电讯稿。

薄、人口多、耕地少，经济发展水平又很不平衡，在这样一个经济
和文化都比较落后的国土上建设社会主义，首先必须集中精力发展
社会生产力，去实现许多别的国家在资本主义条件下实现工业化和
经济社会化、市场化、现代化的任务。

　　马克思、恩格斯生活在资本主义产生的初期，残酷的资本原始
积累，引发了极其尖锐的社会矛盾。《资本论》在对资本主义社会
基本矛盾揭露的基础上，预见到取代资本主义的社会是一个一切生
产资料都归全社会所有的无阶级社会。马克思把这个社会称作共产
主义社会。需要指出的是，马克思在《资本论》中所得出的结论，
只限于西欧各国。① 从已发表的文献资料考察，马克思在设想未来
社会时，还没有用过"社会主义社会"这个概念。第一次用"社
会主义社会"概念的是恩格斯在 19 世纪 70 年代中期，但他也仍然
非常严格地把社会主义看作共产主义社会发展的一个阶段。科学的
社会主义是在对 19 世纪古典资本主义弊端批判的基础上而形成的
一种对未来社会的合理追求，生产资料由私人所有向社会所有转
变、劳动由被资本的束缚向社会的解放转变，以及个人的全面发展
等，都体现了人类对未来社会的向往。但社会主义到底怎样实现？
马克思、恩格斯并没有实践。列宁在 19 世纪初期，特别是在《国
家与革命》的著作中，把共产主义低级阶段说成是"社会主义社
会"②。但是，就列宁对什么是社会主义的问题，在他的早期和晚
年，思想理论的变化也是非常大的。邓小平在 1985 年接见外国朋

---

　　① 《马克思恩格斯全集》第 19 卷，第 268—269 页。19 世纪 80 年代，俄国的马克思主
义小组即"劳动解放社"在学习《资本论》时，联系俄国当时还普遍存在的农村公社问题
及由此产生的对俄国革命进程发生了争论，小组有一位成员在 1881 年 2 月 16 日直接给马
克思写信请教，信中特别提出：你在《资本论》中所讲的历史必要性，是否适合世界各
国？马克思收到信后对俄国的社会经济情况进行了深入研究，先后写了四份复信的手稿，
1881 年 3 月 8 日复信说：我在《资本论》中所讲的对农民的剥夺，以及必然发生的剥夺
者被剥夺"这一运动的'历史必然性'明确地限于西欧各国，而并不适应于落后的东方
国家"。

　　② 汤在新主编的《〈资本论〉续篇探索》有比较全面的考察（中国金融出版社 1995
年版，第 585—586 页）。

友时说，社会主义究竟是什么样子，苏联搞了很多年，也并没有完全搞清楚。可能列宁的思路比较好，搞了个新经济政策，但是后来苏联的模式僵化了。邓小平对列宁"思路"的肯定，就是指列宁晚年的一些思想。我们在充分占有学术资料的基础上，认真研究老祖宗的思想，社会主义的确没有什么固定的模式。不同的国家如何建设社会主义？具有鲜明的具体国家的地域、民族特色。邓小平从中国国情出发，明确提出了建设有中国特色的社会主义理论。他说，现在虽说我们也在搞社会主义，但事实上不够格。只有到了下个世纪中叶，达到了中等发达国家的水平，才能说真的搞了社会主义，才能理直气壮地说社会主义优于资本主义。社会主义的第一个任务是要发展社会生产力。邓小平有中国特色社会主义理论的提出，是对苏联斯大林社会主义模式的否定，与那种把社会主义定义为有一种固定的体制模式的僵化观念与教条思维划清了界限，澄清了我们对社会主义理论的错误认识。

三是市场经济是否是"异己"的魔鬼？

市场经济和计划经济的属性长期困扰着理论界。从已有的经典文献看，马克思从来也没有使用过"计划经济"的概念。在他谈到未来社会时，通常使用的概念大都是"有计划""有意识""自觉的"等。恩格斯曾把"有计划的组织"作为资本主义的对立面来看待，他说，一旦社会占有了生产资料，社会内部的无政府状态将为有计划的自觉的组织所代替。但他也没有使用过"计划经济"的概念。19世纪末，随着垄断在一些主要工业部门的出现，恩格斯改变了过去的观点，如果我们从股份公司进而来看支配着和垄断着整个工业部门的托拉斯，那么，那里不仅私人生产停止了，而且无计划性也没有了。最早把计划经济与市场经济对立起来并作为社会制度来对待的是列宁。1906年，列宁说，只要还保存着货币权力和资本，世界上任何法律也无力消灭不平等和剥削。只有实行巨大的社会化的计划经济制度，同时把所有的土地、工厂、工具的所有权交给工人阶级，才能消灭剥削。但是，过了10多年，即在

1917 年俄国社会民主党第七次会议上，列宁根据资本主义发展中出现的新情况，高度地评价了恩格斯有关"资本主义也是一种有计划的经济"的观点，坦诚地承认，资本主义正直接向它更高的、有计划的形式转变。但是，斯大林却始终把计划经济和社会主义紧紧地捆绑在一起，认为市场经济是资本主义的专利。1927 年 12 月，他在一次会议讲话中说，人们有时援引美国和德国经济机关，仿佛那些机关也是有计划的领导国民经济的。不，同志们，它们还没有做到这一点，并且只要资本主义制度还存在，它们就不能做到这一点，……在斯大林的主持下，苏联编写了《政治经济学》教科书，将斯大林的有关社会主义和计划经济关系的论述、对市场经济的批判，加以理论化和系统化，这不仅影响了苏联，而且也控制了中国经济思想界整整 30 年。

（二）经济转型的基础理论：市场经济理论在中国确立

市场经济的存在，已经有好几百年的历史了。这几百年间，在不同的历史发展阶段，在不同的国家，市场经济的有效性，始终取决于如何理顺市场与政府的关系。

18 世纪中期，取消封建壁垒，增加国民财富，是产业资产阶级的主要任务，英国亚当·斯密在 18 世纪 70 年代写的《国富论》中，首次论述了完全自由的市场经济运行规则，奠定了自由市场经济所必要的思想资料。但到了 20 世纪 20 年代，经过完全自由市场发展的英国经济，却开始出现萧条，严重的失业导致了一系列的社会经济问题。30 年代，凯恩斯出版了《就业，利息和货币通论》，系统地批评了自由放任的经济思想，提出了政府干预经济的主张。第二次世界大战前后，英、美等主要资本主义国家都采纳了凯恩斯的政策建议，其中美国"罗斯福新政"取得了良好的效果。因此，亚当·斯密和凯恩斯两人在不同的历史时期，奠定了两类市场经济理论的不同框架。在这以后经济学的各种流派，基本上都是从这两类不同理论框架中繁衍出来而又对各国社会经济发展起到了作用，比如，20 世纪中期以美国萨缪尔森和汉森为代表的新古典综合派，以英国罗宾逊为代表的新剑桥学派等，是从重视政府作用方面发展了凯恩斯的经济学思想。再比如，19 世纪末以英国马歇尔为代表的新古典学派，20 世纪 70 年代以美国弗里德曼为代表的货币主义等，在新时期发展了亚当·斯密的完全自由的市场经济思想，特别是货币主义学派在当今世界范围内有广泛影响，甚至渗透进了转型期国家的决策思想。另外，还有德国的弗莱堡学派、美国加尔布雷斯为代表的新制度经济学派等，都从如何理顺政府和市场的关系这一根本问题出发，形成了现代经济学的不同流派，在不同国家的不同文化背景下，也出现了不同的现代市场经济模式。

但是，在中国的 1949—1979 年间，学界凡是讲市场经济及与此相联系的观点，都会受到极端的政治处罚。20 世纪 50 年代中期，孙冶方根据计划经济的弊端，认为价值规律是价值存在和运动的规律，它是任何社会化大生产都不能取消的自然规律。社会主义经济作为社会化生产，同样也存在着价值规律发生作用的机制。他在价值规律内因论和商品生产外因论的总题目下，特别强调了价值的决定作用，价值规律能促进社会劳动生产率的提高。特别强调等价交换作用，价值规律能督促企业搞好经济核算。只要按生产价格交换，依据资金利润率，核算活劳动耗费，核算物化劳动即资金占用效果，就能实现价值规律等价交换的作用。孙冶方以价值规律内因论和商品生产外因论对集权的计划经济体制进行了尖锐的批评。[①] 同一个时期，顾准也提出了市场调节论。他认为，价值规律对计划经济同样有重要的制约作用，价值规律不仅调节着消费资料的生产和流通，而且也调节着生产资料的生产和流通。价值规律对社会生产的调节作用是通过经济核算进行的，有一个重要办法是使劳动者的物质报酬与企业盈亏发生程度密切的联系；使价格也成为

---

①　孙冶方：《把计划和统计放在价值规律的基础上》，《经济研究》1956 年第 6 期；《论价值——并试论"价值在社会主义以至于共产主义政治经济学体系中地位"》，《经济研究》1959 年第 9 期。

调节生产的重要的工具。[①] 孙冶方的价值规律内因论、顾准的市场调节论，触动了集权计划经济的痛处，他们也因此而遭到了非常不公正的处置——投入牢狱。60 年代初期，学界也讨论过"价值规律是一个大学校"，但那不过是在经济发生困难的时候，想利用价值规律而已，因为在当权者的内心深处，价值规律如同大观园的丫鬟一样，可以招之即来，挥之即去。到"文化大革命"中，对市场经济的批判，达到了顶峰，认为价值规律是一种异己的力量；商品交换是产生资本主义和资产阶级的温床、土壤等，因而必须通过无产阶级专政的手段来加以限制。

面对国民经济崩溃的危机局面，1979 年下半年开始，许多经济学家反思了在商品货币市场问题上的观点，提出要发挥价值规律的作用，孙冶方再次提出，千规律，万规律，价值规律第一条，有关国家经济工作的综合部门还组织重新学习了孙冶方过去曾被批判过的观点，如把计划建立在价值规律的基础上等；薛暮桥提出，要利用市场搞活流通，为长途贩运平反；李先念公开提出"计划经济和市场经济相结合"的口号。虽然这个时候，邓小平也讲过，社会主义也可以搞市场经济。但对经济理论界和决策部门的影响还不是很大，因为当时党内外所能接受的思想是在实行计划经济的前提下，采取某些市场调节的办法，来增加社会主义经济的灵活性，以满足人们生活多方面的需要。1980 年 9 月，国务院经济体制改革办公室提出的有关经济体制改革的意见中说，进行经济体制改革的方向，应该是在坚持生产资料公有制占优势的条件下，按照发展商品生产和促进社会化大生产的要求，自觉地运用价值规律，把单一的计划调节，改为计划指导下的充分发挥市场调节的作用。薛暮桥对这个意见作过一个说明，提出我国现阶段的社会主义经济是生产资料公有制占优势、多种经济成分共同并存的商品经济，是对30 年来占统治地位的教条主义的挑战，从而解决在中国这块土地

---

① 顾准：《试论社会主义制度下的商品生产和价值规律》，《经济研究》1957 年第 2 期。

上应该建立什么形式的社会主义经济的问题。如果这个问题解决了，是对马克思的社会主义学说的重大发展。这个时期，赵紫阳在四川搞了"扩大企业自主权"的试点；万里在安徽搞了"包产到户"的试点。这两类改革，为充分发挥市场力量的作用打开了大门，也拉开了我国由计划经济转向市场经济的序幕。但是，在党的十二大政治报告起草的过程中，胡乔木组织并批复了袁木、王忍之等五位同志给他的一封信，这封信尖锐地批评了经济学界关于发挥价值规律作用的观点。在 1982—1983 年，一些主要的报刊发表了不少批评强调价值规律和市场调节作用观点的文章，薛暮桥也因为说过"计划调节大部分要通过市场调节来实现"的话而在一次会议上不得不作了检讨。1984 年 9 月，赵紫阳给中央政治局其他常委写了一份信，信中说，计划第一，价值规律第二，这一条表述并不确切，今后不宜沿用。还说，社会主义经济是以公有制为基础的有计划的商品经济。计划要通过价值规律来实现，要运用价值规律为计划服务。这个意见得到了邓小平、陈云等人的支持。[1] 1984 年 10 月召开了十二届三中全会，会议决定，社会主义计划经济必须自觉依据和运用价值规律，是公有制基础上的有计划的商品经济。商品经济的充分发展，是社会经济发展不可逾越的阶段，是实现我国经济现代化的必要条件。只有充分发展商品经济，才能把经济真正搞活，促使各个企业提高效率，灵活经营，灵敏地适应复杂多变的社会需求，而这是单纯依靠行政手段和指令性计划所不能做到的。邓小平对此称赞说，这次经济体制改革的文件好，就是解释了什么是社会主义，有些是我们老祖宗没有说过的话，有些新话。我看讲清楚了。还说：文件是马克思主义基本原理和中国社会主义实践相结合的政治经济学。经济理论界也突破仅仅在消费品市场意义上理解的市场，强调要发展资金市场、劳动力市场、技术市场等，这样，就使市场由消费品的买卖概念转变为市场能够配置资源的科

---

① 张卓元等主编：《20 年经济改革：回顾与展望》，中国计划出版社 1998 年版，第 11 页。

学范畴。在 1987 年 2 月 6 日即党的十三大召开前夕，邓小平同中央的几位领导人有针对性地谈到了计划和市场的问题，指出计划和市场都是方法。我们以前是学习苏联，搞计划经济。后来又讲以计划经济为主，现在不要再讲这个了。党的十三大政治报告全面地总结了改革开放以来的实践经验，没有再提"计划经济"，而是提出了社会主义经济体制中计划和市场都是覆盖全社会的论断，按照这个思想，还特别提出了社会主义有计划商品经济的体制应该是计划和市场内在统一的体制，"新的经济运行机制，总体上说应当是国家调节市场，市场引导企业的机制"。党的十三大后，经济理论界空前活跃。马洪撰文说，我国经济体制改革，是要以市场机制为基础的资源配置方式取代传统的、以行政命令为主的资源配置方式。也就是说，我们要通过改革建立的社会主义有计划的商品经济，是一种用宏观管理的市场来配置资源的经济，在这个意义上，也作可以叫做社会主义的市场经济。我们要进一步解放思想，为市场经济正名，这对建立国家调节市场、市场引导企业的新的经济运行机制是非常重要的。[1] 于光远撰文说，市场经济的计划，应该有更好地适应市场情况的特性，应该有更大的灵活性。我们应该抛弃那种以固定的不允许有伸缩性的目标为目标的计划模式。[2] 薛暮桥撰文说，我主张再不提指令性计划、指导性计划、市场调节三块论了。市场调节与市场经济是不是不能混淆的两种本质？需要好好讨论。我国只说商品经济而不说市场经济，苏联只说市场经济而不说商品经济；我们说有计划的商品经济，苏联说有调控的市场经济，我认为，本质相同，都不能等同资本主义，只要保持生产资料公有制为主体。[3] 吴敬琏撰文说，新古典经济学剖析了商品经济的运行机制，说明它如何通过市场机制的运作而有效地配置资源，市场被确

---

[1] 《社会主义初级阶段市场经济》，东北财经大学出版社 1988 年版，第 3 页。

[2] 于光远：《政治经济学社会主义部分探索（四）》，人民出版社 1988 年版，第 252—253 页。

[3] 《特区时报》1991 年 1 月 4 日。

认为商品经济的运行枢纽，从此，商品经济也通称为市场经济。所谓的市场经济，就是指在这种经济中资源的配置是由市场导向的。所以市场经济，从一开始就是从经济的运行方式即资源配置方式上立论的。① 这个时期的经济学家坚持独立思考，对市场化改革提供了相当充分的理论依据。

20世纪80年代末，我国发生了一场政治风波。一些政治家、理论家利用市场化改革出现的暂时困难，对十三大提出的改革路线以及经济理论界有关市场经济的讨论发动了一场倒算。他们说，改革开放是引进资本主义，和平演变的主要危险来自经济领域。那时，对市场化改革提出批评的文章几乎"一边倒"，由此造成了新的思想混乱。意识形态上的倒退使市场化改革停滞不前。在这种形势下，邓小平去南方，直接面对群众，对计划和市场的关系，发表了令人耳目一新的谈话。邓小平"南方谈话"，对确立社会主义市场经济理论具有非常重要的意义，他针锋相对地指出，改革开放迈不开步子，不敢闯，说来说去就是怕资本主义的东西多了，走了资本主义道路。要害是姓"资"还是姓"社"的问题。判断的标准主要看是否有利于发展社会主义社会的生产力，是否有利于增强社会主义国家的综合国力，是否有利于提高人们的生活水平。计划多一点还是市场多一点，不是社会主义与资本主义的本质区别，计划经济不等于社会主义，资本主义也有计划；市场经济不等于资本主义，社会主义也有市场。计划和市场都是经济手段。邓小平的讲话，得到了广大人民群众的热烈欢迎。1992年3月，在中央政治局会议上，对计划和市场的关系问题，又作出了明确的规定，指出计划和市场，都是经济手段，要善于运用这些手段，加快发展社会主义商品经济。在这种情况下，经济学界的不少同志，根据马克思主义理论的发展和我国改革的实际进程，特别是邓小平对我国经济建设和体制改革的深入思考，而发表的一系列观点，建议把十一届

---

① 详见《通向市场经济之路》，《中国社会科学》1991年第6期。

三中全会以来对计划和市场问题的论述提到一个新的高度，应该将我国社会主义经济改革的目标明确规定为建立市场机制即以市场机制为基础的资源配置方式取代以行政命令为基础的资源配置方式，这样才能更加鲜明而又准确地表达我国经济体制改革的实质，也才能为制定我国跨世纪的经济发展纲领奠定理论基础。1992 年 10 月，党的十四大宣布，中国经济体制改革的目标是建立社会主义市场经济体制。在 1993 年 11 月党的十四届三中全会关于建立社会主义市场经济体制的若干决定中，为在 20 世纪末建立社会主义市场经济体制绘制了一幅灿烂的蓝图。

市场经济理论的确立，在我国经济学界经历了一个漫长的历史过程，有不少经济学家为此而付出了血的代价。现在回过头看看经济学理论界所走过的道路，我们无不深深地感到遗憾：在一个时期，经济学家独立思考的社会环境太狭窄太残酷了！如果没有邓小平关于说市场经济只存在资本主义社会，只有资本主义的市场经济，这肯定是不正确的。社会主义为什么不可以搞市场经济？社会主义也可以搞市场经济。这一划时代的理论判断，经济学界就此理论问题的争论将可能依然在寒冷中摸索。

（三）经济转型的目标：社会主义市场经济体制的基本框架

随着经济理论的正本清源，从 20 世纪 70 年代末开始了由集权计划经济体制向市场经济的转型，而社会主义市场经济新体制的基本框架则是在转型的实践中逐步形成的。

转型的第一阶段，重点是在农村，1978 年 12 月召开了党的十一届三中全会，初步总结了中国农村走过的曲折道路。在农村曾存在了近 20 年的人民公社制度，是集权计划经济制度在我国农村的具体体现。但从实行的那天起，人民公社就没有得到广大民众的赞成，它严重阻碍着农业的发展，农民群众以各种方式曾进行过抵制，但都一次又一次地被"政治运动"压了下去。20 世纪 70 年代末，反人民公社的浪潮重新崛起。党的十一届三中全会后党中央支持来自实践的经验，使完善后的"包产到户"即家庭联产承包责任制得到普遍发展。在这同时，国家还从推动农业发展入手，大幅度提高了农副产品收购价格，1979—1984 年，农副产品收购价格提高了 53.7%，农民从提价中获得收入超过 300 亿元。家庭联产承包制和提高农副产品收购价格，这两项重大改革措施，使中国 20 世纪 80 年代初的农业获得了迅速发展，主要农产品从长期短缺达到了基本自给，初步解决了中国人民的温饱问题。乡镇企业的蓬勃发展，是这一阶段农村经济体制改革的又一新事物，它不仅开辟了国家财政收入的新来源，而且还安置了大量的农村剩余劳动力，闯出了中国农业现代化和农村城市化的新路子。

1984 年 10 月，党的十二届三中全会后，转型的重点转移至城市，对城市集权计划经济体制的基础进行改革，主要是国有企业。国有企业一方面沉积和经营着大量的国有资产；另一方面又提供着国家所需的财政收入。但集权计划经济体制不能使二者协调，投入与产出不匹配。因此，1984 年，党在有关经济体制改革决定中明确指出，增强国有企业活力，是以城市为重点的整个经济体制改革的中心环节。但那时国有企业的改革，一个明显的特点是突出了"包"，在国家与企业的关系上，以调整利润分配为主线，相继实行了生产经营责任制、利改税和承包制；与企业改革相配套，在中央和地方的财政关系上，实施"分灶吃饭"，也是"包"字当头。相比之下，价格体制改革则由以调为主适时转入以放为主，逐步放开了生活消费品价格，在一个时期内，对生产资料价格仍实行"双轨"价格，这对生产固然有刺激作用，但也给某些不法分子提供了"腐败"的条件。[①]

1992 年党的十四大总结了改革经验，对什么是社会主义市场经济体制作了一般的描述："我们要建立的社会主义市场经济体制就是要使市场在社会主义国家的宏观调控下对资源配置起基础性作

[①] 苏星在他的晚年，撰写了一部颇具特色的经济史，对大量的史料作了筛选，描述了中国由计划经济向市场经济转变的进程，见《新中国经济史》，中共中央党校出版社 1999 年版。

用，使价格活动遵循价值规律的要求，适应供求关系的变化，通过价格杠杆的竞争机制的功能，把资源配置到效益较好的环节中去，并给企业以压力和动力，实现优胜劣汰；运用市场对各种经济信号反应比较灵敏的优点，促进生产和需求的及时协调。同时也要加强和改善国家的宏观调控，依据客观规律的要求，运用好经济政策、经济法规、计划指导和必要的行政管理，引导市场健康发展。"这里实际上已经讲清了社会主义市场经济的基本框架，主要有两点：一是力求通过价格信号对企业的销售、供应和生产进行导向，在公开平等的市场竞争中实现优胜劣汰，把稀缺的经济和自然资源配置到社会最需要的行业中去；二是国家通过经济政策、经济法规以及各类经济参数对市场进行调节，补充市场的缺陷。

　　1993 年 11 月，在党的十四届三中全会上，进一步描述了对社会主义市场经济体制的基本框架，它包括：要坚持以公有制为主体、多种经济成分共同发展的方针，进一步转换国有企业经营机制，建立适应市场经济要求，产权清晰、权责明确、政企分开、管理科学的现代企业制度；要建立全国统一开放的市场体系，实现城乡市场紧密结合，国内市场与国际市场相互衔接，促进资源优化配置；要建立多层次的社会保障制度，为城乡居民提供同我国国情相适应的社会保障，促进经济发展和社会稳定；建立完善的宏观管理体系等。实际上，就经济的一般运行来说，正如邓小平所说，社会主义市场经济的方法上基本上和资本主义社会的相似。因此，我们在发展社会主义市场经济的问题上，完全可以大胆地吸收和借鉴当今世界各国包括资本主义发达国家的一切反映现代社会化生产规律的先进的经营和管理方法。

　　到 20 世纪 90 年代中期，市场化改革的实践使国家集权控制全社会经济运行的格局发生了根本变化，笔者在 1997 年出版的《转型期中国社会经济关系研究》对此曾做过这样的归纳与总结：一是国家不再对企业经营承担无限责任，企业也不能继续吃国家的"大锅饭"，国有企业已逐步成为法人实体；二是个人对社会成果的分配，已不再是抽象的劳动支出，而必须是社会必要劳动，不仅个人劳动以社会标准衡量，各种生产要素也有偿参与社会价值的创造、实现和分配，政府以各种政策、调节收入分配差距并逐步为实现共同富裕而创造条件；三是农村和城市，都以工业化为目标，农村不再是城市工业化资金积累的来源，提高农业生产率和农产品商品率，发展城乡商品关系；四是中央和地方政府，在统一的国家政权组织内，一级政府，一级事务，有独立的财政收支权限，同时中央和地方政府分税并法制化。集权计划经济体制下的各类经济关系发生了根本的变化。①

　　与世界成熟的市场经济模式来比较，社会主义市场经济模式还处在探索中。实际上，在我国提出社会主义市场经济模式之前，国际上就有经济学家对社会主义市场经济模式进行过研究。早在20世纪30年代，有关社会主义经济的大论战中，奥斯卡·兰格就提出了"竞争的社会主义"模式，南斯拉夫提出的"个人自治的社会主义"，都对东欧国家的经济转型有过很大的影响。在西欧的社会民主党中，他们为了达到财富更公平的分配和社会平等的目标，也主张把市场经济和社会主义结合起来，他们特别注重对财富和收入的再分配，要求建立社会福利的国家。这对我们构建具有中国特色社会主义市场经济模式，还是提供了某些可借鉴的思想资料。②1994年，笔者曾参加马洪主编的《什么是社会主义市场经济》的撰写，对第二次世界大战以来，世界上"成功"的市场经济运行特点进行了比较研究，提出了三种模式：美国——消费者导向型市场经济模式，注重消费者利益，国家通过政府对商品和劳务的采购

---

① 冒天启主笔：《转型期中国经济关系研究》，湖北人民出版社1997年版。
② 斯蒂格利茨在他的《经济学》中说，市场社会主义面临着两个关键性的问题，一是获得确定价格需要的信息；二是经理缺乏激励，当企业赚得利润时，厂商不能获得回报，但当企业发生亏损时，政府又必须来弥补。他说这种市场经济的模式既缺乏资本主义中的市场激励结构，同时也缺乏传统社会主义中的经济控制机制。他也指出，中国在农业的生产责任制中获得了成功，提高了农业的劳动生产率，但在其他方面的改革还是有争议的。详见斯蒂格利茨《经济学》（下册），中国人民大学出版社1998年版，第379—381页。

来扩大市场，通过货币政策对经济运行发生影响；法国和日本——行政导向型市场经济模式，依靠经济计划、产业政策对市场运行进行协调；德国——社会市场经济模式，在通过经济计划协调市场的同时，注重社会公正。实行社会市场经济的还有北欧的一些国家，如瑞典等。①

（四）经济转型的研究方法：体制变迁的纵向和横向比较

转型经济的研究，涉及马克思生产关系的变革理论、新制度经济学的制度变迁理论和发展经济学，以及如何评价新古典经济学等经济学中最基本的理论，但最直接的是有关比较经济学的理论。

传统意义上的比较经济学，通常是将世界上现有的经济制度划分为资本主义、法西斯主义、社会主义和共产主义而进行研究。库普曼在 1968 年发表过一篇论文《论经济体制的描述与比较：理论与方法的研究》，认为比较经济学不能是"主义"的比较，要"以对具有特殊的经济功能的组织安排的比较为开端"②。对按"主义"划分体制进行比较提出了质疑。埃冈·纽伯格、威廉·达菲合著的《比较经济体制》③ 是 20 世纪 80 年代初介绍到中国的一部有关进行经济体制比较的学术著作，它把经济体制解释为在生产、消费和分配三个基本领域作出经济决策的一种机制，由决策、信息和动力结构三个部分构成，这给中国的研究者提供了一个比较简洁的进行经济体制比较研究的方法即决策方法或 DIM 研究。同期介绍引入的著作还有阿兰·G. 格鲁奇的《比较经济制度》④、维克拉夫·霍尔索夫斯基的《经济体制分析和比较》等。⑤ 但从总体上说，"主义"的比较仍然是这门学科最基本的研究方法。

---

① 马洪主编：《什么是社会主义市场经济》，中国发展出版社 1993 年版。

② 张仁德等：《新比较经济学研究》，人民出版社 2002 年版。

③ ［美］埃冈·纽伯格、威廉·达菲：《比较经济体制：从决策角度进行的比较》，商务印书馆 1984 年版。

④ ［美］阿兰·G. 格鲁奇：《比较经济制度》，中国社会科学出版社 1987 年版。

⑤ ［美］维克拉夫·赫尔索夫斯基：《经济体制分析和比较》，经济科学出版社 1988 年版。

　　首先，20 世纪 80 年代末，东欧剧变、苏联解体，社会主义作为一种社会制度受到了极大的削弱，作为以"主义"比较为主要研究对象的比较经济学面临着新的挑战。这种研究对象的变异，使得以"主义"为基本研究方法的比较经济学是否还将存在成了首要问题。其次，传统的比较经济学，虽然也研究经济体制，但基本上是横向对几个体制进行静态比较，而没有纵向地对一个体制的变迁进行过动态的比较研究。所以，以中国、俄罗斯，还有原东欧的前社会主义国家为案例，说明由计划经济向市场经济过渡中的各种经济问题，即转型经济研究，可以说是比较经济学的新分支。布茨卡林的《过渡经济学》（1995）、斯蒂格利茨的《社会主义向何处去》（1998）、青木昌彦的《比较制度分析》（1999）、热诺尔·罗兰的《转型与经济学》（2002）等著作对原社会主义国家的转型作了理论总结。盛洪主编的《中国的过渡经济学》，对中国经济改革的方方面面也进行了理论探索；林毅夫等的《中国的奇迹：发展战略与经济改革》，在与俄罗斯的比较研究中，用"奇迹"概述了中国改革的成果；张任德等撰写的《中外经济转轨度比较研究》等著作，都相当娴熟地运用了比较经济学的最新成果研究中国的经济转型。

　　对"转型"和"改革"的含义，一般都是指从传统集权计划经济向现代市场经济过渡的理论和实践。但在国际学术界，对二者的含义却有不同的理解，波兰经济学家格泽戈尔兹·W. 科勒德克指出，"转型"，是一个发生根本性变化的过程，它从基于由国家控制产权的社会主义集中计划经济转向自由的市场经济。这个过程意味着引进全新的制度安排，或者说放弃了原来的社会主义制度，是以市场经济替代了中央集权的计划经济。因此，"转型"是一个新制度代替旧制度的过程，如俄罗斯；"改革"，是在原有的社会主义制度范围内做一些改进，但并不发生制度的根本改变，如中国。他还指出，中国目前虽然也在进行"改革"，已经走出了传统的中央计划控制经济体制，但还没有从社会主义跨入"转型"

的道路即走上自由市场经济。中国的"转型"，就其内在所包含的事实来说，的确与俄罗斯的"转型"不同。俄罗斯的"转型"包括两层含义：一是在国家政体上由共产党的一党极权执政转向多党的议会制；二是由集权的计划经济体制转向市场经济体制。而这一层又包括两个阶段：一是叶利钦时期的自由市场经济体制；二是普京时期的可调控的市场经济或社会市场经济体制。但在中国的"转型"，一是指由集权的计划经济体制转向现代市场经济或称社会主义市场经济体制；二是指由落后的农业国转向现代的工业国。因此，体制转型和经济发展是我国"转型"的主要含义。

二 经济转型研究或比较研究的主要领域

（一）对向市场经济转型策略的比较研究

在一个时期比较流行的研究方法是，把俄罗斯选择"休克"（激进）的改革策略模式的失败案例和中国选择"摸着石头过河"（渐进）的改革策略模式的成功案例进行比较。

斯蒂格利茨的《改革向何处去？论十年转轨》的文章对中国与俄罗斯转轨按"渐进"和"激进"及其结果作了对比，着重分析了俄罗斯"激进"失败的原因。首先，是对"市场经济最基本的概念理解错误"，美国模式的教科书很大程度上仅仅是依赖新古典主义的一种学术学派，而没有涉及其他学派，然而恰恰是其他学派的观点可能会对转轨阶段的国家有更深刻的解释。其次，混淆了手段和结果，比如，将私有化或公开资本账户看作成功的标志而不是手段。最后，采纳经济学家建议的政治程序出了问题，即决策错误。斯蒂格利茨在不少文章和著作中都赞扬中国"渐进"改革的成绩。当然，他对所谓"社会主义市场经济"的模式是否能最终成功，也有自己的判断。① 他的观点，通常我们将其归结为后凯恩斯学派。

　　但是，国际上也有经济学家认为，经济转型的核心是大规模的宪政制度的转变。在新的宪政制度下，人们遵守一个新的游戏规则，这种游戏规则能够产生更多的制度创新和更好的经济绩效。杨小凯等认为，经济改革只是宪政转型的一部分。宪政制度是一种为人民认可并接受其约束的游戏规则，人们在这种游戏规则下从事各种活动，包括经济活动。经济增长的最终源泉是制度与技术的创新，而这些都是在给定的宪政制度下完成的。他们联合撰写的《经济转型和宪政改革》认为②，赞成"渐进"改革模式的经济学家缺乏宪政思考，只看到不同转型方式的短期经济效果就轻易地下了结论，他们不赞成以中国"渐进"改革的业绩去否定俄罗斯"休克"改革的失败。他们指出，建立新的游戏规则的长期利益与短期效果往往并不一致。英国式的宪政制度的建立经历了痛苦的历程，其间伴随着战争与大规模的经济衰退，但最终建立的宪政制度为经济的成长奠定了基础。美国内战是宪政转型的又一代表性案例，在内战结束后 10 年间美国经济持续衰退，但今天内战对以后的经济繁荣的贡献显而易见。从这一意义上说，对俄国与东欧的改革成效的认定需要重新考虑，不能因为短期的挫折而认定改革的失败，或者认定它们不如中国改革成功。如果考虑到长期因素，现行改革制造的长期宪政转型的成本可能超过了在短期内而取得的收益。因此，对中国现在改革的成就也要重新评价。

---

①　斯蒂格利茨以信息经济学、交易费用论对新古典经济学理论进行了反思，还对转型国家中的一些重要问题进行过探讨，如，集权和分权、产权界定、私有化、公司治理结构、银行与法人控股、创新、"寻租"行为、分配关系、逆向选择、道德风险、信息不对称性、资本市场、金融政策、垄断与竞争、政府职能、市场失效、政府失效等。他将原社会主义国家的经济转型和世界经济一体化、金融国际化联系在一起，认为社会主义市场经济也有缺陷。

②　杨小凯等：《经济转型和宪政改革》，参见网址 http://www.china028.com。

对杨小凯教授的这种结论，国内有经济学家也提出了不同看法。林毅夫认为，既然宪政是人民认可和接受的游戏规则，而不是写在纸上的宪法，那么人民认可和接受一个新的游戏规则，是一个缓慢的过程，它受到文化因素的制约，转型就必然是一个长期的过程，不会因为一部宪法的颁布和一次选举的举行而完成转型的过程。因此，用激进改革并不能真正实现宪政转型，但这种改革对经济的破坏是直接和立即的。因此，渐进的改革比激进的改革好。至于中国改革过程中采用的双轨制度，不能因为这种制度在其他国家、地区或时代被采用过就不认为是一种创新，因为创新不等于发明，只要采用的制度和过去的不同，就属于经济学所说的创新。茅于轼也认为，中国过去 20 年的改革无论如何应该认为是成功的。在现实的改革过程中，必须选择在现实情况下可行的改革办法，任何一个改革策略也都是有路径依赖的。

波兰经济学家格泽戈尔兹·W. 科勒德克的《从休克到治疗》，从另一个角度对"激进"和"渐进"的选择作了分析。其中有三个观点值得重视，一是认为如果政治改革进程不是很深入，那么经济发展是有限的。通常，向市场经济转轨的过程，是和向议会民主、公民社会的政治转变联系在一起的。二是认为"激进"和"渐进"的选择，主要发生在三个领域：（1）经济自由化和宏观经济的稳定方面，要看货币和金融的稳定程度。如果转轨之前经济的控制程度很高，转轨初期出现了金融的不稳定，那么实行"激进"的方式就可达到经济的自由化；（2）结构改革和制度变革方面，包括民营化、公司治理结构，则必须采用"渐进"的改革方法而不能采取"激进"的改革，因为这项改革所需要的时间长，花费的财政和社会成本高；（3）产业的微观结构重组方面，要注入新的投资，要关闭旧工厂、要对劳动力重新进行调配和再培训、要提高行业的竞争能力、要吸收流动资本等，这些改革措施都需要时间，在这个问题上，也不能采取"激进"的方法。所以，不能简单地在"渐进"和"激进"这两种方法上作出"转轨"的选择。三是以一个时期经济增长的快慢来判断转轨策略选择的得失，并非科学！从长时段看，制度改革是经济发展的必要前提。但是，也经常出现在某一时段中体制转轨缓慢，但增长迅速；或者体制转轨迅速，但经济却大幅度下降的情况。我们还未必能看清转型与增长两者之间的清晰联系。所以，他明确地提出，在对中国和俄罗斯"转轨"的比较研究中，不要太看重一时经济是增长还是衰退并对此进行褒贬。[①] 他的观点，通常我们将其归结为新政治经济学派。

　　美国学者大卫·科兹对俄罗斯新自由主义引导的转型战略与中国国家引导的转型战略进行了比较。他批评新自由主义，并以经济是增长还是衰退为标准，认为中国实行"政府指导的转型战略"要比俄国"新自由主义引导的转型战略"好得多。在中国，价格控制逐渐放开、政府仍保留对大型国企决策权的控制、政府开支特别是对国有企业和基础设施的投资保持增长、对银行系统实行国家控制等，由此，保证了经济的持续增长。但他同时也认为，市场经济的运行必然会在经济上产生新的精英集团，伴随着市场经济在中国经济中所占的份额越来越大，这些经济精英集团也就越来越强，越来越富。那些在经济上发了财的精英集团必然会追求政治上的权力，从而反过来反对原来所实施的"政府指导的转型战略"而要求采取新自由主义的政策。大卫·科兹认为，2001 年中国加入WTO，在一定程度上已经放弃了一些国家指导的转型策略。他的结论是：如果中国放弃现在的模式而转向新自由主义，中国经济将要受到损害。要避免新自由主义的危险，只有实行社会主义，它应具有以下特点：建立公有制；实行计划经济；有完善的民主制度，使普通的劳动者在政治上经济上有说话的权利。在这种制度下，才会消除强有力的精英集团在向新自由主义的转向中获益。类似大

---

　　① ［波兰］格泽戈尔兹·W. 科勒德克：《从休克到治疗——后社会主义转轨的政治经济》，上海远东出版社 2000 年版，第 94 页。

卫·科兹这样的经济学家，对社会主义的理解，完全还停留在本本的理解上。

值得注意的是，自 20 世纪 90 年代，随着俄罗斯经济的迅速恢复和发展，以经济增长还是衰退为标准而对中国与俄罗斯的转型进行褒贬的争论几乎销声匿迹。

（二）　对市场微观基础的建设：产权配置和企业制度建设

打破国有资产对国民经济的垄断，对国有资产重新配置，是由集权计划经济向现代市场经济转轨的首要任务。

中国国有企业的改革是 20 世纪 70 年代末由"扩权让利"逐步推开的。但那时所实施的具体措施，比如，恢复奖金制度、超计划利润分成、计划外产品生产和销售等，主要还都着眼于利润如何分配，分配办法主要有利润留成、盈亏包干、以利代税、自负盈亏等。为了稳定国家财政收入的来源，1983 年上半年实行"利改税"，但由于企业之间在价格、资产占用、资源使用等方面的级差收入未能得到调节，"利改税"的实际效果不仅单方面加重了企业负担，还加剧了企业间的苦乐不均。其实施一年后便无疾而终了。"承包经营责任制"是 20 世纪 80 年代中期扩大企业经营自主权的过程中逐步完善并于 1987 年年初在全国范围内推广的，基本原则是包死基数，确保上缴，超收多留，欠收自补，以合同形式划分国家和企业的责、权、利，保证国家财政基数不减少，调动企业增收。但其仅仅实施了一年，承包制的弊病渐渐显露了出来，一些企业追求收入最大化，短期行为急剧膨胀，完成承包基数的企业，奖金侵蚀利润，而亏损的企业却仍然与政府有关部门讨价，要求调整基数，从而损害了国家财政收入。总之，80 年代我国国有企业改革的总思路，基本上局限在如何调整国家和企业对利润的分配上。

随着经济发展和市场化改革，企业对资金的需求越来越紧迫。通过集资，聚集社会闲散资金，吸收内部职工入股，这对发展中的企业来说，是最简便易行的一种办法。这样，一种古老的财产组织形式即股份制，在市场化改革中渐渐萌生。当然，股份制的出现，还有另外两个直接的经济原因，一是随着承包制的完善，企业自有资金的量逐步扩大，为企业自我积累、自我改造、自负盈亏乃至形成法人实体提供了稳定的财源；二是在企业之间相互以产品为龙头，冲破不同所有制界限，相互参股、融资，再加上技术、物资、劳动力相互渗透，不同企业逐渐演变为股东。这种混合的财产组织形式即股份公司，作为新型企业制度在党的十四大以后得到了很大发展。组建各类股份公司，作为对国有企业进行改革的主要形式而被确立了下来。因此，进入 20 世纪 90 年代，国有企业改革的总体思路有了质的变化，它由过去利润怎样合理分配转向了资本怎样有效经营。就深层理论来说，影响实践变化的经济理论主要有两点：一是所有权同经营权可以适当分开的理论。诸如"利改税""承包制"，还有"租赁制"等，在特定时期，"两权分离"是向集权管理体制为企业讨还某些经营自主权的思想武器，有利于发挥企业生产经营的积极性和主动性，增强企业活力；二是出资者所有权与企业法人财产权分离的理论。这一理论有利于政企分开、转换经营机制，让企业摆脱对行政机关的依赖，国家解除对企业承担的无限责任。那些大量的多元股东公司，对建立新机制有相当大的促进作用。

出资者所有权与企业法人财产权分离，是使资本有效经营的重要理论。但由于历史的原因，这两种权利在国有企业基本上还都处于残缺不全的状况。就出资者所有权来说，国有企业的资产属国家所有，国务院代表国家行使所有者职能，但由什么机构来具体行使出资者的所有权职能，非常不明确。政府部门谁都可以管企业，但谁也都不对企业经营后果负责任，这是造成国有资产流失的体制因素。而就企业法人财产权来说，国家财政自"拨改贷"后，企业发展的资金被迫全部依赖银行贷款。作为国有企业，国家财政却欠拨、欠补、欠退，相当数量的大中型国有企业，一方面按市场经济原则运作；另一方面却又承担着国家政策性业务，这是造成国有企业负债过重的体制原因。建立现代企业制度，就其实质来讲，就是要对两种残缺的权利进行修补。比如，对改制企业，首先要界定产权，明确投资主体，建立科学的公司治理结构，让所有者代表进入企业，通过企业内的权力、决策、监督、执行等机构，形成所有者、经营者、劳动者相互协调和相互制衡的机制，享受出资权益，并保证国有资产的增值。改制企业，都进行过"增资减债"的工作，其中包括：将企业实际上缴的所得税、城建税等返还一定比例给企业，作为国家资本金；将地方财政借款、欠缴的能源建设基金和预算调节基金、集中的折旧和地方"拨改贷"转为国家资本金；提高企业折旧率并将税后一部分利润留给企业，增加国家资本金。科学的公司治理结构，扼制了原有行政隶属关系对企业经营活动的干预。

资本经营的有效性，除采取改制的办法推动出资者所有权和企业法人财产权分离外，还有一项就是产权的流动和重组。对于市场经济机制来说，存量产权重组和流动，是提高资本有效经营的条件。但实践中，企业兼并和收购还存在着很多难点，如出资者所有权或法人财产权没有到位，缺乏交易主体，并购很难进行；国有资产难折价；富余人员难安置。另外，僵化意识形态的干扰，也使企业并购进程步履维艰。

就国有企业改革的具体措施来说，对照中国与其他转型国家，比如俄罗斯有关对国有企业进行改革的文件，无论是实行股份制改造而对国有财产所有权进行转移，还是实行租赁而对财产经营权进行让渡，大体上都差不多。但从实施的绩效来看，却相去甚远。问题的症结，主要发生在国有产权重新配置的目标确定上。俄罗斯国有产权重新配置的目的是扶植新的财产所有者；中国则是为了调整国有资产的布局，打破国有经济对国民经济的垄断，改造国有资产的管理制度，建立现代企业制度。但从结果来看，中国、俄罗斯，都在配置市场经济的微观基础，这对转轨来说，应该说是殊途同归。

对俄罗斯改革方案的设计者来说，不是不懂与民营化相联系的放开价格、清理资产负债表、创建资本市场、建立法律框架以及确保契约和竞争等市场运行中的常识，他们所担心的首要问题是，相关法律制度的建立会拖延民营化的实际进展，甚至导致反复，造成集权的经济制度和极权的政治制度的死灰复燃。所以，在他们看来，民营化的实现速度要比如何实现民营化更为重要，从而主张必须快速进行民营化，能多快就多快！谁是民营化最初的所有者，这一点并不重要，"市场"会很快把资产重新分配到能够有效利用资产的新的所有者手中，从而形成一个新的强有力的政治力量，而这股力量，将是实行自由市场经济的社会基础，他们会更积极地进一步推进更为广泛更为彻底的转轨计划。因此，俄罗斯转轨设计师设计的国有资产产权重新配置的方案，重要的不在于民营化最初能不能成功，而是要通过民营化尽快创立一股有利于市场经济的政治力量，配置新的财产所有者。

俄罗斯国有企业民营化，给我们提供了不少值得深入思考的问题，尤其是以下两点：

一是如何建立严格的公司法人治理结构。据统计，俄罗斯职工所拥有的公司股票比世界上任何国家职工所拥有的都要多，但他们的权利却很小。公司的实际控制权完全掌握在董事长、经理的手里。董事长、经理还继续保持着集权计划经济下的思维方式。企业的资金不足，就靠削减生产、解雇职工，然后依靠政府的补贴、贷款和拖欠债务来维持生存。这样的"公司"只是"城头变换大王旗"，实质内容并没有什么变化。这说明，建立科学的公司法人治理结构，确定符合国情的多元股权结构，是非常重要的问题。

二是如何让一部分国有资产"有序退出"。俄罗斯在国有资产产权重新配置中，一些国有资产"无序退出"，造成了经济上的混乱，盗窃国有资产的恶性案件屡有发生，同时还引发了社会各阶层尖锐的利益矛盾。我们国家吸取了这个教训。提出了"有进有退"的基本思路,对"有序退出"作出比较周密的部署。首先,规定了国有经济"退出"的领域。其次,在实施"退出"时必须听取职工意见,规范操作、注重实效。再次,加快社会保障体系建设,依法扩大养老、失业、医疗等社会保险的覆盖范围。最后,特别强调稳定的宏观经济环境和政府在国有经济布局调整中的重要作用。

这两条教训,对我国国有企业改革的成败,非常重要。但国有经济的改革,仍然任重道远。如果国有企业不思进一步改革,甚至堕落为官办、官营的垄断经济,那将会给社会主义市场经济带来新的麻烦!

我国发展非国有经济,为打破国有经济垄断状况创造外部竞争环境,是相对于俄罗斯培育市场经济微观基础比较成功的一条经验。改革开放的20多年来,非公有经济的发展虽然有过波折甚至是风险,但从总体上看,还是逐步地得到了政策支持和制度保证。统计显示,截至2006年年底,我国非公有制(不包括港澳台)注册企业3130.4万户(含个体工商户),占全国企业总数的95.7%;非公有制经济从业人员23780.4万人,占全国城镇就业人数的84.0%;非公有制经济城镇固定资产投资总量58265.9亿元,占全社会城镇固定资产投资总额的62.3%;非公有经济(不包括规模以下私营企业及个体工商户)实现工业增加值3.93万亿元,占全国工业增加值总额的49.3%;在全国40个传统工业行业中,私营经济已在27个行业中经济比重超过50%,在轻工纺织、普通机械、建筑、运输、商贸服务等行业已占70%以上;非公有制经济(不包括外商投资企业)实现社会消费品零售额33523.6亿元,占全国社会消费品零售总额(76410亿元)的43.9%;非公有制经济(不包括港澳台及国有控股企业的非国有部分)共缴纳税收总额12666.84亿元,占全国税收总额37636亿元(不包括关税、耕地占用税和契税)的33.6%。就经济总量而言,2006年,非公经济所创造的国内生产总值已占全国国内生产总值的 65% 左右。① 非公经济对社会经济发展的贡献虽然越来越大，但还属于粗放的数量增长；另一方面，公有制经济在质量上却得到了提高，控制着国民经济的命脉并在先进行业中居主导地位，并依然是国家财政收入的主要来源。民营经济是千千万万老百姓通过自主创业而从事的经济事业，是发展生产力、解放生产力的经济，已经成为国民经济的基础和社会主义市场经济的重要组成部分，成为促进社会生产力发展的重要力量。

（三）对市场宏观调控机制的建设：政府职能转变

中国、俄罗斯在这个问题上走了完全不同的路子！俄罗斯有关政府职能改革的立足点是建立在将原有国家政体、国体推倒重建的思路上。

俄罗斯一些思想家认为，俄罗斯文化不具备能使经济增长和保障世界福利标准的潜力，因此要用猛烈的措施，不惜一切代价，打破原有的社会结构和制度，消除俄罗斯的文化和传统。莫斯科历史档案学院院长尤·阿法纳西耶夫说："这种体制不应当修补！它有三大支柱：苏联作为一个中央集权的国家，非市场经济的国家社会主义，还有党的垄断。应当逐步的，不流血地拆除这三根支柱。"② 因此，俄罗斯转型的定位在一开始就很明确，"一定要把原来的那个国家机器搞散架"，将原有的国家政体、国体彻底摧毁，重新建立一个新的国家体制和政府机构。

俄罗斯思想家还认为：大政府便意味着无效率；小政府意味着高效率。所以，转型后一定要建立一个小政府。美国经济学家杰弗里·萨克斯在 1993 年认为：中央计划官僚机构一旦退出原位，市场马上就会繁盛起来；在转轨形成后要扭转经济萎缩、实现经济复苏和增长，其最简捷的路径是采取各种措施，减少政府对经济事务

---

① 详见《中国统计年鉴（2007）》。
② 详见《社会科学报》2007 年 4 月 19 日。

的干预，以建立一个小政府。叶利钦政府在市场经济运行中无所作为，就是由此产生的。

而中国与此完全不同，政府职能在转型中经历了由管理向服务的巨大转变。

政府职能转变的目标是依法行政。政府职能转变既是经济转型的关键，又是推进政治体制转型的起点。传统管理模式下政府履行职能的基本方式是行政审批制度。审批范围广、环节多、效率低；审批几乎不受法律的制约，审批的自由裁定权很大。市场准入的前置审批，给人力资源的进入和流动设置了重重障碍，大大削弱了市场配置资源的效率；项目行政不负责任的审批，对社会造成了严重的浪费，政府也因此承担了对社会的无限责任，并由此付出了昂贵的代价。这也为"寻租"、官员以权谋私的腐败提供了温床。因此，改革行政审批制度，推进行政体制改革，重新建立起与社会主义市场经济相适应的行政审批制度，是转变政府职能的关键。只有政府职能得到转变，建立了符合现代市场经济运行的新体制，才能谈得上如何运用财政政策、货币政策以及产业政策、收入政策对市场经济的运行进行调控。与革命时期相关联的政府职能，本能地要行使经济的集权管理。但与建设时期相关联的政府，则理所应当行使公共服务职能。

建立一个"公共服务性政府"，是政府职能转变中的一个新问题。政府的存在是为了纠正市场的失灵，为社会提供市场所不能有效提供的公共产品和公共服务，同时制定公平的规则，加强监督，确保市场竞争的有效性和市场在资源配置中的基础作用。在经济活动中，政府通过宏观调控、公正执法和提供公共品的服务，最大限度地减少经济发展的成本和风险；维护社会公正和公共安全，维护公民和法人的合法权利。市场经济运行中的政府不是统治社会，而是要服务社会，要建立一个完善的公共服务性政府。因此，坚持以人为本，注重并建立不同利益主体的利益表达机制、界定中央和地方的财权事权、加快公共服务的立法、建立信息公开制度，用市场经济的理念构建新型政府职能。

（四）对市场安全网的建设：社会保障体系

凡实行转轨，都必须对原有的国有经济垄断布局进行调整和结构改革，都必须对原来的收入分配平均主义制度进行调整，都必须使产业、金融、财政等方面的宏观调控逐步适应现代市场经济运行的需要，而这一切都会引起社会经济利益的新矛盾，从而引发一些社会问题甚至社会动荡，诸如通货膨胀（紧缩）的压力、失业和再就业、城市退休和养老、农村养老和保险、文化教育医疗、地下经济等城乡社会诸多问题的威胁。如何实现社会的健康转轨？这不仅需要建立完善的市场经济的运行机制，同时，还需要完善的社会保障体制并重构新的社会安全网，由具有社会保障、社会服务和社会救助功能的正规和非正规部门或组织构成社会保护伞，维护与经济发展水平相适应的社会公平。

由于国情和转轨策略的选择不同，由此引发的社会问题及其带来的社会震荡也有显著的差异。一般而言，转轨期间，随着经济结构调整的深化、管理机构精简，企业停产甚至破产，都成为一种正常的经济现象。这使得过去以企业或机构为基础的社会保障失去了根基。另外，原社会主义国家的养老金，一般都由公共财政负担，但随着时间的推移，这些国家大都进入了老龄社会，而且人均寿命也在延长，这使得公共财政的压力越来越大，社会保障的赤字变成了中央财政的赤字。在转轨过程中，如果缺乏经济增长作后盾，税收制度不健全，中央财政状况就更加恶化，常规的社会保障项目也就成了无源之水，这使得原来社会保障水平低但还算稳定的社会保障制度遭到了破坏。俄罗斯经济严重衰退和剧烈的社会动荡，使原来的社会保障体系遭到了完全的破坏，由此付出了沉重的代价。因此，改革和完善的社会保障体系成为规避市场转轨风险的安全网和有序推进转轨的保障。①

　　转轨期间社会保障制度的改革和完善主要应该在社会保障筹资方式、财务管理、运行监督制度等方面寻找新的思路，将集权计划经济下的企业保障转为现代市场经济下的社会保障。俄罗斯在这方面似乎还没有建树，而我国经济转轨过程中保障供给却包含着更加复杂的难题，整个保障体系面临着更加沉重的财务危机。我国的社会保障水平原本就低于俄罗斯，转轨期间中央财政收入与国内总产值的比重逐年下降，财政用于社会保障的开支与其他方面，如基础建设设施、文化教育等形成了尖锐的矛盾。值得注意的是，我国集权计划经济时代存在着城镇职工保护过度和乡村人口保护不足的差别，过去在企业保障下的工人，曾经获得过"从摇篮到坟墓"式的全方位生活保障及福利待遇。突然的失业不仅使他们的主要收入来源中断，家庭生活状况迅速下滑，连过去的社会保障也都丢失了。因此在城镇社会保障危机引发的社会矛盾远比乡村尖锐，失业者直接面对的就是政府，城市大规模的失业难免引发集中的社会冲突或社会动荡。但困扰我国的社会保障制度的核心问题是资金严重不足，加上中国即将面临的人口老龄化问题，社会保障任务十分繁重。在集权计划经济的低工资下，国有企事业职工所积累的养老金，曾经被政府用作了不断扩大生产的投资，它物化在了现有的国有资产之中。将养老金的受益基准制转向供款基准制，将现收现付

____

　　① 在苏联，每一个公民都享受着相当完备的社会福利，人们可以免费乘车、免费医疗，政府则从财政预算中弥补铁路和医疗系统的亏损。苏联解体后，虽然实施了私有化，但很多福利优惠政策却仍然继承了下来。叶利钦时期，为讨好选民，甚至无原则地增加社会福利，使俄罗斯1.44亿人口中，分布在不同行业和社会阶层的1.03亿人，继续享受各种免费医疗、教育、物业管理等优惠政策。名目繁多的优惠政策、数额庞大的福利补贴已成为俄政府的沉重负担。2004年8月5日，国家杜马通过了《以津贴取代优惠》的法案，根据这项法案，自2005年1月1日起，3200万老龄和弱势人口的福利待遇包括免费使用城市公共交通、免费药品和疗养、低价使用水电煤气等市政服务都将被取消，取而代之的是政府以卢布现金形式发放的补贴。但在实施中由于改革分配不均，受到冲击最大的是老战士、退休者和残疾人，而各级公务员的社会福利优惠并未改变，因此引发了新的社会矛盾。俄罗斯科学院经济研究所沙洛京教授提供的一份有关俄罗斯贫困水平的资料中指出：按俄罗斯当年汇率计算，1999年人均每月32.4美元的底线，到2006年，已经提高到107.2美元。

制转向基金积累制，那些在旧制度下没有养老金个人账户积累的退休职工和在职职工，理所当然要向政府索取其养老退休金的权益。这项权益实质上就是政府背负的隐形养老保险债务。将一部分国有资产变现为社会保障资金，实际上是将国有企业职工的在国有资产中的一份劳动积累返还给他们，只是还没有找到返还的有效途径和机制。目前最严重的问题仍然是养老金的隐性债务。从总体上看，后转型国家的社会保障体系，还很不健全，1999年到2006年，国家财政收入从1.5万亿元增加到近4万亿元，但社会福利制度建设却相当滞后，人们被医疗、教育、养老、住房"四座大山"压得有些喘不过气来。中国经济虽然在高速增长，但穷人却很少分享到经济高速发展的成果。

与经济转型同步，社会问题日益复杂化。中国经济转型的起步点是着眼于经济发展，忽视了与市场相关的制度立法的严肃性，给官员的贪污、腐败和受贿提供了可乘之机，官员的权力向资本转化；中国经济转型注重经济的增长速度，忽视了社会政策的有效性，贫富差距扩大，中国已属于当今世界收入不平等程度很高的国家之一。1983年1月12日，邓小平在曾主张，让一部分人通过劳动先富起来。但那时，他似乎没有预见到劳动致富后的剩余资金一旦转化为资本，资本致富的速度以及由此产生的收入差距会快速扩大。1993年9月16日，邓小平又语重心长地反思道：过去，我们讲，先发展起来。现在看，发展起来以后的问题不比不发展时少。富裕起来以后财富怎么分配，解决这个问题比解决发展起来的问题还要困难。要利用各种手段、各种方法、各种方案来解决这些问题。[①]邓小平晚年所思考的问题，是很实在的，而这正是社会各个阶层所深深忧虑的问题。诸多社会问题的累积，威胁着社会安全网的有效性。与此相适应，关于中国社会转型与社会结构变迁的研究

---

① 详见《邓小平年谱（1975—1997）》（下），中央文献出版社2004年版，第1356—1364页。

引起学界内外的关注，社会学家孙立平提出了"权利失衡""利益博弈""上层寡头化，下层民粹化"等概念与观点，体现了对社会问题的深入思考。①

三 转型经济研究还需要进一步的发展与深化

转型经济学是否是一门独立的经济学学科，还处在艰难的探索中，到目前为止，体系、范畴等都没有初步形成。但是，转型经济研究还需要进一步发展与深化。

进入 21 世纪，对后转型国家制度建设的关注，成为转型经济研究的一个新视角。这一点在由叶利钦的自由市场经济转向普京的可调控的市场经济的俄罗斯学界尤为明显。

俄罗斯学者詹科夫、科莱泽教授在《新比较经济学》一文中提到，过分强调转型的速度最终被证明是毫无意义的。各国经济转型成就存在巨大差异，在很大程度上取决于其创立的新制度的有效性，而新建的制度，需要在控制无序与专制的危害中作出权衡取舍。就各个转型国家看，所谓"无序"，是指个人以及财产遭受谋杀、盗窃、违约、民事侵权以及垄断定价等形式的私人侵占的危险。无序还表现为个人通过行贿、盗窃来扰乱法院等公共机构，从而使进行侵犯的个人逃脱惩罚。所谓"专制"，是指个人及其财产被机构及其代理人通过谋杀、征税、财产侵害等形式来侵占的危险。专制还表现为通过国家以及利用监管者来限制竞争对手的进入。而贪污腐败等现象，同时反映了无序与专制两个方面：当考虑个人通过行贿来使自己免除其侵害行为的惩罚时，贪污反映了无序；当考虑官员通过制定一些有害规则来从他们周围私人身上寻求贿赂的时候，贪污反映了专制。新制度的功能，就是要控制无序与专制的危险。严重的无序，会带来社会的巨大损失。但用更大的权

---

① 孙立平：《我们在开始面对一个断裂的社会?》，参见网址 http://www.xschina.org。

力来控制无序，也会产生更强的专制甚至滥用权力。这种思考的角度，对后转型国家新制度的建立，极富启发意义。列昂纳德·波里什丘克教授在《转型经济中的制度需求演进》一文中结合俄罗斯经济转型的实践，对制度建设作了具体说明：转型初期，获得了经济控制权的金融与工业寡头，并不支持甚至是反对产权保护的制度建设。但是，随着转型的深入，特别是 1998 年金融危机后，经济主体对于透明、稳定和有效的法律制度的兴趣有所增加，也愿意将其业务从地下经济转向正式部门，也愿意足额支付税金以换取产权的公共保护、法律和秩序。但是，法治建设是一个博弈过程，它涉及政治文化、宪政制约、政府可利用的财政和监督工具以及社会进行政治组织的能力之间的关系。

吴敬琏一直关注市场运行中的制度建设，他认为，市场经济就是法治经济。政府一定要为市场机制提供一个制度平台。没有这样一个制度平台，就很难摆脱规则扭曲、秩序混乱、权力干预市场交易等状况。[①] 笔者在《转型国家不同制度安排和价值取向》[②] 一文中也指出，近百年的历史以及转型国家的实践教训说明：市场经济对一个国家来说，是一个提高效率的机制，但搞不好，也可能是一个让社会毁灭的机制。就世界范围来说，有两种市场经济，一种是良性的；一种是恶性的。我们需要研究到底什么是良性的市场经济？什么是恶性的市场经济？什么样的市场经济形态容易走向良性的市场经济？什么样的市场经济形态容易走向恶性的市场经济？它演变过程会受到什么因素的影响？类似公司结构、产权结构、市场结构、分配制度、政治制度等因素外还有一些什么因素？完善我国现行的市场经济体制，虽然是要将现行的市场经济体制发展为一种良性的市场经济，但对许多别的因素如果考虑不足，制度建设滞后，对行政权力的应用缺乏监督、制衡和责任追究的机制，也不排

---

① 吴敬琏：《当代中国经济改革》，上海远东出版社 2003 年版。
② 冒天启：《转型国家不同制度安排和价值取向》，《经济研究》2007 年第 11 期。

除会演变成恶性的市场经济。

转型经济研究需要经济学各流派更深入地融合。社会科学多学科进一步协调，与政治学、社会以及历史、民族等学科合作攻关。

新制度经济学在转型经济研究中得到了广泛的应用，诺斯说："在详细描述长期变迁的各种现存理论中，马克思的分析框架是最有说服力的，这恰恰是因为它包括了新古典分析框架所遗漏的所有因素：制度、产权、国家和意识形态。"因此，马克思主义生产关系变革理论与新制度经济学的制度变迁理论的结合在转型经济研究中得到了有益探索，比如，在对待制度变迁评价的标准上，马克思坚持生产力标准，但并不排斥交易成本标准。同样，新制度经济学的交易成本标准，也可以包含在生产力标准中。在对待意识形态的作用上，二者都重视意识形态在制度稳定和变迁中的作用，认为不能脱离意识形态来分析制度变迁，而且都认为意识形态具有群体性：马克思的"群体"以阶级为主，同时具有地理环境、宗教等方面的含义；新制度经济学则主要从地理环境、文化等方面解释意识形态的形成。所以，科学地吸取新制度经济学中某些观点，可以丰富马克思主义的制度变迁理论。当然，我们清楚地看到马克思生产关系变革理论在研究不同经济制度的更替；新制度经济学在研究既定经济制度下如何让制度更有效率。改革开放以来，新制度经济学在中国有了生存、发展的土壤，许多年轻的经济学家，做出了许多有益的工作，开创了新制度经济学在中国经济实践中的运用。

比较经济学在对转型经济的研究中得到了广泛应用。2002 年，由吴敬琏主持创办了《比较》杂志，提倡"以比较传递理念、思想和智识"，根据中国经济转型中所遇到的重大问题，有选择地介绍转型国家的理论和实践、经验和教训，至今刊物已编辑了 40 余辑，推动了转型经济研究的不断深入。章玉贵在他所著《比较经济学与中国经济改革》一书中对比较经济学在中国经济转型实践中的广泛传播作了系统介绍。①

应用演化经济学对社会经济制度的演化所进行的研究，对转型经济研究的深入也起到了推动作用，德国学者何梦笔用演化经济学的研究框架来研究大国转型，他在《大国体制转轨理论分析范式》一文中认为，中国和俄罗斯两国存在着巨大的空间（或地区）差异，全国统一的经济转轨政策将会引发各地区政治经济不同的反应，而这种反馈差异又将促使各地区逐渐形成不同的转轨路径。在转轨过程中，各地不同的制度安排，也会引起相互趋异的结构变迁，从而使地方利益逐渐形成并日益强化，中国与俄罗斯都出现了地方政府作为产权主体的"地方产权制度"现象。因此，必须用一种全新的观念来确立经济体制转轨政策，有效的转轨政策应该为政府竞争创造一种能够操作的政策框架。马克思在写给恩格斯的信中曾指出，达尔文进化论构成了他们学说的自然历史之基础，马克思就有过技术进步类似于生态系统中物种共同演化及其相互转换的论断，这显然就是一种进化论的经济学观点。对此，贾根良在《演化经济学——经济学革命的策源地》一书中对此也作了详细的论证。②

坦诚地讲，就转型经济研究领域的研究成果看，大多还停留在对经济发展政策解释的层面上，对更深层的问题，却很难说清楚。所以，单从经济学的角度来研究转型，或者对转型国家的进程进行比较，可能是一个死胡同，因为它还涉及政治、文化、民族、历史、宗教等全方位的理论问题，需要多学科协同研究、民主讨论。转型经济研究需要多学科进一步协调，与政治学、社会以及历史、民族等学科合作攻关。

（原载《山东社会科学》2009 年第 10 期）

---

① 章玉贵：《比较经济学与中国经济改革》，上海三联出版社 2006 年版。

② 贾根良：《演化经济学——经济学革命的策源地》，陕西人民出版社 2004 年版。

费用对效用的关系、所有与占有的区别

——对《资本论》学习再学习的体会

马克思《资本论》第一卷（德文版）于 1867 年 9 月 14 日在德国汉堡出版。这之后五年，1872 年 3 月，马克思又亲自修订了《资本论》第一卷的法文版并在法国出版。马克思非常看重这部法文版的《资本论》第一卷，他认为这是德文版《资本论》"之外有独立的科学价值"的著作。1883 年 3 月 14 日马克思逝世，而《资本论》的第二、三卷则是恩格斯对马克思大量遗稿进行整理后，分别在 1885 年、1894 年先后公开出版的。

但是，《资本论》德文版传入中国却是时过半个多世纪后的 20 世纪 30 年代。在中国，对《资本论》的传播，论翻译，不能不讲王亚南的贡献；论研究，不能不讲孙冶方的特点。我国 20 世纪四五十年代出生的经济学工作者，他们经济学的知识功底基本上都是《资本论》。不过，由于各自学习、研究《资本论》的方法不同，所以不同的研究者可能会对《资本论》的理解、把握以至在对实际问题的解释上有着比较大的差别。70 年代末，我有机会在孙冶方身边学习、工作，孙冶方很重视《资本论》，但他研究《资本论》的方法却与众不同，他强调要学习、把握《资本论》的总体系。由于共性总是寓于个性之中，因此学习、研究《资本论》，就要从资本主义生产关系的个体属性中把握社会化大生产的共同特征，挖掘如何以最小的劳动耗费取得最大的有用效果的经济思想。以他自己对《资本论》的理解，从对个性的理解转换为对共性的把握，马克思的《资本论》实际上又是人类如何以最小的劳动耗费创造最大有用效果的思想库。这样，我们就可以将《资本论》转换为《价值论》，以恩格斯的价值理论为红线，改造斯大林模式的传统经济学教科书。我随着他的思路重新学习了《资本论》，为此，我曾专门写过一篇随笔——《在孙冶方身边重读〈资本论〉》，发表在《经济学家茶座》第 22 辑上。现在想起来，通过重新学习，现在再学习，感受最深的依然还是价值和所有制理论，这对于研究由计划经济向市场经济过渡的许多实际问题都非常有益。这里，我想围绕着这两个问题讲讲我的体会：

第一，我们通常都把价值理解为资本对劳动的剥削，但通过对《资本论》的重新学习，有了另一种理解：资本对劳动的剥削仅仅是问题的一个方面，资本与劳动的有效和谐结合，构成一种费用，价值是费用与效用的关系，劳动价值的源泉与实现，都包含在费用与效用的比较中。

孙冶方最有学术价值的理论是他的价值理论，但他所讲的价值并不是我们通常意义上所理解的商品价值，而是适用于社会化大生产的非商品价值即产品价值。1956 年七八月间，他去苏联统计局考察，联系中国经济建设中已经出现的问题，深感我国经济管理体制和一些经济政策存在着严重的弊病。1956 年 11 月，他写了《把计划和统计放在价值规律的基础上》的文章，批评斯大林把价值规律和国民经济计划管理对立起来的观点；1959 年 8 月，他又写了《论价值》一文，发表在 1959 年第 9 期《经济研究》上，在这篇文章中，孙冶方提出，对现在流行的经济学教科书必须加以改造，应该按《资本论》的顺序来编写经济学教科书，把恩格斯"价值是费用和效用的关系"的理论贯穿于各篇各章，并为此设计了著作的写作纲要。纲要按照《资本论》的叙述层次，以全民所有制的产品为出发点，以价值即以最小的劳动耗费取得最大的有用效果为贯穿全书的红线，渗透于各章节，分析生产过程、流通过程、社会再生产总过程，从而揭示了社会主义经济的内在运行规律。我用很长时间细细品味了孙冶方的这种独特的研究思路，渐渐尝出了经济学的科学味道。在当时的政治环境下，孙冶方长篇大论恩格斯"价值是费用和效用的关系"的理论，强调政治经济学要以最小的劳动耗费取得最大的经济效果为红线，而不要将经济学政治化，这帮助我改变了学习《资本论》的方法：不要在建设时期去人为地界定《资本论》的社会属性甚至赋予它另外的政治含义，而是要在社会化大生产的意义上，研究资本背后的价值含义。有了这样的理解，马克思的《资本论》实际上成了新时期的《价值论》。这样，我以一个新的视角读书，在一个新的高度，重新把握了马克思《资本论》中最重要的理论即价值理论。我觉得，一个搞经济学研究的人，如若能够从社会大生产的意义上挖掘《资本论》深层的思想，不要给资本附以什么政治含义，在费用与效用的比较中去理解价值，经济学的思维就会有一种豁然开朗且又有包容的新理念。

马克思在《资本论》中对资本主义社会中劳动者与资本的矛盾关系的分析批判中，创建了劳动价值理论。这个理论强调商品的价值是由劳动者的劳动所创造的，商品价值是人类一般劳动的凝结。马克思在劳动价值论基础上建立了剩余价值论，从价值到剩余价值，从剩余价值到利润，从利润到平均利润、生产价格的分析，合乎逻辑地指出，雇佣工人即劳动者是创造价值的主体，劳动者的劳动才是价值的源泉，而资本家则作为剥削者并不参与劳动过程，而只是单纯凭借对资本的所有权，不劳而获地拥有了工人创造的剩余价值。在这个经济过程中，劳动者一无所有，是纯粹的无产者；资本家不参加劳动过程，他在价值形成过程中所耗费的体力与脑力，不过要"进行剥削亲自花费必要气力"。《资本论》，特别是第一卷，通过劳动价值理论对资本如何剥削劳动，如何以最少的费用投入榨取最多的剩余价值作了最充分而又生动的阐述。

但是，与马克思的劳动价值理论相并行的，还有恩格斯对价值理论的阐述。1843 年，恩格斯在《政治经济学批判大纲》中，对李嘉图与萨伊的价值论进行了细致的分析，在批判他们各自的价值论的弊端中，提出了自己的价值理论。李嘉图认为，价值是由生产费用决定的。恩格斯批驳说：如果生产费用决定价值，那岂不是说生产水平越低、投入的生产费用越多，价值就越大吗？李嘉图回答说：无用劳动是没有结果的，也是没有效用的，因此，没有效用的劳动不会形成价值。萨伊认为，物品的价值是由效用决定的。恩格斯反驳说：如果效用决定价值，那岂不是说生活品的价值要比奢侈品的价值高吗？萨伊回答说：不，黄金的价值绝不会低于小麦的价值，因为生产黄金的费用要高，所以，效用是一种存在。恩格斯挖苦他们两人说：你们的价值理论实际上都回到了对方。因此，恩格斯说，价值是生产费用对效用的关系。价值首先是用来解决某种物品是否应该生产的问题，即这种物品的效用是否能抵偿生产费用的问题。只有这个问题解决之后才谈得上运用价值来交换的问题。如果两种物品的生产费用相等，那么效用就是确定它们的比较价值的决定因素。恩格斯接着还说：在未来社会中，价值这个概念实际上就会越来越只用于解决生产的问题，而这也是它真正的活动范围。

马克思的劳动价值理论与恩格斯的费用对效用关系的价值理论是否一致，这在研究《资本论》中长期存在着争论，缘由是苏联编的《马克思恩格斯全集》对恩格斯的上述论述加了一个注释，说那时的恩格斯才 23 岁，很不成熟，还没有脱离道德的观念，受到人道主义的束缚，他不可能给价值理论以科学的定义。[①] 这引发了我国思想界长期对恩格斯的这个观点持否定态度，从 20 世纪 50 年代中期到现在，这个争论一直存在。但是，如果我们系统地去阅读马克思、恩格斯的著作，就会发现马克思对恩格斯有关"价值是生产费用对效用的关系"的理论是十分赞赏的。1868 年 1 月 8 日，马克思给恩格斯的一封信中说，由于我采取了抽象的研究方法，直接的价值规定，在现实社会中，实际作用是很小的，甚至是

---

　　① 注释说："（恩格斯）还没有完全摆脱伦理的'哲学的'共产主义的影响。很多地方恩格斯还是根据一般人类的道德和人道的抽象原则来批判资产阶级社会的。"见《马克思恩格斯全集》第一卷，人民出版社 1965 年版，第 733 页。

找不到的。（价值）"通过价格的变动来实现，那么事情就始终像你在《德法年鉴》中已经十分正确的说过的那样。"① 所谓"十分正确的说过"，就是指恩格斯发表在《德法年鉴》上的《政治经济学批判大纲》中"价值是生产费用对效用的关系"的说法。我们研究马克思的劳动价值理论，切不要忽视了马克思的这段论述，因为他告诉我们：（1）《资本论》的写作采取了抽象法，他在研究价值规定时设定市场均衡而舍象了价格变动；（2）舍象了价格变动而所讲的价值，在现实生活中找不到；（3）通过价格变动所实现的价值，是费用与效用的比较关系。我要特别强调的是，恩格斯在1895年逝世前半年再版《反杜林论》时，将这一观点与《资本论》第一、二、三卷联系起来，重申道：价值是生产费用对效用关系的观点，"我在1844年已经说过了。但是，可以看到，这一见解的科学论证，只是由于马克思的《资本论》方才成为可能"②。恩格斯在病逝前重申自己对价值概念的论述，足见这一思想的极端重要性。

我在这里所引述的"条条"，绝不是什么只语片言，而是马克思本人对自己撰写《资本论》所遵循的方法论的解释。由于马克思在《资本论》第一卷研究的价值概念中，抽象了价格、竞争、供求等因素，因此，这里的价值一直到剩余价值的形成，是对资本剥削劳动进行分析的一种思维方法、一种理论工具，用马克思的话来说，这在现实中是找不到的。马克思的研究方法虽然是抽象法，但它对研究成果的表述却是"穿衣法"。从《资本论》第一卷抽象的研究价值到《资本论》第二、三卷中对价值流通与实现、分配的叙述中，将资本主义现实生活中各种现象一件件地又加进去了，从而向我们展现了一幅活生生的资本主义经济运行的宏伟图景！因此，我们在阅读《资本论》时，一定要把握马克思在研究问题时，

---

① 《马克思恩格斯〈资本论〉书信集》，人民出版社1976年版，第250页。
② 《马克思恩格斯全集》第二十卷，人民出版社1976年版，第335页脚注。

在什么地方抽象了现实中的什么事实！也一定要把握马克思在叙述问题时，在什么地方又加进了现实中的什么事实。从阅读《资本论》的第一卷开始，直到《资本论》第二、三卷时，随着马克思叙述的逐步展开，资本主义的各种现象也才逐步展现，只有读完了三卷，再加上《剩余价值学说史》，我们才看到了一个完完整整的现实的资本主义经济运行状态，由此，我们也才能真正懂得价值为什么是生产费用对效用的关系。所以，恩格斯的"价值是生产费用对效用的关系"的理论，是以市场经济的运行实践为基础，透过市场价格的波动来透视了资本主义经济中资本与劳动之间的经济关系，实实在在地描述了社会各个阶层的经济利益。因此，马克思的劳动价值理论与恩格斯费用与效用比较的价值理论，这二者是完全相通的。

通常我们对《资本论》的把握，如果我没有判断错，基本上是停留在第一卷，甚至是第一卷的前 25 章，以为《资本论》唯一的结论就是"剥夺者被剥夺"。那么《资本论》中的"剥夺者被剥夺"的结论是否具有普遍意义呢？这一点，马克思对此有过明确的说明。

19 世纪 80 年代，俄国的马克思主义小组即普列汉诺夫组织的"劳动解放社"在学习《资本论》时，联系俄国当时还普遍存在的农村公社问题及由此产生的对俄国革命进程的影响发生了争论，小组有一位成员在 1881 年 2 月 16 日直接给马克思写信请教，信中还特别提出：你在《资本论》中所讲的历史必然性，是否适合世界各国？马克思收到信后对俄国的社会经济情况进行了深入的研究，先后写了四份复信的手稿。其中，1881 年 3 月 8 日的复信说：我在《资本论》中所讲的对农民的剥夺，以及必然发生的剥夺者被剥夺"这一运动的'历史必然性'明确地限于西欧各国，而并不适应于落后的东方国家"①。马克思在写这封信时，曾详细地研究

---

① 《马克思恩格斯全集》第十九卷，人民出版社 1965 年版，第 268—269 页。

了 19 世纪时期俄国农村公社问题。他认为，俄国的农村公社有自己的特点，一方面土地归公社所有，但定期给公社成员之间进行耕种，这种公社所有制保持了公社的相对稳定；但另一方面，房屋、农具等生活资料归公社成员所有。农民习惯劳动组合。这在西欧资本主义市场已经得到发展，世界市场已经形成的条件下，很容易从小土地耕种过渡到集体耕种，把资本主义的先进成果运用到村社内部，通过合作的道路建立集体所有制，建立起集体生产和集体占有为主要形式的社会主义。

就此看法，恩格斯更为明确。1894 年 1 月，《恩格斯论俄国的社会问题》的俄文译本在俄国公开发行，恩格斯为这本小册子写了一篇跋，直截了当地回答了这样一个问题，即能不能利用"村社制"直接过渡到社会主义？他说，唯一可能的答复是：假如俄国革命将成为西方无产阶级革命的信号而双方互相补充的话，那么现今的俄国公共所有制便能成为共产主义发展的起点。同时他强调，这方面必不可少的条件是：由目前还是资本主义的西方作出榜样和积极支持。这里，他明确指出了落后国家通向社会主义的特殊性，预见了像俄国这样的经济落后的国家如果没有西方无产阶级革命的呼应和支持的话，不可能直接过渡到共产主义。因此，《资本论》第一卷的结论，并不具有普遍的意义。

19 世纪末 20 世纪初，资本主义具有很大的扩展能力，欧洲许多国家在资本主义的基础上都确立了大工业。伯恩斯坦根据这种情况，对马克思的价值理论作了新解释，他认为马克思的价值，是一种思维构想，当他进行了一系列的抽象后，劳动价值是作为思维的公式或科学的假说而得到承认，剩余价值是商品的劳动价值同对于生产商品时工人消耗的劳动力的付款之间的差额，这实际上是以假说为根据的一个公式。① 他解释说：生产费用对价值量的形成起着

---

① ［德］爱德华·伯恩斯坦：《社会主义的前提和社会民主党的任务》，生活·读书·新知三联书店 1965 年版。

重要作用。谁也不会把起码还不能补偿生产费用本身的商品继续往市场上送，而对于超过生产费用出售的商品，不久就会出现竞争，把价格压低。这里要解决的问题是对需要的分析。需要，自然要与总起来构成市场的各个阶级的购买力有关，也就是说，效用、需要，是通过有效购买力实现的。因此，应该寻求劳动与资本结合的最有效的形式。伯恩斯坦在当时欧洲资本主义经济发展的具体条件下作出这样的解释，并没有违背马克思阐述价值概念的方法论，也符合恩格斯的有关价值是费用与效用的关系理论的原意。当然，他对恩格斯有关和平进入社会主义与暴力革命的关系的理论解释并不完全符合恩格斯的完整思想体系。

中国的革命是在充分认识中国社会性质的基础上，历经长期的武装斗争才取得了胜利。中华人民共和国成立以后，在一个时期内，权利、资本、劳动尚还处在和谐中，但到对资本主义进行社会主义改造的时期以及这之后的一段时间，《资本论》中"剥夺者被剥夺"的断语以中国化的语言，变为"让资本主义绝种"。那以后，主流的经济思想强调资本对劳动的剥削，强调要对资本主义改造，强调对市场经济的限制，把社会主义和商品货币关系对立起来，由此，逐步建立了一个类似苏联模式的集权计划经济体制。在这个体制的运行中，没有经济效益观点，借口政治账掩盖经济建设中的高消耗；没有生产经营观点，企业按上级定下来的指标进行生产，造成产销脱节；没有等价交换观点，把价值看作使用价值的计量单位，用"剪刀差"向农民征收"贡税"；没有流通观点，不准生产资料进入流通，用调拨代替了交换；没有资金核算观点，实行资金供给制，培植了败家子作风；"资本"被集中而逐步国家化，把集权的计划经济看作就是社会主义经济。孙冶方虽然也认为社会主义经济与市场经济是不相容的，但他从社会化大生产的意义上，以一个非商品的视觉，把恩格斯的"价值是生产费用对效用的关系"理论，运用于中国经济建设的实践，以中国化了的经济学语言与上述经济建设的指导思想作了针锋相对的斗争。他在多篇文章中都讲：价值是生产费用对效用的关系，实际上就是要用最小的劳动消耗去取得最大的有用效果。人类生活的好坏，从根本上说，取决于劳动效率的高低，要以更少的劳动投入获得更多的有用产品；或者说，要减少生产每一单位产品所需要的劳动量，这是一切经济问题的秘密。回答一定的劳动时间内生产了多少产品，这是劳动生产率问题；回答单位产品中包含有多少劳动时间，这是价值问题，是用最小的劳动耗费如何取得最大的有用效果。最小最大，实际上是一个把个别的、局部的劳动还原为大多数的、社会平均劳动耗费的经济运行过程。这也正是《资本论》第一卷中的精髓，马克思通过剩余价值的生产，对此作了严密的论述！

从恩格斯价值是生产费用对效用的关系理论出发，马克思在《资本论》中所揭露的资本家以最少的生产资料投入获取最大限度剩余价值的各种途径，都可以还原为人类如何以最小的劳动耗费取得最大有用效果的秘诀。前几年，高层曾提出要深化发展劳动价值理论，本意可能是要合乎经济学理论去处理资本与劳动的关系，但却绕开恩格斯的价值理论，以为发现了劳动的外延、强调了管理者的功能，提高了科学技术的作用，就可以创建一个新的"社会主义劳动价值理论"。坦率地讲，这真是一个"莫须有"的经济学命题。因为，那些所谓创建"社会主义劳动价值理论"的理由，翻开《资本论》第二、三卷特别是《剩余价值学说史》，几乎篇篇都是。

第二，我们通常都把"占有"看作所有制的核心，但通过对《资本论》的重新学习，还会有另一种理解：所有制的性质存在于生产、流通、交换等环节中，而不能单单从占有关系上去判断所有制的性质，只有具有法律依据的"占有"，才是所有制意义上的"占有"即"所有"。

20 世纪 70 年代末，孙冶方从牢狱中出来后的第一件理论斗争就是清算斯大林的所有制理论。对所有制范畴的研究，是马克思经济学理论中的一个重要组成部分，但我们翻开《资本论》却发现，在这部宏伟的著作中并没有独立的篇章去专门说明所有制范畴。然而，我们谁都不会理解错，马克思的《资本论》通篇都是在论述资本主义的所有制关系，在对资本主义生产、交换、流通、分配的研究中，使我们对资本主义的生产关系的产生、发展和灭亡的历史过程有了透彻的了解。孙冶方的这一思路，在对斯大林的有关所有制理论的批判中得到了充分发挥。我们都知道，斯大林将《资本论》中有关"剥夺者被剥夺"的结论，引申到社会主义革命和建设中，对如何研究所有制提出了自己的看法，他在《苏联社会主义经济问题》中说：（经济关系）"包括：（1）生产资料的所有制形式；……"① 他在这里将所有制理论归结为"所有"，并把它作为社会主义生产关系中独立的一项，即在财产归属的意义上来说明社会主义生产关系，从而将所有制作为一个独立于经济关系之外的问题进行研究。斯大林的这种研究方法影响很大，在一个时期是主流观点，许多教科书大都因循这种看法，开卷第一篇就是讲如何以革命的手段，实现了对剥夺者的剥夺，接着是讲如何对资本主义私有制进行社会主义改造，建立了生产资料的公有制。这种所有制理论，突出了国家通过"革命"而实现了对生产资料的归属，即（国家）"占有"问题。孙冶方在 1979 年第 8 期《经济研究》发表了《论作为政治经济学对象的生产关系》一文，与斯大林针锋相对。他指出，不能在生产关系的组成部分即生产、交换、分配之外去独立研究所有制，生产关系的全部内容也就是所有制形式或财产形式的全部经济内容。孙冶方透过《资本论》的研究体系，指出研究所有制，必须从生产、交换、分配的各个环节来进行具体的分析，我们不能简单地从文字的标榜上，比如说生产资料的所有或占有形式来判断社会性质，实现了国家"占有"，未必就是实现了社会主义的公有制。孙冶方指出，叫嚷穷过渡，要不断提高生产资料公有化的程度，但联系生产、交换和分配过程中人与人的关系，就

---

① 《苏联社会主义经济问题》，人民出版社 1961 年版，第 58 页。

可以看出其假社会主义，真封建主义的本质，"他们反对商品、货币关系所体现的资产阶级法权，为的是要建立他们的封建特权，使劳动者处在一种对它们的人身依附关系上。他们在这个所谓的'公有制'的经济中攫取'公款'和'公物'，比资本家在自己开设的商号里支取款项还随便"。这样的社会主义公有制，"实质上是一种挂着社会主义公有制招牌的封建主义的特权所有制"①。时至今日，还没有哪篇文章能以如此辛辣的笔调去揭露那些假公有制之名而行封建特权所有制实质的各种行径。

马克思在《资本论》中是以资本主义私有制为主要的研究内容，但我们找不到任何独立的篇、章、节是独立论述所有制的！对社会主义公有制的实现形式到底是什么的问题还处在艰难的探索中，诸如"社会所有制""公众所有制"等，还都仅仅是一种思想或理论。但我想，我们在探索这一问题时，除了要不断总结实践经验外，无论如何也不能忘记马克思在《资本论》第一卷第 24 章中的一段话，从资本主义生产方式的资本主义占有方式，从而资本主义的私有制，是对个人的、以自己的劳动为基础的私有制的第一个否定，但资本主义生产由于自然过程的必然性，造成了对自身的否定。这是否定的否定。这种否定不是重新建立私有制，而是在对资本主义时代的成就的基础上，也就是说，在协作和土地及靠劳动本身生产的生产资料的共同占有的基础上，重新建立个人所有制。这是在学习《资本论》时都很熟悉的一段论述，而且还常常发生争论，争论的焦点放在了"重新建立个人所有制"。但实际上，这段论述最重要的思想是关于"协作和土地及靠劳动本身生产的生产资料的共同占有"。上面所说的"社会所有制"，还有"公众所有制"，以及流行的说法——公有制，这都需要"在协作和土地及靠劳动本身生产的生产资料的共同占有的基础上"，甚至还可以说必

---

① 孙冶方：《作为政治经济学对象的生产关系》，载《孙冶方选集》，山西经济出版社1984 年版，第 610—611 页。

须"在对资本主义时代的成就的基础上"才能实现。马克思说："靠自己劳动挣得的私有制，即以各个独立劳动者与其劳动条件相结合为基础的私有制，被资本主义私有制，即以剥削他人的但形式上是自由的劳动为基础的私有制所排挤"，在这种情况下，一旦资本主义生产方式站稳脚跟，劳动的进一步社会化，土地和其他生产资料的进一步转化为社会使用的即公共的生产资料，从而对私有者的进一步剥夺，就会采取新的形式。这种所谓的新形式，就是恩格斯晚年所一再强调的股份制经济。

　　我不认为股份制就是一种所有制形式，这一点很明确！但股份制经济确是社会化大生产中财产的组织形式，它能够使垄断财产分散化，同时又使个人财产社会化。恩格斯在整理《资本论》第二、三卷时对股份制经济做了大量的论述，他也曾把"劳动者个人所有制"解释为对生活资料的占有，这个解释是完全合乎马克思的理论体系的。因为，马克思是在对资本主义内在矛盾分析的基础上，未来社会将消灭商品货币关系。一个没有商品货币关系的社会，人们所具有的当然仅仅是生活资料。但是，换一个社会背景，如果那里存在着商品货币关系，存在着市场经济的竞争机制，生活资料向生产资料的转化就是一件很容易的经济过程。我们都看到，在现实的市场经济条件下，某些生产资料和生活资料的界限是很难划分得清楚的，一栋房屋，可以作公司办公用地，也可以作生活住宅；一笔资金，可以购买各种生活用品，也可以进行投资，成为可以增值的生产资料即资本。节余的生活资料更可以以货币形式来进行投资，这是一个实实在在的经济活动。劳动者一旦将自己的生活资料以价值的形态投入生产过程，那他不但是劳动者，同时也就以股东的身份成为生产资料的所有者，他们和公司的管理者在协作和对生产资料的共同占有的基础上，实实在在地在"重建劳动者个人所有制"。因此，拘泥于恩格斯的那种解释，就会陷入空泛的理解。但如果将恩格斯"重建劳动者个人所有制"直接解释为私有制，那也是不够严肃的。在市场化改革起步时，邓小平曾经主张，让一部分人通过劳动先富起来。但那时，邓小平似乎没有预见到劳动致富后的剩余资金一旦转化为资本，资本致富的速度以及由此产生的收入差距会快速扩大。劳动致富与资本发家，原本是两种不同的经济思维方法。人类社会经济发展的历史证明：生产资料作为一种稀缺的资源，由于生产资料本身就是劳动的产物，是劳动的产品，也是商品，所有者本身客观上就存在着对生产资料的所有权，并且是一种排他的私有权。具有一定劳动能力的劳动者，并不等于他同时就会拥有一定的生产资料，他的劳动力只能与别人拥有的生产资料相结合，才能开始劳动生产过程。当然也有另外一种情况，具有生产资料却劳动力不足，同样也不能开始劳动生产过程。生产资料作为一种稀缺的资源，人们对其所有权的要求是天经地义的事情，作为资产要素所有者即资本所有者也并非多余。

所有制作为经济学的一个重要的概念，不是说不需要对它进行独立的研究，事实上，经典作家对所有制范畴也做过相当深入的研究，从而阐述了在不同社会形态下，对生产资料所有、占有、支配和使用的一般原理。马克思在1843年研究古罗马私有产权时说过：私有财产的权利是任意使用和支配的权利，是随心所欲地处理什物的权利。……私有财产的真正基础即占有，是一个事实，是不可解释的事实，而不是权利。只是由于社会赋予实际占有以法律的规定，实际占有才具有合法的性质，才具有私有财产的性质。就我所读到的文献资料，这一段论述也许是马克思最早对所有、占有、支配和使用之间的经济关系的精彩论述，其最重要的思想是：只有有了真正的法律规定，才使得对生产资料的占有具有合法占有即排他的所有权性质。没有法律依据的占有，实际上就是一种剥夺。最近几年，学术界逐渐有了研究宪政经济的文献，有的文献在考察了古罗马的先占论、洛克的劳动财产论、卢梭的社会契约论、黑格尔的个体自由意志论，还有布坎南的现代契约主义的一些思想后，引申出了宪法和财产的关系。作为学术研究，无疑应该掌握方方面面的资料和思想，但是在我看来，有关文献提供的思想资料，远不如马克思 1843 年对生产资料所有制中的"所有""占有"的表述深刻。研究对生产资料的"占有"或者说"所有",是无论如何不能离开特定社会的法律规定,即宪政、法律问题。

我注意到,在马克思的文献中,涉及所有制范畴时,他们对"所有"和"占有"概念的使用,有时也的确是通用的。除上述那段论述外,马克思在《〈政治经济学批判〉导言》中也讲过同样的话,一切生产都是个人在一定社会形式中并借这种社会形式而进行的对自然的占有,在这个意义上,说所有制(占有)是生产的一个条件,那是同义语反复。但是,在研究理论问题时,当我们对所有制主体的内部结构以及其不同职能进行分析时,一定要严格区分"所有"和"占有"这两个不同的概念。"所有",是指对生产资料的一种排他性的归属关系,具有任意的处置权,这种职能体现了特定社会的法律关系;"占有",尽管对生产资料具有支配、使用的权利,但却不具有任意的处置权。强调这一点,是因为这种在概念理解上的严格区分,无论是对总结我们的历史教训还是推动现实经济问题的研究,都是非常重要的。

严格把握马克思有关所有制理论以及所有制概念的基本理论,首先,我们从现实中生产、交换、流通、分配各个环节的系统研究中,能够真正理解所有制结构变化即现存不同所有制的性质,从根本上回答了集权的计划经济体制在生产力和生产关系的矛盾运动中怎样成了社会生产力发展的障碍?为什么应该由现代市场经济体制去取代集权的计划经济体制?其次,只有从宪政的意义上理解经济学中的"所有"与"占有"的不同含义,只有使生产资料的"占有"具有合法的宪政法律保障,才能真正实现公民对财产的所有权,才能真正维护经济长期发展的潜在动力。

在由集权计划经济向现代市场经济转型过程中,仅就马克思的所有制理论已不能完全说明经济运行中的某些新问题。因为马克思的所有制理论,主要研究社会经济形态发生变迁的历史趋势,或者说是研究人类社会制度变革的规律。这一点就连现代产权理论的创始人科斯也承认：在详细描述长期变迁的各种现存理论中，马克思的分析框架是最有说服力的。但是，如何让已经建立的社会主义制度更有效率，这就需要大胆吸收现代产权理论中的科学成分，构建符合中国国情的所有制/产权理论，强化对所有权在市场经济运行中的利益实现的研究。现代产权理论就是在既定的社会制度下，基于如何提高效率而研究社会经济组织的契约结构，包括在交易成本分析的基础上建立有效的产权制度和各种组织。马克思的所有制理论回答人类社会经济经济制度为什么会发生变革？现代产权理论回答一种社会经济制度内部如何变得更加协调和有效率。当前我们都在讲"产权是所有制的核心和主要内容"的命题，其理论背景是在产权作为财产所有的意义上来理解而提出的，是讲不同所有制之间要界定生产资料所有的性质，维护所有者权益；而有关建立"归属清晰、权责明确、保护严格、流转顺畅的现代产权制度"的命题，则是把产权作为在市场经济运行中的契约关系来理解而提出的，在混合所有制经济中界定市场交易中的各种权利。

　　价值理论和所有制理论，是理论经济学中非常重要的基础理论。就价值理论来说，劳动创造价值，劳动者的劳动是剩余价值的源泉，这是一条正确的原理，但是在现实的经济活动中，劳动者如果没有生产资料来装备，就不能形成创造价值的劳动过程，劳动者在维持劳动力在生产的界限内也就不得不依附于资本；同样，生产资料如果没有劳动者运用，也不能成为榨取剩余价值的工具。从总体来讲，资本应该在利润的形态上获得投入的足够补偿；而劳动者亦应该在工资的形态上获得付出的足够补偿，形成一定的社会购买力，凝聚在商品上的剩余产能才能得到实现。所以，劳动与资本协调结合作为费用投入生产劳动过程，才能完成对剩余价值的创造。而且，这还要和效用比较，没有足够的市场购买力，产品卖不出去，这对资本和劳动，都是一种损害！剩余价值的实现也就无从谈起。就所有制理论来说，作为静态的概念，必须严格区分对生产资料的"占有"与"所有"的区别，只有以法律为依据的占有，才会形成对生产资料的真正"所有";仅仅讲占有、讲归属,很难消除超经济的暴力剥夺;作为动态的概念,要讲清楚一种所有制形式,必须联系特定的生产、交换、分配所有环节,而不能脱离它们去独立研究生产资料的占有,生产关系的全部内容才是某种所有制形式的全部经济内容。所以,我们不能单凭谁占有了生产资料就去判断所有制的性质。

我们通常都讲,《资本论》是工人阶级的《圣经》,其实,在更深的意义上,《资本论》也是如何实现"最小最大"的思想库。当然,随着人类社会的发展,对如何实现"最小最大"的思想越来越丰富,但在众多的经济学家中,马克思与亚当·斯密、凯恩斯齐名,为世界学界所认可。马克思的《资本论》、亚当·斯密的《国富论》即《国民财富的性质和原因的研究》、凯恩斯的《通论》即《就业、利息和货币通论》,在经济思想发展史上,这三论即《资本论》《国富论》《通论》,始终是各经济流派的理论源泉,是经济学家的案头经典!

（原载《山东社会科学》2017 年第 10 期）

价值规律内因论与商品生产外因论

——《孙冶方文集》序 *

　　孙冶方（1908.10.24—1983.2.22），江苏无锡人，是中国经济学界几代人都敬仰的一位颇具盛名的马克思主义经济学家。在他长达半个多世纪的经济学理论研究活动中，始终坚持立足中国国情，独立思考，按照价值规律内因论和商品生产外因论发展了经济学思想，是中国经济学界对自然经济论进行批判的先行者，是对传统经济体制实行改革的最早倡导者，是创建社会主义经济学新体系的积极探索者。

　　孙冶方在 20 世纪 20 年代初，去莫斯科中山大学学习，毕业后在莫斯科东方劳动者共产主义大学担任政治经济学讲课翻译，在那里学习、工作了四年零九个月；回国后长期从事经济理论研究、宣传和教学以及实际经济工作的领导，生前曾任中国社会科学院顾问、经济研究所所长、名誉所长、国务院经济研究中心顾问、国务院学位评议组成员、政协第五届全国委员会委员、中共中央顾问委员会委员等职。孙冶方病逝不久，为纪念他对马克思主义经济学的重大贡献，中国社会科学院党组追认他为模范共产党员；学界老一辈经济学家也在 1983 年 6 月 13 日联合发起成立了"孙冶方经济科

　　* 本文系作者为即将由知识产权出版社出版的《孙冶方文集》所作的序，该序由作者执笔完成后又经《孙冶方文集》编辑委员会集体讨论并定稿。本刊发表时，对主标题作了改动。———编者注

学奖励基金委员会"，以纪念这位经济学界的泰斗。媒体公认，孙冶方经济学思想，对中国的改革开放具有"破茧"的功能，他以自己的生命在敲击着改革开放的大门，2008 年 12 月 7 日，被媒体评选为"中国改革开放 30 年最具贡献的一位经济学家"。

孙冶方一生治学严谨、惜字如金，与他同辈的经济学家相比，著述不算最多，甚至没有过专著，但他的篇篇文章却都针砭时弊，影响深远。1983 年，在他病逝前，曾应山西人民出版社的约稿，亲自审定篇目，出版过一部《孙冶方选集》；1998 年，为了纪念他诞辰 90 周年，孙冶方经济科学基金会委托山西经济出版社出版了 5 卷本《孙冶方全集》；2008 年，孙冶方经济科学基金会与无锡市玉祁孙冶方纪念馆在整理孙冶方文献资料时，发现《孙冶方全集》漏选了孙冶方的不少文章、译著，因此，内部出版了《孙冶方全集》补遗。2016 年，应知识产权出版社约邀，经多方反复彻查文献、严格审定，以一部全新的 8 卷本《孙冶方文集》典籍问世。

孙冶方是老一辈的马克思主义经济学家，社会在变迁、知识在更新，为让新一代学子对孙冶方的经济学思想有个初步的了解，我们在这里简述他的成长经历、理论贡献以作为《孙冶方文集》新版之序。

一　成长经历

孙冶方，1908 年 10 月 24 日出生在江苏省无锡县玉祁镇，原名薛萼果，字勉之，党内用名宋亮。他从小家境贫穷，1921 年秋，13 岁了，才进无锡县立第一高小做寄宿生，父亲背债做过纱厂的小职员。孙冶方在校时，接受进步思想，1923 年年初加入社会主义青年团，年底经中共上海区委批准正式转为中共党员。不久，无锡地下党组织成立，被选举为第一任中共无锡党支部书记，同年加入国民党。1925 年 11 月，按照上级组织的安排，他去莫斯科中山大学学习，同去的有 60 多人，其中有张闻天、杨尚昆、乌兰夫、还有王明、蒋经国等。在那里经过两年比较系统的马克思列宁主义学习，1927 年夏毕业，分配到莫斯科东方劳动者共产主义大学担任政治经济学讲课翻译。1927 年 11 月，东大中国留学生合并到中大，孙冶方也随之返回中大继续担任讲课翻译。这时期，有两件事对他影响较大。一是王明的宗派斗争。20 世纪 20 年代赴苏的中国留学生中，既有后来成为党和国家卓越领导人的邓小平、叶剑英、杨尚昆等同志，也有后来堕落为历史罪人的王明、张国焘等人。当时，王明在共产国际的支持下，把持了对中国留学生的领导权，大肆进行宗派主义活动，对不赞成他们意见的同志搞残酷斗争，捏造各种罪名进行打击。1927 年夏，在一次讨论中大学期工作总结报告并对报告的决议案投票表决时，支持王明的共有二十八人，一人弃权，绝大多数同志都表示反对，其中有孙冶方的入党介绍人董亦湘。孙冶方没有参加这次会议，但平时与董亦湘及投反对票的同志来往较多。那时，由于孙冶方已担任了讲课翻译，经济收入较高，大家让他掏钱请客聚餐，王明根据这次"聚餐"，凭空捏造了"江浙同乡会"的案件，把他们作为反革命分子进行斗争。1928 年，尽管经过由周恩来参加的中央专案组的重新审查，宣布"江浙同乡会"是"莫须有"的罪名，但王明却又利用联共清党，给反对他的同志扣上"托派"的罪名继续加以迫害，他们断定孙冶方也有"托派"嫌疑，无端地给了他"警告处分"。这件冤假错案，给孙冶方后来的党内生活带来不小影响。二是布哈林对列宁新经济政策的理论解释，给孙冶方后来从事社会主义经济理论研究，认识不发达国家社会主义建设道路，产生了潜移默化的影响。

1930 年 9 月，孙冶方回国。在上海从事党的地下工作，先任上海人力车夫罢工委员会主席，后又任人力车夫总工会筹委会主席，年底，调任沪东区工商联筹委会主席。1931 年年初，孙冶方在英租界被捕，但敌人没有任何证据断定他是共产党员，以为是"乡下佬"，因此在捕房里关了七天就释放了。出狱后，孙冶方立即向党中央递交书面报告，希望恢复组织关系，同时还积极参加抗日救亡活动。但王明宗派集团把持着中央领导权，对孙冶方的"书面报告"置之不理，孙冶方被排斥在党外七年之久。这期间，孙冶方在逆境中一直坚持斗争，以他对马克思主义理论和党的土地革命路线的透彻理解，与陈翰笙、薛暮桥、钱俊瑞等发起成立中国农村经济研究会，开设新知书店、中国经济资料室、发行《中国农村》月刊，深入工厂、农村，以大量的调查材料，论证中国社会的半封建半殖民地性质，批判王明和"托派"夸大中国社会资本主义性质，反对党的土地革命路线的"左"倾观点。1934 年 6月，面对国民党反动派的迫害，孙冶方不得不绕道香港去了日本，在东京替商务印书馆翻译卢森贝的《政治经济学思想史》。1935 年9 月回国，继续从事《中国农村》的编辑工作。

1937 年 5 月，孙冶方恢复了党籍，调中共江苏省文化工作委员会任书记。1940 年 9 月，孙冶方根据组织决定去延安，途经重庆时，向周恩来汇报了工作，周恩来根据当时形势，指示他去苏北新四军或华中局工作。1941 年 6 月，孙冶方到了苏北根据地，先在华中局宣传部任宣教科科长，后又去华中局党校教学并兼任教育科科长。临去党校前，刘少奇找他谈话指出：党校教学要理论联系实际。7 月 13 日，孙冶方以"宋亮"为笔名给刘少奇写信，请教如何看待党内存在的轻视理论的倾向。当天，刘少奇回信，就党内轻视理论的倾向作了分析，这就是"文化大革命"曾一度成为"众矢之的"的《答宋亮同志》的信。1942 年华中局党校成立校委会，孙冶方为校委员会委员，仍兼教育科科长。1943 年 4 月，新四军军部转移到淮南以后，孙冶方即被派到淮南路西地委任宣传部部长。1947 年五六月间，孙冶方奉命到胶东向华东财办领导汇报工作，时值国民党军队正向滨海地区进攻，因此上级决定"驻鲁办事处"撤销，干部撤退到胶东，孙被留在华东财办工作，11月任华东财办秘书长兼山东省政府实业厅副厅长，直到解放战争胜利结束。

1949 年江南解放后，孙冶方随三野进上海，任上海市军管会重工业处处长，并负责接管了国民党政府的资源委员会，后任华东工业部副部长并兼任上海财经学院院长。1955 年年初，孙冶方调北京任国家统计局副局长，主要分工负责国民经济平衡统计表的编制，还有关于国民收入计算、计划统计指标体系、方法等工作。1956 年七八月间，他去苏联统计局考察，联系中国经济建设中已经出现的问题，深感我国经济管理体制和一些经济政策存在着严重的弊病，1956 年 11 月，他写了著名的论文——《把计划和统计放在价值规律的基础上》，批评斯大林把价值规律和国民经济计划管理对立起来的观点，指出国民经济有计划按比例发展必须建立在价值规律的基础上才能实现。同期，他还写了另一篇有名的文章——《从总产值谈起》，批判总产值指标妨碍对企业进行科学管理，指出利润指标是考核企业经营管理好坏的综合指标。

孙冶方于 1957 年年底被调至中国科学院经济研究所任代所长。1958 年 6 月 21 日，中央工业部电话通知孙冶方，说中央监委已经批准了中央工业部对他有关历史问题的审查结论，同时恢复了1931 年到 1937 年这一段党龄。这令孙冶方极为振奋。孙冶方虽然弃官从文，但在新的岗位上，仍以高度的敬业精神，花很大的力气疏通经济理论研究和实际工作结合的渠道，力主由国家实际经济部门主管经济研究所的研究工作。孙冶方大力组织研究人员认真读书，并引导人们把实践中存在的、有待于解决的问题提高到理论上加以研究。他身体力行，多次深入农村、工厂，写了大量的研究报告和文章，探讨社会主义经济理论，并逐步形成了以自然经济论为批判对象，以价值规律内因论和商品生产外因论为基础的理论体系，积极倡导经济体制改革。1959 年七八月，他在青岛撰写了《论价值》一文，发表在《经济研究》1959 年第 9 期上，系统地陈述了自己的理论和改革主张。从 1960 年年底开始，他组织经济研究所的一些同志，着手编写《社会主义经济论》，系统清算阻碍社会主义经济理论发展的各种有害倾向。由于众所周知的原因，1964年 8 月开始，孙冶方被戴上了"中国经济学界最大的修正主义者"

的帽子，在全国范围内受到了批判。1968 年 4 月 5 日被捕入狱，直到 1975 年 4 月 10 日出狱，孙冶方在特殊的环境中，用默忆的方法，把《社会主义经济论》22 章 183 节的内容在脑海中过了 85 遍，坚持每月一次。1972 年 2 月，他以给"外调"人员写材料为名，写了《我与经济学界一些人的争论》长篇文章，驳斥了康生、陈伯达一伙反马克思主义的谬论。1975 年 4 月 10 日踏出狱门对工宣队的第一句话就是：我是一不改志、二不改行、三不改变自己的观点！回家后即着手《社会主义经济论》的写作。打倒"四人帮"后，孙冶方极为昂奋地参加了揭批"四人帮"的理论斗争以及出国考察访问。那时，国内各个部门都组团去东欧国家学习，曾有团组去匈牙利，接待方坦然地说，我们是按照你们国家孙冶方的经济学思想改革的！1979 年 8 月，孙冶方肝癌已到晚期。在这种情况下，经济研究所加强了写作组的力量，为抢救学术遗产，由孙冶方在病床上口授录音，然后由写作组整理，前后约一年时间，完成了《社会主义经济论》大纲约 20 章。从这以后，孙冶方更拼命工作，三年时间，先后写出了 22 篇论文，对经济建设和改革中的紧迫问题，系统地发表了自己的观点，同时还参加文艺、历史等方面的社会活动。1982 年 9 月，孙冶方参加了党的十二大，并当选为中共中央顾问委员会委员。1983 年 2 月 22 日下午 5 时，这位拼搏了一生的老布尔什维克，带着铮铮铁骨，离开了我们，时年 75 岁。

二　理论贡献

在中华人民共和国成立前的 20 世纪 30—40 年代，孙冶方发表过的论文，主要是联系中国实际，以大量第一手调查材料，论证中国社会的半封建半殖民地性质。但他经济思想最有历史学术价值的部分是在中华人民共和国成立后的 20 世纪 50 年代中期到 70 年代末 80 年代初期形成的。在"左"的路线统治全党和社会的环境下，孙冶方大胆探索符合中国国情的社会主义经济理论新体系，勇敢倡导改革

集权的计划经济模式。他的经济学思想可以归纳为一句话：价值规律
内因论和商品生产外因论，在这个大题目下，他经常论述的经济思想
主要是：

（1）用最小的劳动消耗取得最大的有用效果即"最小最大"。
孙冶方自20世纪50年代中期以来，联系社会主义经济建设中的弊
端，反复论述"最小最大"而由此付出了血的代价。但"最小最
大"的发明者，从经济思想发展史上看，实际上并不是孙冶方。
早在1817年，李嘉图的《政治经济学及赋税原理》出版，1821
年，这部书的第三版广为流行，书中写道：国家财富的增加可以通
过两种方式：一种是用更多的投入来维持生产性的劳动，……另一
种是不增加任何劳动量，而使等量劳动的生产效率增大，……这两
种增加财富的方法中，第二种方法自然是更可取的。当时，有一位
匿名作者按照李嘉图的这个思想写了《国民困难的原因及其解决
办法》的小册子，其中说道：一个国家只有在劳动6小时而不是劳
动12小时的时候，才是真正富裕的，财富就是可以自由支配的时
间。马克思对这个思想极为赞赏，说："这不失为一个精彩的命
题。"同时还把李嘉图的上述说法概括为：在尽量少的劳动时间里
创造出尽量丰富的物质财富。同时还强调：这在一切社会形态中都
是适用的。但时间过了100多年，孙冶方把这个朴素的思想用中国
化了的经济学语言，作了广泛宣传。他在多篇文章中都讲：要用最
小的劳动消耗去取得最大的有用效果，这是一切经济问题的秘密，
人类生活的好坏，从根本上说取决于劳动效率的高低，要以更少的
劳动投入获得更多的有用产品；或者说，要减少生产每一单位产品
所需要的劳动量。研究一定的劳动时间内生产了多少产品，是劳动
生产率范畴问题；研究单位产品中包含有多少劳动时间即劳动耗
费，是价值范畴问题。用最小的劳动耗费取得最大的有用效果，就
是一个要把个别的、局部的劳动还原为大多数的、社会平均必要的
劳动耗费的复杂经济运行过程。孙冶方指出：在社会主义条件下，
商品的内在矛盾即商品二重性和生产商品劳动二重性仍然存在，经

济学要以"最小最大"为红线，去研究解决这些矛盾的途径，提高劳动生产率，发展社会主义经济。

孙冶方用"最小最大"总结社会主义建设的教训，批评在"政治挂帅"下高消耗、低效益的顽症；用"最小最大"判断社会主义公有制，批评自然经济论和"大锅饭"的体制；用"最小最大"批评"权力经济学"，重新编写中国的理论经济学，因而使这个古老而朴素的经济学常识在新的历史条件下放出了新的理论光彩。实践证明，孙冶方在"最小最大"中所包含的一切思想都是正确的，因此，经济学界公认："最小最大"是孙冶方公式。

（2）价值理论。孙冶方在这个重大理论问题上，与众不同，他坦诚地承认：我的价值论源自恩格斯，但有自己独立的"逻辑上的一贯性和系统性"。恩格斯 1843 年在《政治经济学批判大纲》中说："价值是生产费用对效用的关系。价值首先是用来解决某种物品是否应该生产的问题，即这种物品的效用是否能抵偿生产费用的问题。只有这个问题解决之后才谈得上运用价值来交换的问题。如果两种物品的生产费用相等，那么效用就是确定它们的比较价值的决定因素。"恩格斯接着还说：在未来社会中，"价值这个概念实际上就会越来越只用于解决生产的问题，而这也是它真正的活动范围"。马克思对恩格斯的这个理论十分赞赏。1868 年 1 月 8 日，他给恩格斯的信中说：由于我采取了抽象的研究方法，直接的价值规定，在现实社会中，实际作用是很小的，甚至是找不到的。（价值）"通过价格的变动来实现，那么事情就始终像你在《德法年鉴》中已经十分正确地说过的那样。"所谓"十分正确地说过"，就是指恩格斯发表在《德法年鉴》上的《政治经济学批判大纲》中"价值是生产费用对效用的关系"的说法。恩格斯在 1895 年逝世前半年再版《反杜林论》时，将这一观点与《资本论》第一、二、三卷联系起来，重申说：（价值是生产费用对效用的关系）观点，"我在 1844 年已经说过了。但是，可以看到，这一见解的科学论证，只是由于马克思的《资本论》方才成为可能。"恩格斯在病逝前重申自己对价值概念的论述，足见这一思想的极端重要性。后来，恩格斯的这一理论，在欧洲工人运动中得到了广泛传播！孙冶方联系中国经济建设的实践，对恩格斯的价值理论作了充分的发挥，坚持认为：价值是生产费用对效用的关系，并由此形成了自己一套严密的价值理论体系，他曾对批判者戏言说：你们如果击破了我的要害——价值论，那么我的这个理论体系就摧枯拉朽了！他认为，价值规律是任何社会化大生产都不能取消的自然规律，他一再强调，价值并不仅仅是商品经济所特有的范畴，它是社会化大生产的产物，反映着社会化生产过程中的各种社会经济关系，就这一点来说，它对资本主义和共产主义都是共同的。但是在资本主义条件下，价值是通过交换价值表现出来的；而在共产主义条件下（包括社会主义全民所有制内部），价值却可以通过统计、会计具体地捉摸到。因而在量的意义上，价值就是物化在产品中的社会必要劳动。价值和交换价值是完全不同的两个范畴。价值由包含在商品或产品中的劳动量决定。但是，在商品经济特别是资本主义商品经济条件下，供求却始终是不平衡的。尽管每一物品或每一定量商品中包含着生产它所必需的社会劳动，但如果它的产量供应超过了当时的社会需要，那么一部分社会劳动还是会浪费掉的。因此，效用通过社会必要劳动的形成来最终影响价值的变化，离开了一定使用价值的质和量，就无从谈论"必要"还是"不必要"。社会主义建设效益差、浪费大，就是因为我们缺乏价值观念，不对生产费用和效用进行比较而造成的。孙冶方认为，价值规律是价值存在和运动的规律，它是任何社会化大生产都不能取消的自然规律，社会主义经济作为社会化生产，它同样也存在着价值规律发生作用的机制。因此，孙冶方是价值规律内因论者，它反对斯大林的价值规律外因论，对斯大林的自然经济论和"大锅饭"体制，进行了尖锐而辛辣的批评。

（3）企业扩权理论。孙冶方强调，企业是独立的经济核算单位，要正确处理国家集中领导和企业独立经营的关系。孙冶方在我国最早提出了在全民所有制条件下，国家所有权和企业经营权分离的理论，他认为，在私有制条件下，谁具有生产资料的占有、使用和支配的权力，谁就是事实上的所有者。然而在全民所有制之下，占有、使用和支配是一个主体，而所有权是另一个主体。国营企业，只是根据它们的活动目的和财产的用途对固定给它们的国家财产行使占有、使用和支配之权。而这些财产的所有者是国家。社会主义国家和企业的关系，并不像自然经济论所认为的那样，是上层建筑、法律关系，而是一种非常重要的经济关系。孙冶方在特定历史条件下针对集权计划经济，独创性地提出了划分国家和企业权限的"杠杠"，他认为，经营管理体制中"大权"和"小权"、"死"和"活"的界限是简单再生产和扩大再生产的界限，属于简单再生产范围以内的事是企业应该自己管的"小权"，国家多加干涉，就会管死，束缚企业从事生产经营的积极性和主动性；属于扩大再生产范围以内的事是国家应该抓的"大权"，国家必须严格行使权力，不管或管而不严，就会大乱。而区分简单再生产和扩大再生产的唯一界限是企业资金价值量，凡是不要求国家追加投资的，在原有资金价值量范围以内的生产，都是简单再生产；而要求追加新投资，这超出了企业原有资金价值量范围，因而是扩大再生产。孙冶方按照上述"杠杠"，激烈地批评了固定资产管理体制，要求把折旧基金原则上全部交给企业，由企业自主去搞挖潜、革新和改造。

（4）利润理论。孙冶方认为，利润是考核企业经营好坏的综合指标。利润是物质生产部门职工为社会扩大再生产和社会公共需要而创造的一部分物质财富，无论是社会总产品，还是个别企业总产品，$c+v$ 即成本越低越好，与此相应，m 即剩余劳动就会增多。在价格合理的条件下，降低成本和增加利润完全是同义语，它们都是企业技术水平高低、经营管理好坏的综合指标，抓住了利润指标，就如同抓住了"牛鼻子"一样，许多问题就会迎刃而解。孙冶方认为，价格不合理，就会扭曲利润的作用，比如工农产品的"剪刀差"，如果国家对农产品收购价格压得过低，按价格计算的国民收入实际上就把农民所创造的价值，算在了工业品价格上。孙冶方尖锐地批评了斯大林通过"剪刀差"，向农民筹集国家工业化资金的超经济剥夺。不合理的价格，成了价值的"哈哈镜"，使得计划、投资和分配，失去了判断尺度，因此，他极力主张按资金利润率调整不合理的价格。

（5）流通理论。孙冶方认为，流通是社会再生产的物质代谢过程，社会分工使生产实现了专业化，但要使各个生产部门的再生产能正常进行下去，它们必须以产品交换为媒介发生经济联系，实现生产的物质补偿和替换。因此，流通是社会化大生产不可缺少的环节。孙冶方还认为，在社会主义条件下，由于全民所有制外部还存在着商品生产和交换，因此，全民所有制企业之间的产品流通和不同所有制性质企业之间的商品流通同时并存，要使社会主义流通（产品、商品）成为有计划的经济过程。孙冶方认为，我们必须研究流通中的各种具体问题，包括流通渠道、购销形式、网点设置等。孙冶方一再强调，马克思《资本论》第二卷中所论述的许多问题，比如加速资金周转等，只要剔除资本主义的特殊属性，作为社会化生产的规定，对社会主义经济依然适用，因此，他在提出生产中的"最小最大"的同时，亦主张流通中也要研究以最少的垫支资金取得最大的有用效果的问题，因为等量资金的周转速度不同，获得的有用效果也是不等的。

（6）20世纪70年代末，孙冶方把批判的矛头直接指向了斯大林和《苏联社会主义经济问题》。他批判斯大林对生产关系的定义，认为在生产关系之外去孤立地研究所有制是有害的。所有制是一种财产关系亦即法律用语，经济学在研究特定社会进行生产和交换并相应进行产品分配的条件和形式时，应该讲清楚：第一，用哪个阶级所有的生产资料来进行生产，生产出来的产品又归哪个阶级占有；第二，交换的产品是哪个阶级生产的又为哪个阶级占有；第三，被分配的产品是哪个阶级生产又归哪个阶级所占有，从而用什么形式按什么比例分配。我们在所有制上曾经搞"穷过渡"的做法，其理论根源就是斯大林把所有制形式从生产关系中独立出来简单地看作一种"归属"关系，用政治运动来不断调整财产归属，结果把基于经济的所有制，变成了基于权利的所有制。实践证明，实现了国家"占有"，未必就是实现了社会主义的公有制，腐败官员在这个所谓的"公有制"经济中攫取"公款"和"公物"，可能比资本家在自己开设的商号里支取款项还随便。这样的公有制，"实质上是一种挂着社会主义公有制招牌的封建主义的特权所有制"。所以，所有制只能从财产的现实形态即生产关系的总和上来把握，从生产、交换、分配的各个环节来进行具体分析，而不能将它看作一种简单的、孤立的财产归属！

他批判斯大林对生产力的定义，认为把劳动对象从生产力因素中排除掉也是有害的。

孙冶方是我国经济学界对自然经济论的最早批判者。自然经济论渊源甚深，毒害甚广，它依附在马克思主义的名义下，把社会主义和商品货币关系对立起来，把计划经济和实物经济混同起来，使社会主义制度的优越性难以发挥出来。孙冶方几十年来，以反自然经济论为大旗，揭露了自然经济论对实际工作的影响。他指出：自然经济论没有经济效益观点，借口政治账掩盖经济建设中的高消耗；没有生产经营观点，企业按上级定下来的指标进行生产，造成产销脱节；没有等价交换观点，把价值看作使用价值的计量单位，用"剪刀差"向农民征收"贡税"；没有流通观点，不准生产资料进入流通，用调拨代替了交换；没有资金核算观点，实行资金供给制，培植了败家子作风；没有固定资产的磨损观点，人为压低折旧率，迫使企业搞"古董复制"，冻结了技术进步。孙冶方指出：按照自然经济论办事，就像原始公社首脑指挥生产一样，企业的一切活动都由集中的计划统一支配，生产什么，生产多少，生产者和消费者相互供应什么，都统一按实物计划规定。在我国经济理论界，就个别的、局部的观点去批判自然经济论，并不乏其人。但是，还没有哪位经济学家能像孙冶方这样全面、深入、系统地对自然经济论进行过批判。

孙冶方是我国经济学界对传统经济体制实行改革的最早倡导者。我国从苏联移植过来的斯大林模式，实际上是以自然经济论为基础，由国家对社会的全部经济活动实行高度的集权管理，物资被统调统拨；资金被统收统支；人力被统包统配；产品被统购统销，计划被层层下敲；干部被层层任免。50—60 年代后，一些社会主义国家开始对集权计划经济体制进行"改革"，就连苏联也进行了所谓的"完善"工作。但在我国，却在反对修正主义的口号下把斯大林以自然经济论为基础的集权模式看作唯一的社会主义固定模式，对改革观点进行批判。孙冶方从 50 年代中期开始，逆潮流而进，以价值规律内因论为基础，以扩大企业经营管理权为突破口，要求正确处理国家和企业的经济关系，改革计划管理体制、改革物资流通体制、改革企业固定资产管理体制以及对价格、利润、统计等各方面的改革。孙冶方为倡导体制改革而付出的代价，将永远激励着后继者。

孙冶方是我国经济学界创建社会主义经济学新体系的积极探索者。20 世纪 50 年代中期，孙冶方就认为：从苏联舶来的经济理论不符合中国国情，它充满着唯意志论和形而上学。50 年代末着手编写的《社会主义经济论》，就是为着取代那些陈腐的老框框。当然，社会主义还在实践，还不能产生出成熟的经济学体系，但是，孙冶方坚持联系生产力来研究社会主义生产关系，运用马克思主义的抽象法，以社会主义全民所有制的产品为出发点，把以最少的社会劳动消耗有计划地生产最多的满足社会需要的产品为贯穿整个体系的红线，把对价值范畴的分析贯穿于各章，分析生产过程、流通过程、社会再生产过程，从而揭示社会主义经济发展的内在规律。对这种旨在把社会主义经济学从唯意志论的毒害下解救出来的新体系，不能不看作社会主义政治经济学发展中的一次大胆尝试和探索。同时，孙冶方在撰写《社会主义经济论》时，既坚持独立思考，又提倡集思广益，为我国经济学界培养出了一支具有深厚经济学理论功底的经济学家队伍，成为改革开放中的一支生力军！

孙冶方是我国学术思想界坚持理论联系实际，为真理而勇于献身的光辉典范。在他从事理论工作的六十个春秋里，非常重视实践，经常深入工厂、农村作国情、田地调查，从中提出重大的研究课题，并寻求解决问题的答案。但他绝不把实践中的材料按政治气候和政策要求简单地加以堆砌和描述，而是力求准确完整地按照马克思经济理论基本方法加以研究，掌握社会主义经济的客观规律；同时他也非常重视理论，深知中国革命和建设的理论准备不足，因此下大力气研究马克思主义经济理论，敢于从"俄文版的马克思主义"中剔出假货，剔出不符合中国国情的"条条"，按中国国情去检验、评审"舶来品"的真伪和适用性，在批判和独立思考中形成自己的经济思想体系。他非常憎恨文化专制主义，同时也非常讨厌那种摸风向、探气候的风派理论工作者。孙冶方无论是从政做官，还是弃官从文，都有着一种强烈的专业精神，不为权、不畏权，独立思考，探求真理，始终表现出一个科学工作者的铮铮铁骨。但是，孙冶方在学术讨论中，却平等待人，虚怀若谷，热情欢迎来自各方面的批评和商榷意见，公开检讨并放弃那些被实践证明是错误的或自己认为应该补正的学术观点。孙冶方这种强烈的人文关怀精神，开放求是、吸纳灼见的治学态度，坚持来自实践而认准的观点至死不渝且又坦然放弃被实践证明是不大适宜的观点，在学界鹤立独行的铿锵风骨，是我国经济科学发展的宝贵财富。

三　理论的历史局限性

按照历史唯物主义的观点，人总是环境的产物。因此，我们坦率地认为，孙冶方的经济理论体系中也还存在着某些历史的局限性，这主要是他的商品生产外因论。孙冶方依照马克思关于"只有独立的互不依赖的私人劳动的产品，才作为商品互相对立"的论述，指出：等价交换基础上所有权的转移，是商品交换的本质。

他由此推论说：（社会主义）国营企业之间的经济往来在本质上已经不是商品交换的性质了，……因为国营企业都属于一个所有者，属于全体人民，属于全社会，它们之间的交换并不引起所有权的转移问题，而只有核算问题。但由于国营企业还要与集体经济发生往来，个人消费品也作为商品存在，这作为一种外在的因素，使国营企业之间的往来不得不带有一定的商品性。孙冶方的这种商品生产外因论，基本上延续了斯大林在《苏联社会主义经济问题》一书中的观点即由两种所有制的存在来看待商品生产。孙冶方在20世纪60年代曾批评说：现在有一种我认为不正确的经济学思想，那就是把商品货币关系引进全民所有制内部关系中来，以市场竞争规律，以交换价值规律来解释和指导社会主义计划经济。而在80年代初，他再一次批评说：经济学界的一些同志，在这个问题上是从一个极端走向另一个极端：先是根本否认价值规律在全民所有制内的调节作用，而后承认了这种作用，但却又把商品货币关系也引进了全民所有制，由此派生出在企业管理体制上，尽管主张所有权和经营权分离，扩大企业权限，但所有制/产权改革，却没有进入。

孙冶方的研究视野，在计划管理体制上，尽管孙冶方主张旧的计划体制要推倒重建，但他要把计划建立在对价值、对社会必要劳动进行计算的基础上，实践证明，这是很难做到的。这说明，孙冶方用价值规律内因论批判斯大林的价值规律外因论时，却依然受着斯大林商品生产外因论的困扰。孙冶方经济思想的进步性和局限性兼容在他的总体理论框架中，这真实地反映了一位真诚的经济学家对历史的抗争和历史对他的束缚。

进入20世纪90年代，我们党明确了社会经济转型的目标是建立社会主义市场经济体制。在市场化改革日益深入的大背景下，我们静下心来重温孙冶方经济思想，其心情非常复杂而又极为沉重。对照当今在发展着的市场化改革中出现的各种新问题，对照当今变化着的经济理论界和不断提出的新观点，对照我们的新宪法和党的各种文件，其所蕴含的经济理论、经济思想都远远超出了孙冶方经济理论的基本框架。但是，联系当今经济建设的实践，我们仍然能看到孙冶方某些经济思想所闪烁的光辉和科学预见，比如，价格体制的改革、国有经济及国有资产的管理等。

孙冶方经济思想和改革主张，是在 50 年代中期至 70 年代末期形成的，那是一个令中国知识界心悸而沉郁的年代，孙冶方独树一帜，为在中国宣传和发展马克思主义经济学，进行了艰苦的斗争，他的许多理论活动在当时的历史和社会背景下都具有开拓性，从而在中国社会主义经济学思想发展史上写下了光辉的一篇。孙冶方以自己创造性的经济学理论研究，为学界开辟了一条经济学发展的道路；以崇高的人德，为经济学人树立了光辉的榜样。

我们谨以《孙冶方文集》的出版，纪念中国经济学界的这位泰斗！

（原载《经济研究》2017 年第 9 期）

编选者手记

    冒天启先生是经济研究所政治经济学领域的前辈学者，虽已年过古稀，仍精力充沛，笔耕不辍。曾有机会与冒先生同机前往外埠开会，向冒先生当面请教。冒先生多次指出，经济学研究的基本方法在于如何读书和如何调查研究，读书要系统、要渊博，绝不能寻章摘句地剪裁社会经济实践；调查研究，要注重典型也要强化对综合性资料的整理分析，绝不能一叶障目，妄下结论。要面向社会实践，求创新，不唯书；讲实话，不唯上，真正发挥经济学这门科学对经世济民、富国强民的功能。在国际比较中推进我国由计划经济向市场经济体制的积极转变和稳定发展，这是一代经济学家应有的社会和历史责任。

    冒先生著述颇丰，成果众多，有幸为这位著名经济学家编选论文，实乃幸事，但也充满巨大压力。文库要求的篇幅有限，无法将冒先生所有成果收入其中，稍不留神即有可能错过美玉。幸而冒先生顶着酷暑，亲自选择了20余篇具有代表性的文章，并撰写了作者小记。在此深表感谢！需要特别指出的是，冒先生是一位具有国际视野的学者，曾在俄罗斯的学术刊物上发表俄文文章。在最初提供的编选目录中，即包括2003年第4期《彼得格勒大学学报》上的一篇文章，以及俄罗斯科学院2005年编撰文集中的两章，专题讨论中国和俄罗斯的市场改革和经济转型。因文库编选体例的限制，这三篇文章未能收入，略显遗憾。

    《冒天启集》不设专题，而是以发表时间的先后顺序，收入冒天启先生具有代表性的21篇论文，始于1981年第10期《经济科学》的论文《关于价值概念的几个问题——与卫兴华、吴树青商榷》，终于 2017 年第 9 期《经济研究》的论文《价值规律内因论与商品生产外因论——〈孙冶方文集〉序》。这 21 篇论文，集中展现了冒天启先生在新制度经济学体制变迁理论、发展经济学理论、比较经济学理论、演化经济学理论以及马克思生产关系变革理论中的研究成果。当然，冒天启先生目前仍有旺盛的创作能力，在过去的一年多时间内，已经在《经济研究》《经济学动态》《中国社会科学报》等刊物上发表多篇文章。我们有理由相信，日后修订《冒天启集》时，必然会增加更多冒先生近年来的新作，令读者领略老一辈经济学家的别样风采。

《冒天启集》在编选的过程中，得到了高培勇所长、朱恒鹏副所长、胡乐明副所长、魏众研究员、张琦副研究员等经济学领导前辈的支持鼓励，也感谢《资本论》研究室主任郭冠清研究员将此光荣的任务交付给我。需要指出的是，由于编选者时间匆促、能力有限，最终呈现出来的《冒天启集》难免存在问题，希望得到有识之士的理解与批评。

冒天启先生曾反复强调：经济学对于有权力的人的妄自尊大是一种挑战，独立思考的经济学研究是经济学研究有效性的生命线。"路漫漫其修远兮，吾将上下而求索！"他将这句话作为人生信条，并希望将这句话带给本书读者，望与诸君共勉。

林　盼

2018 年 10 月

《经济所人文库》第一辑总目（40 种）

（按作者出生年月排序）

《陶孟和集》	《戴园晨集》
《陈翰笙集》	《董辅礽集》
《巫宝三集》	《吴敬琏集》
《许涤新集》	《孙尚清集》
《梁方仲集》	《黄范章集》
《骆耕漠集》	《乌家培集》
《孙冶方集》	《经君健集》
《严中平集》	《于祖尧集》
《李文治集》	《陈廷煊集》
《狄超白集》	《赵人伟集》
《杨坚白集》	《张卓元集》
《朱绍文集》	《桂世镛集》
《顾　准集》	《冒天启集》
《吴承明集》	《董志凯集》
《汪敬虞集》	《刘树成集》
《聂宝璋集》	《吴太昌集》
《刘国光集》	《朱　玲集》
《宓汝成集》	《樊　纲集》
《项启源集》	《裴长洪集》
《何建章集》	《高培勇集》